一花一世界

20世纪英国女性小说家研究

王丽丽　主编

罗晨　王向辉　副主编

山西出版传媒集团

山西人民出版社

图书在版编目（CIP）数据

一花一世界——20世纪英国女性小说家研究／王丽丽
主编．一太原：山西人民出版社，2012.10
ISBN 978－7－203－07830－2

Ⅰ.①一… Ⅱ.①王… Ⅲ.①女性－小说家－思想评论－
英国－20世纪 Ⅳ.① K 835.615.6 ② I 561.074

中国版本图书馆 CIP 数据核字（2012）第 222329 号

一花一世界——20世纪英国女性小说家研究

主　　编：王丽丽
责任编辑：孔庆萍　高　雷
助理编辑：孙冰洁
装帧设计：谢　成

出　版　者：山西出版传媒集团·山西人民出版社
地　　　址：太原市建设南路 21 号
邮　　　编：030012
发行营销：0351－4922220　4955996　4956039
　　　　　　0351－4922127（传真）　4956038（邮购）
E－mail：sxskcb@163.com　发行部
　　　　　sxskcb@126.com　总编室
网　　　址：www.sxskcb.com

经　销　者：山西出版传媒集团·山西人民出版社
承　印　者：山西出版传媒集团·山西新华印业有限公司

开　　本：787mm×1092mm　　1/16
印　　张：20
字　　数：350 千字
印　　数：1－4 000 册
版　　次：2012 年 10 月第 1 版
印　　次：2012 年 10 月第 1 次印刷
书　　号：ISBN 978－7－203－07830－2
定　　价：39.80 元

如有印装质量问题请与本社联系调换

序

　　20 世纪英国女性小说家的创作无论在传播女性主义思想和价值观，还是在艺术形式的创新方面都对 20 世纪英国乃至世界范围内的社会和文学批评产生了巨大的影响。作为英国 20 世纪社会文化变迁的见证者和参与者，女性小说家们积极投身社会价值观的建构，不断探索女性文学创作的理论和实践。一方面，她们独特的思想内容和崭新的文学形象向世人展示了女性在社会中独立的存在价值，从根本上挑战了几千年来社会对于女性角色的传统定位；另一方面，她们的创作具有独特的视野、角度和表现手法，对小说形式进行改革和创新，将女性意识融入文本建构，开辟了小说创作和批评的新局面。本书承借福建省社科规划项目"20 世纪英国妇女小说家思想和艺术关系研究"，以《一花一世界——20 世纪英国女性小说家研究》为题，汇集了不同学者的学术成果，以期向读者呈现较为广阔的研究视野和新颖的研究角度。

　　特别要指出的是，本书的顺利出版得益于福建师范大学外国语学院"外国语言与文学研究中心"的大力支持。多年来,中心在林大津院长等领导的关怀下,成功申请了多项国家、省级重点课题,并立项出版了多部学术专著。近年来,中心加大了扶持科研攻关的力度,每年拨出专款用于资助重点科研项目并启动了学术研究丛书出版计划,本书便是中心立项出版的学术成果之一。中心自成立以来,一直致力于提携青年学者,努力为他们搭建优质的学术交流平台,让他们的努力成果得以展示。本书收录的最新学术成果几乎全部来自青年学者。在文学研究受到直接经济利益冲击的今天,这些年轻人能够抵抗住众多的诱惑,专心从事枯燥、乏味的研究和写作,着实不易。也许他们观点稍显稚嫩,但其中不乏创新、睿智的思想火花;虽然他们写出的文章无法同著名专家学者相媲美,但他们年轻,有朝气,有思想。因此,我特别感谢林大津院长,感谢"外国语言与文学研究中心"的支持,同时,我也要感谢这些青年学者的热忱和努力,他们是文学研究的希望所在。同时也希望借此契机,鼓励他们,百尺竿头,更进一步。

王丽丽

2012 年春于福州金山

目　录

导　论

　　20 世纪的世界文坛涌现了大批优秀的女性作家，她们通过细致入微的体认与灵巧细腻的笔触塑造了许许多多个性鲜明、深入人心的女性角色，并以此来表达对长期居于创作主导地位的男性文学桎梏的突破与抗议。她们勇敢地抵制父权社会的压迫，积极地争取女性平等和自由，为女性文学开辟了崭新的书写时代。

　　20 世纪英国女性作家及其创作是世界女性文学不可分割的重要组成部分，也是人类在争取自由和民主的历史进程中不可忽略的重要环节。女性作家们卓越的才华和不懈的努力体现了女性在性别意识和文化身份上的积极建构，而这一建构同西方女性主义运动密不可分。女性运动激发了女性意识的觉醒与成长，催生了代表妇女意志的文学作品，同时这些优秀的文学创作又反过来为运动的不断进展提供了精神支柱和理论源泉。因此，谈及 20 世纪英国女性小说家思想及艺术创作，我们有必要对西方女性主义运动做一简要回顾。

　　在欧洲各国，女性运动的源头一般被认为来自法国大革命自由平等思潮的影响。[①] 1789 年大革命的爆发让人们看到妇女在争取民族独立与自由过程中表现出的英勇气概，虽然制宪会议最后并未能从真正意义上赋予女性自由平等的权利，但妇女们已从实际行动上开启了捍卫自身利益的斗争。一些小规模的妇女团体和俱乐部随之在欧洲各国相继成立，它们宣传女性应享有同男性平等的权利的思想，成为女性运动第一次浪潮的星星之火。然而，彼时的妇女团体力量微弱，开展运动举步维艰，直到 19 世纪下半叶，代表妇女权益的组织才形成较大规模，从而引发了席卷欧洲大陆的第一次女性主义运动浪潮。实际上，对于第一次浪潮

---

　　① 李银河：《女性主义》，16 页，济南：山东人民出版社，2005。

的起止时间并未有确切说法，有观点认为它始于18世纪90年代，到20世纪60年代结束①；也有观点认为它始于19世纪后半叶或20世纪初期；更为普遍的观点认为它发生在1840年到1925年间②。虽然在起止时间上未有共识，但对第一次运动浪潮的最终目标，即争取妇女选举权，却是没有争议的。随着运动的不断深入，运动目标也在不断发生着改变——"首先是为女童争取更多的教育机会，然后是争取妇女在婚姻和工作中的权利，最后是要求获得政治平等……（而）妇女获得选举权使最后的斗争要求达到高潮"③。J.S.穆勒和哈丽雅特·泰勒是争取选举权阶段最著名的代表人物。泰勒曾匿名发表《妇女的选举权》一文来抨击传统婚姻中女性的不平等地位。穆勒的《妇女的屈从地位》则提出女性不是男性的附属品，统治职能不是男性的专属，女性具有选择自己命运的自由。在1914年到1928年间，欧洲国家的妇女相继取得了选举权，同时，受教育以及参加就业的比率大幅提高，妇女地位有了显著改善。

　　但是，女性运动第一次浪潮所取得的部分胜利，特别是就业方面的胜利，"都是在二战爆发时，由于许多男性离开工作岗位参战之后才取得的"。④ 二战的爆发迫使大量青壮年男性走上战场，为了刺激战争带来的劳务市场萎靡，妇女被鼓励承担起"男人的工作"。她们积极参与到社会工作中，用事实证明了女性对于社会的价值和贡献，西方社会也开始认同她们的工作能力和效率。然而，随着战后男人们的归来，妇女们又被要求回到原来的位置，出现了"向家庭和传统女性角色的回归"⑤。1949年，法国女作家西蒙娜·德·波伏娃出版了《第二性》，此书被尊为"女性主义的圣经"⑥，因为它从历史的角度论述了妇女从古到今的地位和拥有权利的情况，论述了"他者"和"他者性"的问题，探讨了造

---

　　① 克拉马雷、斯彭德主编：《路特里奇国际妇女百科全书：精选本》（上卷），"国际妇女百科全书"课题组译，371页，北京：高等教育出版社，2007。

　　② 李银河：《女性主义》，16页，济南：山东人民出版社，2005。

　　③ 克拉马雷、斯彭德主编：《路特里奇国际妇女百科全书：精选本》（上卷），"国际妇女百科全书"课题组译，371～372页，北京：高等教育出版社，2007。

　　④ 同上，375页。

　　⑤ 同上，375页。

　　⑥ 李银河：《女性主义》，27页，济南：山东人民出版社，2005。

成男女地位差异的根源，认为女人之所以为女人不是天生的，而是后天形成的。波伏娃的论断对女性运动第二次浪潮起到了"推波助澜"① 的重要作用。妇女们意识到，取得选举权、受教育权以及就业权并不意味着女性从此就可以和男性平起平坐了，性别间的不平等地位依然存在。因此，第二次女性运动的基调是"消除两性差别，并把这种差别视为造成女性对男性从属地位的基础"②。这一次女性运动浪潮在 20 世纪 60 年代至 70 年代达到高峰。在弗里丹等女性主义者热情的鼓励下，妇女们开始大力抨击男女不平等的社会现象，要求社会从根本上尊重女性的人格和尊严，内容涉及家庭、婚姻、生育、抚养后代等涉及女性自身权利的方方面面。这次运动带来的另一个结果，是女性主义学术研究的兴起。"女性研究（又称'性别研究'）作为正式的研究领域于 20 世纪 60 年代首先在美国和英国出现……女性运动的第二次浪潮对于女性研究这一学科的建立有着根本性的影响"③。伴随着女性研究的兴起，各种女性主义流派层出不穷，各种相关书籍不断问世，这是女性主义运动取得的巨大进步。在此之前，西方社会长久以来形成的以男权霸权意识为中心的社会意识使得人们习惯从男性的角度描述和思考世界，而女性主义流派的出现从根本上挑战了既存的社会思想体系，把妇女对自由平等的追求上升到理论的高度，并形成系统规模，这无疑是女性为实现自身价值取得的新的突破。

第三次女性主义浪潮发端于 20 世纪 80 年代，在英国它被称为"新女性主义"。④ 也有观点将"后现代女性主义"流派的出现视为第三次运动浪潮的标志。⑤ 波伏娃在《第二性》中认为，女性在社会上地位低下并不是由于同男性生理上的差异引起的，而是整个男权社会意识造成的结果。因此，在第二次妇女运动浪潮中，女性主义者致力于从根本上改变社会对于性别的偏见，强调女性天生

① 李银河：《女性主义》，27 页，济南：山东人民出版社，2005。

② 同上，26 页。

③ 同上，35 页。

④ 克拉马雷、斯彭德主编：《路特里奇国际妇女百科全书：精选本》（上卷），"国际妇女百科全书"课题组译，434 页，北京：高等教育出版社，2007。

⑤ 谢景芝：《全球化语境下的女性主义文学批评》，116 页，郑州：河南人民出版社，2006。

并无劣势。这种男女对立的思想造成了很多负面的社会影响，比如单身母亲、婚外恋、堕胎等等。"新女性主义者"们开始反思女性传统的家庭角色是否同社会角色互相冲突，女性实现平等独立后又该走向何方，女性是否要为自身的独立付出诸多代价等一系列问题。特别是雅克·拉康、米歇尔·福柯、雅克·德里达等后现代理论家的出现以及权力话语等后现代理论的兴起，更是让女性重新审视了多年运动的成果。纵然经过多年的不懈努力，妇女们在诸多领域已经取得了伍尔夫时代从未想象过的社会地位，但后现代主义颠覆了永恒的真理。真理既然可以被创造，必然就可以被颠覆。事实上，所有的意识形态、话语权力长久以来都是由男人来掌控的，人们的思维方式、书写方式也都是为男人统治世界服务的，女性在这个层面上依然处于边缘位置。意识到这一点后，妇女的"作战"方式有了明显的改变，她们从只关注争取实际利益上升到更关注话语、更重视超出女性范围的哲学思考。

西方妇女写作深受女性解放运动的影响，也呈现出阶段式的发展状态。美国著名女性主义文学批评家伊莱恩·肖瓦尔特在成名作《她们自己的文学：从勃朗特到莱辛的英国女性小说家》中提出了著名的女性文学"三段论"：从1840年出现女性作家采用男性笔名至1880年乔治·艾略特去世为"女性"（Feminine）阶段，这一阶段的女性文学主要是对主流传统流行模式的摹仿（imitation）；1880年至1920年西方妇女取得选举权为"女权"（Feminist）阶段，这一阶段的女性文学表达了对既存价值观的抗议和对少数权利和价值观的维护；1920年至今为"女人"（Female）阶段，此时的女性文学开始了女性的自我探索和身份认同。[①] 同时，她特别指出，20世纪60年代女性的自我意识进入了新的阶段。纵然肖瓦尔特这种分期并非绝对合理，但却为我们的研究提供了清晰的结构框架。作为西方女性文学重要组成部分的英国妇女小说，其发展脉络也大体遵循了这一阶段划分。

在"女权"阶段，妇女运动蓬勃发展，具有反抗意识的女性小说家不再像

---

① Elaine Showalter. *A Literature of Their Own：British Women Novelists from Bronte to Lessing.* Beijing：Foreign Language Teaching and Research Press，2004. p. 13.

"女性"阶段的妇女作家那样，使用男性笔名并摹仿主流文学以求得到社会的认可。她们从暗处走到明处，公然表达对男权文化的敌意，言辞犀利，且富有创新精神。而20世纪"女人"阶段的妇女小说则超越了此前的"摹仿"和"反抗"模式，进入到更为成熟的自我探索阶段。实际上，20世纪初期英国的一些女性小说兼具了"女权"和"女人"阶段的双重特征，即一方面在写作主题上表达了对男权社会的反抗，另一方面在创作形式上强调了艺术的女性自主性，摒弃一贯使用的男性语言，主张用女性自己的语言说话，比如伍尔夫的小说创作。弗吉尼亚·伍尔夫是20世纪英国文坛最重要的女性作家之一，她一生致力于小说艺术的革新，以女性特有的书写方式开辟了现代女性小说创作的新局面。她出身名门，家境富裕，父亲莱斯利·斯蒂芬爵士是著名的文学批评家和编辑，当时英国很多学者名流都是她的家中常客。从小耳濡目染父亲和学者们的博学多识，年轻的伍尔夫对文学艺术颇有见地，从不随波逐流，从而形成自己独特的创作思想和艺术技巧。

伍尔夫的小说经常同女性主义思想紧密相连，她本人也被看做20世纪女性运动的先驱。她曾尖锐地指出，社会对于女性的定位无外乎"屋子里的天使"和"丑陋的妖魔"，这种男性化的定义剥夺了女性应受到的尊重，而女性应该有自己的表达方式。因此，在写作上，伍尔夫没有继承19世纪维多利亚现实主义文学遗风，而是强调了文学在人类精神层面的巨大作用，认为文学应深入地描绘人心灵深处的精神世界。伍尔夫小说达到此种艺术效果所借助的写作技巧便是后来风靡整个西方文坛的意识流创作手法。

20世纪初期英国文坛上就已出现了意识流小说创作，但并未引起很大关注。伍尔夫以女性作家的敏感发现了意识流对于传达精神内容的极大价值，随即开始了她以意识流为主要写作技巧的创作。伍尔夫长篇小说的主人公大部分都为女性，如《到灯塔去》《达罗卫夫人》等等。通过对女主人公意识的书写，伍尔夫在小说中展现了普通女性的一生，以及她们对过去的回忆、一刹那的感觉、心灵深处的呼唤和对未来生活的联想，这些看似毫无规律可循的文字将女性的生活生动地展现出来，同时又包含着女性特有的价值观、人生观，是女性思想最真实生动的写照。《情感与艺术的焦虑——论〈到灯塔去〉"双性同体"的矛盾叙事》

探讨了伍尔夫的女性主义思想与现代主义创作手法之间的联系。该研究从内聚焦点的意识衔接、点面结合的象征隐喻及构建和谐的内在冲突三方面质疑"双性同体"的女性主义立场和现代美学价值，反映了双重视角所体现的两性矛盾和视角重合所确立的男性权威，揭示出伍尔夫在把握情感与艺术时所持的矛盾态度。《伍尔夫的遗产——论短篇小说〈遗产〉作为伍尔夫小说形式观的证据》将伍尔夫晚年短篇小说《遗产》作为研究对象。虽然这篇小说没有具体论述伍尔夫的精神转向小说形式观理论，但却恰恰以小说本身的形式和内容，证明了作家的这个理论，验证了此前她提出的精神主义。

虽然一直以来伍尔夫和詹姆斯·乔伊斯同被誉为意识流小说大师，但英国女作家多萝西·理查逊却是该形式小说开创性的实践者。肖瓦尔特在《她们自己的文学》一书中集中关注了自勃朗特姐妹以来大量名不见经传的女性作家，理查逊就是其中重要的一位。肖瓦尔特给予了理查逊以极高的评价，认为她是"女性审美最忠实的代表——如果她再懂得些自我推广……她本可以成为英国小说界的格特鲁德·斯泰因"[1]。此处肖瓦尔特所表达的遗憾不无道理。理查逊在20世纪初写就了英国文学史上第一部意识流小说《人生历程》，开西方意识流小说创作之先河。然而，令人匪夷所思的是，她的作品在很长一段时间里，遭到了读者和评论家的忽视。究其原因，有人认为一是由于她本人腼腆的性格和低调的生活，使得她不愿过多地面对外界采访；二是她对传统创作潮流的背离，使她的作品对于习惯传统阅读方式的读者来说难以接受。[2] 然而，当我们回望20世纪英国妇女小说家及其创作时便会发现，理查逊无论在艺术形式还是写作内容上均为英国文坛乃至世界文坛作出了不可磨灭的开创性贡献。

《人生历程》是理查逊的杰出代表作，它讲述了懵懂的青春少女米利安·汉德森在经过一系列的变故之后成长为一位渴求平等的成熟女性的生活经历，其中大部分故事情节都是作者本人生活的再现。从内容上来看，理查逊通过对米利安

---

[1]　Elaine Showalter. *A Literature of Their Own：British Women Novelists from Bronte to Lessing.* Beijing：Foreign Language Teaching and Research Press，2004. p. 248.

[2]　参见郭万玉：《多萝西：不该忽视的杰出女作家》，载《成都师专学报》，50～52页，2001（3）。

内心世界的描绘，传达给读者的是女性追求自由的意识和反抗男权社会的勇气。从形式上看，理查逊独创性地使用了后被称为"意识流"的艺术表现手法，开创了新的女性小说叙事模式，赋予了其小说卓越的创新精神。鉴于理查逊卓越的文学成就，她后来的追随者将她与普鲁斯特和乔伊斯相提并论，然而事实上"她真正的传统是女性的，她的写作主题是女性意识"①。伍尔夫在论及理查逊的写作技巧时，曾高度评价说"她发明了，或者，如果不是发明，至少是发展并为己使用了一种句型，我们可以称它为女性心理句型。它比旧式的句子更具弹性，可以拉伸到最大长度，悬挂住最微小的粒子，包裹最模糊的形状"②。然而对于该句型在理查逊小说中的具体阐释，现有的文献资料还比较缺乏。

《女性心理句型下的女性意识——〈人生历程〉的文体学分析》尝试从文体学的角度分析了这种心理句型，并探讨了女性意识如何通过该句型传达给读者。通过对小说标点、句子结构、话语呈现形式以及修辞手法的使用等方面的分析，该文认为理查逊"既展现了女性意识的形式又捕捉到了女性意识的内容"。传统的小说创作，均以男性文学形式为主，宣扬的是理性、逻辑和规则，而理查逊采取的是一种更符合女性情感的表达方式，从而捕捉到了女性飘忽不定的意识，细腻地反映了女主人公的内心世界。《〈人生历程〉女性思想的探索和界定——对个人主义的追求》则从生活经历和创作美学等方面探讨了多萝西·理查逊对于女性个人主义的追求。两篇文章分别从艺术和思想等不同方面展现了女性作家艺术创作和价值观构建的显现过程。

无独有偶，战后女作家克里斯蒂娜·斯台德也是曾被人忽略的妇女作家。斯台德出生于澳大利亚，1928 年离开悉尼到达伦敦，从此开始了旅居欧美长达近50 年的写作生涯。在创作高潮期，她几乎每隔两年就出版一部小说，但却没有引起评论界的足够重视，直到 1974 年斯台德回到澳大利亚定居并获得了怀特文

---

① Elaine Showalter. *A Literature of Their Own: British Women Novelists from Bronte to Lessing.* Beijing: Foreign Language Teaching and Research Press, 2004. p. 248.

② 王佐良、周珏良：《英国二十世纪文学史》，747 页，北京：外语教学与研究出版社，1994。

学奖，她的小说才逐渐受到西方评论者的关注。在中国，斯台德研究起步更晚，直到现在，相关的学术论文都寥寥无几。对于其作品的传播，目前也仅有1999年欧阳昱翻译的《热爱孩子的男人》（*The Man Who Loved Children*，1940）。由此可见，在斯台德研究上，还存在着很大的填补空间。

斯台德是一位相对来说较多产的小说家，自20世纪30年代开始有作品出版至80年代写作生涯终止，共有13部小说问世。同时，她还出版了两部短篇小说集。但是，斯台德的小说受关注的并不多，自第一部小说《萨尔茨堡故事》问世之后，一些评论集中探讨了小说创作形式的创新，并未对其内容进行深入探索。随后斯台德不断有新作问世，但并未引起评论界足够的重视。1964年《热爱孩子的男人》再版，美国诗人兼评论家兰道尔·贾勒尔将其称为"一部被忽略的伟大著作"，从此西方评论界才逐渐开始对斯台德开展系统的研究，她作为20世纪重要妇女作家的地位才逐步被确立。

从主题上来看，国内外对于斯台德的研究主要集中在女性主义、精神分析、后殖民主义等方面，但斯台德更引人注目的还是她特殊的创作风格。她"经常把自己的小说贴上'自然主义'的标签，无意于自左拉以来任何的文学流派，而钟情于这一独特的创作源泉"①。在创作伊始，她就把自己小说的描述对象定位在那些从出生就开始遭受压迫和不公的人们。因此，她笔下的世界充满着压抑和荒凉。她以自然主义的手法描绘现实中的物质世界，精确而敏锐地观察周遭人物，记录人性中最阴暗的层面。她向读者展示的是整个世界的复杂性和人类灵魂深处不可言说的秘密。

虽然斯台德的写作主题是阴暗甚至有些残酷的，但她无意对人物进行过多的干涉和批判，而是采取探索的态度，让人物自由发展。以代表作《热爱孩子的男人》为例，小说描绘了一个混乱的美国家庭，充满矛盾与斗争。在连续不断的家庭纷争中，每个成员的观点都得到了充分体现，每个人物的视角同等重要，并形成交叉对话，使故事具有多声部的美感。《斯台德的"多重声音"世界——

---

① Lorna Sage. *Women in the House of Fiction*: *Post-War Women Novelists*. Houndmills, Basingstoke, Hampshire and London: The Macmillan Press, 1992. p. 40.

用复调小说理论分析〈热爱孩子的男人〉》从复调小说理论的角度对该小说进行解读，挖掘存在于各种思想交汇地带的事实真相。该文认为，斯台德运用多重声音的世界展现了复调小说的主体性、对话性和未完成性，也体现了反对男性单一话语霸权的思想，从而为斯台德小说研究开辟了新的解读维度。

吉恩·瑞斯也是战后颇具盛名的女作家。她出生在多米尼加的罗素岛，父亲是威尔士人，母亲是第三代克里奥尔移民。1907年，瑞斯来到英国，遭遇了家道中落、居无定所等一系列生活重创。为了维持生计，她做过合唱演员、时装模特，甚至依附过男人生活。第一次世界大战之后，瑞斯结识了著名作家福特·马多克斯·福特，开启了她的文学之旅。总的说来，瑞斯并非一位多产的女作家，但她的小说每一部都能引起广泛的关注，最著名的当属1966年出版的《藻海无边》。与生俱来的克里奥尔血统和西印度群岛的生活经历，让她本能地在小说中聚焦边缘人物身份的塑造。《藻海无边》就让《简·爱》中的边缘人物罗切斯特家阁楼上的疯女人——安托瓦内特从幕后走到台前，成为小说的女主角。小说描述了美丽的克里奥尔女孩安托瓦内特从牙买加的庄园走入英国罗切斯特家阁楼的经过，她在《简·爱》中的疯狂是对男权社会对女性压抑的深刻阐释。瑞斯赋予了这位在《简·爱》中失语的女人发出自己声音的自由，扭转了人们长时间以来对她的偏见，这正是该小说广受关注与好评的重要原因。《梦幻人生　心灵之旅——论〈藻海无边〉女主人公的自我追寻》从自我心理发展的视角阐释了该小说女主人公追寻自我的心路历程和作家思想的关系，认为该小说既折射出作家本人的矛盾思想，又反映了拥有类似族群经验的心理。从这个意义上说，这部小说的终极关怀已经超越了个人与时代，具有更为深层的意义。

斯台德和瑞斯的小说让我们看到了女性在思考现实物质世界时的深邃思想和敏锐观察，女性主义思想框架已经很难涵盖对她们作品的解读。实际上，大部分战后英国女性作家的创作已经远远超出了女性主义思想的范畴。她们在创作实践中逐渐不再把自己写作的对象囿于女性，而是不断地拓宽关注的视野，放眼全人类的发展变化，比如艾丽丝·默多克、穆丽尔·斯帕克、多丽丝·莱辛，以及安东尼亚·苏珊·拜厄特和玛格丽特·德拉布尔姐妹等60年代之后享誉英国文坛的著名女性作家。

60 年代的英国经济形势日益严峻，社会阶层之间关系日趋紧张，工党在战后推行的"福利国家"政策所带来的经济弊端逐渐显露。人们逐渐发现，虽然福利政策在一定程度上改善了人民的生活，复兴了战后英国的经济，但劳资矛盾并没有真正得到缓解。据 1971 年《经济学家》称，84% 的国有资产掌握在 7% 的人手中，[①] 贫富悬殊依然存在并且日益严重。特别是 60 年代中后期，英国的经济陷入了前所未有的困境：通货膨胀、贸易逆差、劳资纠纷、高失业率、海外市场的萎缩等等，无一不把英国财政推向崩溃的边缘。巨大的悲观失望情绪弥漫全国，战前以叔本华为代表的悲观主义哲学思想并未随着战争的结束而消亡，它夹杂着人们对世界和社会的怀疑再次袭来，笼罩着整个英国。

很快，战后悲观主义成为社会的普遍心态，知识分子更是走不出迷惘和困惑的圈圈。此时形成于 20 世纪 40 年代，以萨特为代表的存在主义思潮达到了高峰，并继而成为整个英国乃至整个欧美文坛的主要思想基础。他所提出的存在主义观点从某种程度上缓解了社会的悲观失望情绪，从而成为人们寻找精神出路和解答人生迷惑的有力支撑。因此，许多作家开始以存在主义为哲学基础进行文艺作品的创作。他们坚持不懈地在作品中对人生哲理和人性道德进行思考，探究文学艺术与伦理道德的关系，试图展现人类生活的现状。艾丽丝·默多克便是其中一位杰出的妇女作家。1953 年默多克发表了研究萨特存在主义思想的文学专论《萨特：一个浪漫的理性主义者》，这为她在哲学研究领域奠定了重要的位置。随后，她以小说的形式向读者传达自己对社会存在形式和人生意义的独特见解，让法国萨特式哲学小说在英国文坛得以再现。

除了萨特，柏拉图也是对默多克影响深远的哲学家。1977 年，她出版了《火与太阳》，其中阐述了她对于柏拉图文学观和哲学观的思考。在书中，默多克将艺术和爱情相提并论，探讨了文学、艺术和爱情的关系。她认为"爱可以揭示出人们最隐秘的一面，只有处在爱这种迷狂状态，人才会把自己秉性中的全

---

① Randall Stevenson. *The Last of England*. Beijing：Foreign Language Teaching and Research Press, 2007. p. 28.

部，无论是美的还是丑的都表现出来"①。因此，爱与艺术是默多克小说的重要主题之一，她的多部小说都是以爱这一迷狂状态为描写对象的。在写作手法上，她认为，"柏拉图的艺术世界或摹仿世界是理论世界，而客观现实世界是居于两者之中的，它比理念更接近真理"②。因此，默多克也坚持在写作中用写实主义的笔法不断地靠近真理，靠近事物的本质。

　　然而，对于一个有思想的作家而言，我们是没有办法对其写作内容与写作手法做出肯定与确切的定性描述的，因为他/她的写作永远处于不停的变幻、创新与思考中。就默多克而言，她虽然受存在主义思想影响很深，但并未一味追随前人的世界观，而是在吸收和运用这些思想的同时，积极融入自己对人存在的价值和意义的思考，逐渐形成独具特色的文学观和世界观。《超越存在主义：论〈黑王子〉的叙事艺术》就论述了默多克在小说中如何演绎并超越存在主义的哲学命题。该文认为，默多克在小说《黑王子》中阐释了自我与他人对立的存在主义哲学，并以现实主义与后现代主义叙事手法相结合的方式将爱和艺术统一起来，展示了自我与他人从对立走向对话的可能性，从而在文本层面上走出了存在主义哲学的困境。

　　苏格兰女作家穆丽尔·斯帕克也是 60 年代活跃在英国文坛上的独具特色的女作家。她早年生活在非洲，直到二战期间才回到英国。虽然非洲的生活经历为她的小说带来了丰富的素材，但斯帕克最具盛名的还是她的宗教小说，她本人也常被划入宗教小说家的类别。1954 年，斯帕克正式皈依天主教，也从此开始了她宗教小说的创作历程。1957 年，在麦克米兰的资助下，斯帕克的第一部长篇小说《安慰者》问世，成为她最引人注目的作品之一。《安慰者》讲述的女主人公卡洛琳·罗斯同作家本人一样，是一名天主教徒，但在宗教信仰上却有着困惑和彷徨。形而上学式的教义灌输和神圣信仰下掩藏的道德沦丧是这部小说引人深思的主题。同时，它也从一个侧面反映了斯帕克对于天主教本质的思考和质疑。

---

①　转引自瞿世镜、任一鸣：《当代英国小说史》，112 页，上海：上海译文出版社，2008。

②　同上。

关于作家本人的宗教信仰与其小说创作之间的关系，《宗教信仰与叙事策略的完美结合——〈安慰者〉的叙事特色》进行了深入的探究。该研究通过小说中出现的时间倒错、超然叙事的悖论和西方侦探小说等叙事特色的分析，认为正是斯帕克的宗教信仰决定了她的叙事策略，而她所选择的叙事策略也反映了她的宗教信仰，二者达到了完美的结合。

60 年代享誉英国文坛的还有一位重要的妇女作家——多丽丝·莱辛。莱辛是一位颇为多产的作家，创作涉足小说、散文、传记、剧本等多项文学领域，并于 2007 年获得诺贝尔文学奖。莱辛的小说创作大致可分为三个阶段①：第一个时期（20 世纪 50 年代）以作者早期在非洲生活经历为题材，采用传统现实主义叙事手法，表达了对英国殖民主义的反对并揭露了种族歧视的恶劣本质。第二个时期（20 世纪 60 年代）以长篇小说《金色笔记》为代表，以反映知识女性在当代西方社会所面临的困境为题材，并在艺术形式和技巧上进行大胆突破和创新。在第三个时期（20 世纪 70 年代之后），莱辛小说超越了类别的限制，科幻、寓言和写实交相呼应，寄托了作者对人类命运和历史发展的忧思。然而，这样的时间划分不过是一个大致上的发展概括，事实上莱辛的小说风格独特多变，特别是晚期作品对各种手法的杂糅，让我们很难对她的作品做出确定的阶段划分，这也充分表明了莱辛小说思想和形式的复杂性和创造力。

诚然，60 年代正是西方第二次女性主义运动风起云涌之时，彼时莱辛的一部《金色笔记》让她很快就成为女性主义的偶像级代表人物，更是有人把该书同女性主义的圣经——《第二性》相媲美。然而，莱辛对此却颇为反感。她坚决否认了该书对女性主义的宣扬，更不乐意自己被贴上女性主义的标签，她希望自己的作品有着更为广阔的视野和更为深邃的哲思。《追寻传统母亲的记忆——伍尔夫和莱辛比较研究》从女性文学传统缺失的角度探讨了伍尔夫和莱辛这两位 20 世纪最伟大女性作家的异同及其原因，对于揭示女性文学传统在 20 世纪的

①　关于莱辛创作的分期一直在争论，也没有特别明确的说法。为了方便叙述，这里暂且取通常的说法。关于其他分期，可以参阅 New World Encyclopedia 以及瞿世镜、任一鸣：《当代英国小说史》，156～157 页，上海：上海译文出版社，2008。

承继关系和深入理解莱辛具有重要意义。《女性人格的多棱镜——论〈简·萨默斯的日记〉中的女性双人物》探讨了荣格分析心理学在莱辛小说中的体现。该文认为莱辛深谙人类意识的二元性，是剖析现代人心灵的高手，小说中的四位女性人物相互依存、相互呼应，展示了女性对于生活的不同态度，传达了心灵的共通和命运的暗合。但莱辛并不仅仅意在描述这些人生轮回规律的表象，而是借助生活的普遍性和规律性，引导人们，尤其是女性，对自我进行剖析和反思。《〈三四五区间的联姻〉：苏菲主义关照下的婚姻母题》则从苏菲主义的视域探讨了莱辛透过超越婚姻的空间和跨越联姻的意识所表现出的对异质文化互动的深度关怀。《两世怨女魂，空有梦相随——分析〈又来了，爱情〉的后现代语境中的双重叙事》则从叙事模式入手，探讨了《又来了，爱情》中后现代语境的叙事特征，体现了莱辛晚期小说技巧的创新。通过对小说互文性、话语次序的颠倒性以及时间的无止境化等方面的分析，该研究认为莱辛的写作技巧源于对人物心灵视觉的再现。透过双重叙事，我们得以洞悉当代弱势群体状况，从而赋予莱辛小说以积极的文化意蕴。此外，《表象的背后——〈喷泉池中的宝物〉的叙事策略》同样剖析了莱辛小说的叙事模式，不同的是，该论文将关注的对象投向了莱辛的短篇小说领域。短篇小说是莱辛整体创作中重要的组成部分，突出地体现了她卓越的创作思想和技巧。然而遗憾的是，其短篇小说批评尚未引起广泛的关注，因此通过该论文我们得以管窥莱辛短篇小说的灵巧技法。该研究选取的对象《喷泉池中的宝物》收录于莱辛短篇故事集《另外那个女人》，讲述了一个有关理想和追求的故事。通过对小说结构、象征以及叙述空间置换等方面的分析，该论文阐释了一个重要的理念：喷泉之水有流回泉源的可能性，但这种回流不是简单意义上的回归，而是带着对世界全新的认知和体验。这体现了莱辛高超的创作技巧和她对人类生存境遇的深刻思考。《试论多丽丝·莱辛〈老妇与猫〉的象征叙事》将目光聚集在莱辛另一篇短篇小说《老妇与猫》上，着重探讨了这篇小说的艺术手法，细致分析了小说中丰富的象征意义。

安东尼亚·苏珊·拜厄特和玛格丽特·德拉布尔姐妹是和莱辛同一时代的妇女小说家，在英国文坛乃至世界文坛都享有极高的声誉。她们于 20 世纪 30 年代出生于英国谢菲尔德市的一个知识分子家庭，父母均为剑桥大学的毕业生。德拉

13

布尔家族文化底蕴深厚，家中兄妹四人均接受过良好的文学艺术熏陶，日后也都在各自的领域颇有建树。拜厄特和玛格丽特两姐妹先后进入剑桥大学纽纳姆学院攻读英国文学学士学位，并均以优异的成绩毕业，成为颇具学者特色的女性作家。

作为亲生姐妹，拜厄特和德拉布尔的职业生涯十分相似。她们在同一时期进入文坛，对文学理论都有自己独到的见解，都集小说家、批评家、社会活动家于一身。但若仔细看来，其中还是有很大差别。某种程度上，拜厄特在文学批评方面的建树一度超越了她在小说领域的才能。比如，她对艾丽丝·默多克、华兹华斯、柯勒律治等作家有非常深入的研究，并有相关著述问世，如《自由的等级：论艾丽丝·默多克的小说》《华兹华斯和柯勒律治在他们的时代》等。也许正是因为拜厄特在文学批评方面独到的见解，让她的小说具有了深刻的思想内涵。她主张文学一方面要来自真实生活，不能脱离现实，另一方面要有一定的哲理启迪，让读者有所受益。

拜厄特笔下的小说正是她文学主张的充分体现。虽然她的小说多以女性为书写对象，但文本的意义却并没有局限在女性主义这一主题框架内，而是有着非常广阔的解读空间。小说《占有》（也称《隐之书》）是拜厄特最成功的作品，该书一出版就荣获英国文学最高奖项布克奖，并被翻拍成电影，流传甚广。它讲述的是 19 世纪维多利亚诗人艾许和美丽漂亮的兰蒙特之间神秘而浪漫的爱情故事，而这一段故事通过两位 20 世纪文学研究者罗兰和莫德锲而不舍的调查研究展现出来。随着艾许和兰蒙特之间爱情故事的逐渐浮出水面，罗兰和莫德之间也产生了微妙的情感。故事就这样在现代和过去之间来回穿梭，把现代人的生活和精神状态同维多利亚时期的道德操守无形中作了比较，让人回味深思。可以说，《占有》集中体现了拜厄特卓越的故事编织技巧和丰富广泛的思想内涵。故事中穿插的诗歌、童话、书信、日记、文学评论等体现了小说厚重的历史感和真实感，而文本之间形成的错综复杂的互文关系又让小说情节变得扑朔迷离，呼唤着对小说丰富内涵的不同解读。《〈隐之书〉之为"隐"——谈拜厄特叙述技巧下的女性声音》把叙述技巧和女性声音相结合，探究了书中的"隐"字主题。该研究认为，拜厄特是一个表达女性声音的高手，《隐之书》中的互文效果隐喻了女性的生存状态，女性用自己的声音讲述了鲜为人知的历史叙事，展现了女性为历史的尘埃所掩盖的生命本真和自我之声。《"阁楼上的疯女人"：〈游戏〉中的三重人物原型》则从叙事策略和主题元素上分析了被众多评论家忽略的拜厄特小说《游戏》。该研究从神话原型人物的角度对小说中的主要人物卡珊德拉·考伯特进行分析，重新解读了拜厄特在早期作品中运用多重原型塑造小说人物的艺术才能。

同拜厄特一样，玛格丽特·德拉布尔的许多作品也是以女性为书写对象，反映了现代女性的心声。德拉布尔60年代进入英国文坛的时候，正值第二波女性主义运动风起云涌之时。波伏娃的《第二性》为她提供了丰富的写作素材与灵感，她把早期作品的主题定位在反映现代知识女性内心纠葛、描绘女性生存状况、传达女性意识以及女性自我认知等方面。如首部小说《夏日鸟笼》描绘了女大学生对于世俗婚姻的迷茫，《加里克年》讲述了进入婚姻的女性所面临的危机和迷茫，《磨砺》展现了一位未婚母亲艰辛的生活。然而，德拉布尔的女性意识是温和的，她不赞同女性以压抑个性和放弃人生追求为代价来扮演传统的贤妻良母角色，亦不鼓励将她们同男性对立起来、激进地采取行动以为自己在家庭和社会中争得一席之地。她的创作致力于"在这两者之间找到一条可行的中间道路，即女性以'某种方式'与男性平等相处的可能性，或者说女性在贤妻良母与女权主义的中间地带进行选择的可能性"[①]。

到了后期，德拉布尔的小说视角发生了很大的转变，她开始广泛地关注社会，积极地以一名记录者的身份去描写当代英国存在的种种弊端，呼吁整个社会普遍的平等和正义。比如《针眼》和《冰期》两部小说突出反映了德拉布尔写作风格的转变。她秉持着作家高度的社会责任感，尖锐地追问造成70年代英国社会动荡不安的根本原因，笔触几乎涉及存在的所有问题：高失业率、通货膨胀、福利国家的隐患、战争威胁、法律制度的弊端等等。在这一系列问题面前，德拉布尔引导着读者反思自己所处的时代，以图能够找到一条出路，带领英国走

---

① 程倩：《无望的突围——评德拉布尔的女性小说》，载《湖南师范大学社会科学学报》，120页，2000（1）。

向未来。

德拉布尔写作素材的转变提醒我们应把她的作品作为一个整体来考察。妇女作家的性别身份赋予她们细致描写女性经验得天独厚的优势，但是"一个女性作家，如果放纵自己在性别上的写作潜能，那是很容易淹没在经验的泥淖里，因为过度的经验化，必然会冲淡写作中的伦理感觉；经验一旦变成终极，写作就会变成表象化的写作，无法企及生存的核心地带"①。这一点在德拉布尔身上体现得尤为明显。家庭出身和早期教育所接受的宗教影响使她成长为一位具有高度社会责任感和高尚道德观的女作家。她所关心的根本问题，在于整个社会普遍的平等和正义。妇女的权益问题，不过是其中的一个部分而已。因此，德拉布尔的小说具有特别的人文精神和社会价值。《守护生命的尊严——重读〈金色的耶路撒冷〉》就是把曾被认为是女性主义小说佳作的《金色的耶路撒冷》放入人文主义精神的关照下，结合叙事伦理等相关理论探究其中的道德内涵，为德拉布尔小说研究打开了更为广阔的视角。该研究认为，《金色的耶路撒冷》体现了自由伦理的个体叙事，其使用的复合伦理叙事模式让读者忽略了对克拉拉的道德审判，从而赋予读者设身处地感受克拉拉命运的自由。《〈金色的耶路撒冷〉中的伦理关怀及道德反思》则从小说主题和内容上探究了德拉布尔小说的伦理意义和道德内涵，从而体现了德拉布尔小说丰富而深刻的人文精神。《直面惨淡的人生——从存在主义的视角解读〈红王妃〉》对"荒诞""异化"和"选择"三个基本概念进行分析，揭示了德拉布尔在文中所表达的意义：生命的意义就在于积极地理解生活、面对生活。

后现代主义盛行带来的另一个文学效应就是高雅文化与通俗文化之间的界限越来越模糊。20 世纪中叶以来，伴随着电影电视等大众传播媒体的日益发展，越来越多的通俗小说被搬上荧屏供广大观众欣赏。具有现代特征的精英文化和具有严肃文学性质的英国小说在阅读市场上所占的份额不再有优势，取而代之的是通俗小说的蓬勃发展。这类小说以其通俗易懂的文风、引人入胜的情节以及易于同电影电视媒体结合的特点迅速传播，成为 20 世纪英国小说不可分割的组成部

---

　　① 谢有顺：《铁凝小说的叙事伦理》，载《当代作家评论》，25 页，2003（6）。

分。

达芙妮·杜穆里埃是英国当代著名的通俗小说家之一。她出身艺术世家，祖父乔治·杜穆里埃是英国著名的歌唱家和通俗小说家，父亲杰拉德·杜穆里埃是一位演员和经纪人。在家庭环境的耳濡目染下，杜穆里埃很早就对文学艺术表现出极大的兴趣和天赋。1931 年，她的第一部长篇小说《可爱的精神》问世，但并未引起特别的反响，直到 1936 年，小说《牙买加客栈》的出版才使她名声大噪，获得了大量读者的追捧与认可。两年后，杜穆里埃又出版了小说《蝴蝶梦》，获得了巨大的成功，该书不断再版，并被译成几十种文字。此后，她笔耕不辍，相继出版了《法国人的港湾》《国王的将军》《浮生梦》《替罪羊》等一系列情节引人入胜的小说。1969 年她被授予英国女爵士勋位。

杜穆里埃厌倦世俗，长期避居在英国西南部的具有维多利亚时代特征的康沃尔郡，她的不少小说都以此地的社会习俗为背景，康沃尔海滩的神秘和荒凉也经常出现在她的小说的情节描绘中，因此，她的小说又被称为"康沃尔小说"[①]。她深受 19 世纪哥特派小说的影响，她的小说情节引人入胜，构思巧妙，文笔细腻动人，充满神秘、恐怖和冒险精神，吸引了大批读者。尤其是《牙买加客栈》和《蝴蝶梦》两部小说，分别在 1938 年和 1939 年由世界著名惊悚悬疑片导演阿尔弗雷德·希区柯克拍成电影，自上映以来久演不衰。杜穆里埃在她的作品中充分体现了哥特式浪漫主义的情怀，神秘、恐怖、悬疑穿插在扑朔迷离的小说情节中，极具吸引力。《蝴蝶梦》是杜穆里埃的代表作之一，在书中作者塑造了一个神秘的女主人公吕贝卡。她虽未在书中出现正面形象，但却如同幽灵般若隐若现。而故事叙述者"我"，一个单纯健全的女孩，每时每刻生活在吕贝卡的阴影中不能自拔。随着情节的发展，吕贝卡神秘的面纱被慢慢揭开，她放浪形骸之外的腐化生活以及与丈夫畸形的婚姻呈现在读者面前。作品一方面悬念不断，阴森恐怖的氛围笼罩全书，为读者带来刺激的感官享受；另一方面通过对吕贝卡放荡生活的描写，对英国中上层社会的伪善虚假、尔虞我诈做了无情的披露。

小说《蝴蝶梦》的双重意义也是杜穆里埃通俗小说所具有的重要特征。杜

---

① 　瞿世镜、任一鸣：《当代英国小说史》，505 页，上海：上海译文出版社，2008。

穆里埃的小说继承了浪漫主义和现实主义的双重写作手法，一方面以哥特式悬疑吸引读者，让他们在阅读过程中得到享受与消遣；另一方面深刻地反映了当代社会的主要问题，特别是女性所面临的困境，引起广大读者的深思。这就使她的小说兼具娱乐性与严肃性，具有十分广大的影响力。《女性意识的隐性书写——释读〈牙买加客栈〉中的"三元空间"》运用空间女性主义这一新兴的文艺理论批评方法考察了《牙买加客栈》中空间结构与女性价值之间的关系。作为杜穆里埃经典的哥特式悬疑小说，该文描绘了一个孤女玛丽·耶伦勇敢地同命运抗争，惩恶扬善，最终获得幸福的故事。虽然故事情节并无特别新意，但将其笼罩在哥特式悬疑的氛围下，便产生了不同寻常的意义。该研究认为，杜穆里埃在小说中呈现了隐性的女性意识，她巧妙地安排的"三元空间"的描写与玛丽的新女性精神取向相契合，从而体现了小说所具有的深刻内涵。该研究从一定程度上弥补了前人对这部小说的评论仅限于创作风格上的不足，也印证了杜穆里埃通俗小说所具有的广泛社会意义。《〈法国人的港湾〉中"别样"的罗曼斯——释读时间流程中女性身份的寻求》关注了杜穆里埃的另一部小说《法国人的港湾》，借助海德格尔《存在与时间》的相关理论，考察了女主人公女性身份寻求的历程，呈现了杜穆里埃对妇女理想生活的愿望。

事实上，杜穆里埃小说的特点反映了英国当代通俗小说普遍的特征。这些小说不仅满足了读者的猎奇心理，使他们在阅读过程中得到消遣，更是在取材上涉及当代社会存在的问题，在娱乐读者的过程中又能激发起读者对社会现实以及人生意义的思考。因此，英国当代通俗小说"摆脱了纯粹的娱乐性，在思想性和艺术性方面逐渐靠近严肃文学"①。

安吉拉·卡特 1966 年发表了小说《影子舞》，次年推出第二部小说《魔幻玩具店》，并获莱斯奖。此后她的优秀作品源源不断，相继有不同题材的长篇小说问世，如《几种感觉》《英雄与恶徒》《爱》等。在 26 年的写作生涯里，卡特创作了 9 部长篇小说、4 部短篇小说集，以及若干散文、剧本、书评和新闻报道等等。她是多项英国文学奖的获奖者，莱斯纪念奖、毛姆文学奖等等都曾被她收

---

① 瞿世镜、任一鸣：《当代英国小说史》，473 页，上海：上海译文出版社，2008。

入囊中。卡特的小说因其独具的吸引力，在世界范围内拥有数量众多的读者，是一位颇具研究价值的英国妇女小说家。

卡特的小说之所以具有如此广泛的影响力，与她作品的繁复多样和新颖创意紧密相关。卡特本人博学多才，毕业于英国布里斯托尔大学英语文学专业，有着良好的心理学、社会学、人类学文化背景，她的创作吸收融合了多种文化因素，呈现出很强的可读性。同时，卡特对于民间传说和神话故事情有独钟。她热衷于搜集各类民间传说和童话故事，并十分擅长将这些传说和故事加以改编，赋予其现代的气息。她用哥特式传奇风格渲染阴森恐怖的气氛，故事情节怪诞离奇、跌宕起伏，很大程度上满足了读者的猎奇心理，达到娱乐和消遣的目的。此外，卡特还热衷于将古老的民间传说和神话故事改编成现代童话，赋予传统形式以现代意义，从而实现了形式和内容的双重革新，让读者在感受阅读快乐的同时，体验现代童话的深刻寓意。卡特很少明确地说明故事想要表达的含义，完全放任读者自行思考，赋予阅读过程以积极的含义。

《童话叙事，还是反童话叙事——谈安吉拉·卡特的〈血室〉》运用叙事学的方法分析了《血室》的叙事模式。《血室》是卡特根据 17 世纪法国作家贝洛的童话《蓝胡子》改编而成的中篇小说，被收录在 1979 年出版的同名小说集中，该书曾荣获切尔顿汉姆文学成就奖。《血室》是典型的哥特式小说，全篇充满了阴森恐怖的气氛，古堡、密室、骷髅、尸体、血迹等等，让人毛骨悚然。女主人公的离奇遭遇把读者带入一个神秘的世界，每时每刻都带给读者惊悚的感受。这种恐怖的气氛和传奇的描写引得大量的青少年以及成年读者为之痴迷。在文学研究界，中西学者基本达成共识，即《血室》是现代童话或者是新编童话。但究竟现代意义下的新编童话较传统意义上的童话有何区别？该研究借助了叙事学的相关理论，从叙述时间、叙述时序以及叙述主体三个方面阐明了《血室》的反童话叙事模式，从而体现出卡特的形式技巧实验革新能力以及卡特小说对于现实生活的指导意义。《经典的重构：论〈马戏团之夜〉的互文性手法》着重分析了卡特的互文性写作策略，认为她在作品中再现了官方文献中被抹去了的历史，折射出卡特对于历史、社会以及女性问题的深度思考。

进入 80 年代，移民小说和后殖民小说开始登上英国主流文坛并迅速发展起来，这一景观打破了长期以来英国本土白人文学的垄断现象，英国文坛听到了其他种族作家发出的声音。这些来自以前英国殖民地的作家夹带着多元社会背景、新奇的英语表达特色、新颖的批判立场和丰富的文化身份，犹如一阵清新的风扑面而来，为英语文学长久以来沉闷的局面注入了生机与活力。后殖民文学的盛行与战后世界经济和政治的发展变化密不可分。英殖民帝国的瓦解造就了各殖民地的独立，这些新独立国家的作家有着英国本土白人作家少有的漂泊感和错位感，加之多元的文化熏陶和耳濡目染，他们的作品有着极为丰富的灵感来源和写作素材。同时，随着科技的发展，各国之间的人口流动频繁，移民现象日渐普遍，文化交流更加便捷，语言差异也不再是各族人民交流的巨大障碍，很多来自殖民地的作家可以流畅地用英语写作，这为他们的作品在英语文坛取得一席之地奠定了重要基础。

在诸多移民作家中，我们也发现了很多女性的身影。安德里娅·利维就是一位杰出的英国黑人女作家。2004 年，利维凭借一部反映战后牙买加移民生活的小说《小岛》一举获得了专为女性作家设立的"奥兰治文学奖"，成为获此殊荣的第九位妇女作家；时隔不久，这部小说又获得了"惠特布莱德年度最佳小说奖"，这无疑在很大程度上肯定了利维的移民写作成就并确定了她在移民文学圈中的重要地位。《小岛》是利维的第四部小说，在此之前，利维以移民为题材探讨英国的黑人身份问题已有 10 年之久。1994 年，她出版了处女作《屋里灯火通明》，描绘了 60 年代一个牙买加家庭在英国的艰辛生活。时隔两年，她推出第二部小说《从未远离》，讲述了生活在伦敦的两个姐妹的故事。1999 年，利维第三部小说《柠檬果》问世，这是一部有关牙买加移民回故土寻根的故事，引起了很多移民者对身份认同和文化归属问题的深思。

利维的父母同为英国牙买加移民。1948 年利维的父亲搭乘"帝国疾风号"轮船，和大约 500 名西印第安人一起跨越加勒比海来到英国，希望在新的土地上开始新的生活。这次航行标志着二战后加勒比移民大规模进入英国的开始。然而，利维一家在英国的生活并不像想象中的美好，虽然她的父母通过自己的努力获得了稳定的职位，然而肤色的不同还是给他们的生活造成了很多困扰和无奈。利维虽然肤色较白，可周围的人依然将她视为黑人对待，这给她的成长带来很大影响，迫使她不得不认真地思考英国籍黑人存在的意义和命运的归宿。父辈的生活轨迹给利维提供了丰富的移民写作素材，她的所有小说与她个人以及家庭的生活都有着密切的关联，内容真实而生动。《小岛》就是一部以利维父母的真实经历为蓝本讲述二战后牙买加人移民到伦敦开始新生活的故事。小说讲述了二战结束后一对牙买加夫妇吉尔伯特和霍腾丝移民英国所面临的因种族问题而造成的压力、失落与困惑，深刻反映了殖民主义、阶层、性别差异等多重主题。小说由四位不同的叙述者讲述：一对牙买加夫妇——吉尔伯特和霍腾丝和一对白人夫妇——伯纳德和奎妮。故事从吉尔伯特夫妇从牙买加来到英国，投宿伯纳德夫妇家开始。四种叙述声音展现了四种不同的生存意识：霍腾丝在牙买加接受了上等的白人教育，摒弃了牙买加的本土文化，来到英国却因肤色原因与社会环境格格不入。尽管她不愿承认种族歧视的存在，但残酷的现实还是无情地击碎了她美好的幻想。吉尔伯特则十分现实，他对自身的处境有着客观清醒的认识，渴望通过自己的努力求得平等交流的可能。而奎妮作为一个白人女性，却以宽容的心胸邀请吉尔伯特夫妇入住，热情地对待肤色不同的人，这与丈夫伯纳德严重的种族歧视情绪形成鲜明对比。四种完全不同的视角从不同角度折射了黑人移民的生存境遇。《管窥黑人移民生存困境和融合走向——释读〈小岛〉的空间叙事艺术》从空间叙事学的角度分析了利维独具创新的四维延伸空间视角和彼此沉潜的空间意向，认为该书隐含了利维对于牙买加和英国这两座岛屿在视域融合上的期望。

　　珍妮特·温特森也是一位我们所关注的女性小说家。温特森是 20 世纪末英国优秀的年轻小说家，她才华横溢，曾以优异的成绩考入牛津大学攻读英文专业。1985 年温特森的处女作《橘子不是唯一的水果》刚一出版，便引起了学界内外的一致好评。在书中，作者通过技艺娴熟的叙述手法，以半自传体的形式描绘了一个生活在福音派新教家庭中的小女孩珍妮特的成长过程。《温特森的女性权威——〈橘子不是唯一的水果〉女性主义叙事学解读》从叙事学的角度，通过对小说的叙事聚焦、叙述声音以及叙述干预等叙事机制的研究，分析了温特森所选择的叙事技巧如何为女性主义主题服务，并如何让女性主人公发出自己的声音。《温特森的〈橘子不是唯一的水果〉评析》探讨了同一篇小说，通过对小说主要叙事以及辅助文本的分析，揭露了父权话语的始终在场。

　　凯瑟琳·曼斯菲尔德则是女性短篇小说家中的佼佼者。曼斯菲尔德出生在新西兰的惠灵顿，后到英国接受教育，一生经历坎坷，疾病缠身。然而她在短暂的一生中，却写下了许许多多优秀的短篇小说，如《幸福和其他故事》《花园聚会和其他故事》等。这些短篇小说集收录了曼斯菲尔德对于生活和人生的诸多感悟。她的小说多以细致入微的片段描写和细节观察取胜，内心独白和意识流也是经常使用的写作手法。《欲望能指链下主体的分裂——再探〈我不会说法语〉中的杜克特》借助拉康的欲望阐释理论，阐述了杜克特在欲望能指下追寻自我完整而不得的过程，解读了主体在欲望能指链上遭受分裂离异，从而质询主体存在的真实。

　　以上谈及的作家，只是 20 世纪英国女性小说家中富有代表意义的人物。其实，20 世纪的英国还有相当多的女性小说家值得研究。她们的创作无论在传播女性主义思想和价值观，还是在艺术形式的创新方面都对 20 世纪英国乃至全世界范围内的社会和文学以及文学批评产生了巨大的影响。她们独特的思想从根本上颠覆了延续几千年的传统观念，引发了文艺理论界对女性创作主体的讨论和重视。其艺术创作将女性意识融入小说形式之中，打破了传统小说的写作形式，开辟了艺术创作的新视野。因此，探讨 20 世纪英国女性小说家的思想和艺术对从新的角度阐释女性文学传统，具有重要的理论意义和参考价值。

弗吉尼亚·伍尔夫
（Virginia Woolf，1882—1941）

【生平简介】

弗吉尼亚·伍尔夫出身书香门第，父亲莱斯利·斯蒂芬爵士（Sir Leslie Stephen）是著名的编辑和文学批评家。由于家庭的缘故，伍尔夫同英格兰学界名流都有亲密关系。她自幼成长在文学氛围浓厚的环境中，通过阅读父亲的藏书以及同友人的谈话获取知识。父亲过世后，她迁居伦敦布鲁姆斯伯里地区（Bloomsbury），很快成为当地文化圈子的中心人物。在同知识名流的交往中，她认识了后来的丈夫伦纳德·伍尔夫（Leonard Woolf），婚后两人创办了霍加斯出版社（Hogarth Press），独具慧眼地出版了凯瑟琳·曼斯菲尔德（Kartherine Mansfield）、T. S. 艾略特（T. S. Eliot）、E. M. 福斯特（E. M. Forster）以及西格蒙德·弗洛伊德（Sigmund Freud）等著名学者的早期作品。伍尔夫晚年因担忧无法治愈反复发作的精神忧郁症而结束了自己的生命。虽然伍尔夫的重要性曾被不少评论家质疑，但她作为一名伟大的文学创新者的地位却是不可动摇的。

（以上内容选自 Sharon K. Hall, ed. *Twentieth - Century Literary Criticism* Vol. 5. Michigan：Gale Research Company，1981. p. 505.）

【主要作品】

《墙上的斑点》（*The Mark on the Wall*，1919）

《雅各布的房间》（*Jacob's Room*，1922）

《达洛威夫人》（*Mrs. Dalloway*，1925）

《到灯塔去》（*To the Lighthouse*，1927）

《奥兰多》（*Orlando*，1928）

《一间自己的房间》（*A Room of One's Own*，1929）

《海浪》（*The Waves*，1931）

【评论】

＊作为一名具有敏锐观察力和影响力的评论家、散文家以及小说家，伍尔夫很早就开始为《泰晤士报》文学副刊撰写评论。她所创作的评论文章，因其卓越的洞察力而广受称赞。它们几乎涵盖了英语文学的全部方面，其中也包括了出色的散文。在小说《一间自己的房间》和《三枚金币》（*Three Guineas*）中，伍尔夫极力拥护了女性具有的权利，强调了独立创造生活的重要性。①

＊小说家想要描写人物的想法是很容易做到的……但想要描写想法产生的真实过程却是一种富有创新意义的壮举。除了弗吉尼亚·伍尔夫，我不知道还有谁能够达到这种高度。②

＊弗吉尼亚·伍尔夫是一位伟大的艺术家，是我们时代的荣耀之一。她发表的每行文字都值得阅读……她无意于个人自身的救赎或个人对于他人的救赎，不制造任何教规教条。生活，这个世界中的生活，此时此地，是极为神秘莫测的，没有人可以看穿它……那么，她所作的这种同人类最古老信仰之一的决裂，相比她在小说形式上所作的改变来说更为重要。③

---

① Sharon K. Hall ed.. *Twentieth - Century Literary Criticism* Vol. 5，Michigan：Gale Research Company，1981. p. 505.

② E. M. Forster. "The Early Novels of Virginia Woolf." in Derida Bryfonski, Phyllis Carmel Mendelson ed.. *Twentieth - Century Literary Criticism* Vol. 1. Michigan：Gale Research Company，1978. p. 527.

③ Katherine Anne Porter. "Virginia Woolf." in Derida Bryfonski, Phyllis Carmel Mendelson ed. , *Twentieth - Century Literary Criticism* Vol. 1. Michigan：Gale Research Company，1978. p. 534.

情感与艺术的焦虑

——论《到灯塔去》"双性同体" 的矛盾叙事

作为英国现代文学史上最伟大的女作家，伍尔夫的女性主义思想与现代主义创作手法及二者间的内在联系尤为引人关注。本文以其代表作《到灯塔去》为例，试从内聚焦点的意识衔接、点面结合的象征隐喻及构建和谐的内在冲突等三方面质疑"双性同体"的女性主义立场和现代美学价值，并揭示出作者在把握情感与艺术时所持的矛盾态度。

"在英国小说的版图里，女性的领土通常被描绘成四周被山峦包围的荒漠，这些山峦即奥斯丁巅峰、勃朗特峭壁、艾略特山脉和伍尔夫丘陵"①。弗吉尼亚·伍尔夫无疑是英国女性作家中最具颠覆性和创造性的杰出代表，其以多变的叙事角度和话语模式、超现实的意象和诗化特点及印象主义艺术手法的运用在现代主义文学中独树一帜。学术界对她的研究从其生前一直延续至今，或是以她的意识流手法为切入点解构男权中心，或是利用她的"双性同体"理论构建女性传统，或是从细致的文本分析入手发掘其独特的审美意蕴。由此可见，伍尔夫对女性主义和现代主义思潮的双重贡献及其内在联系一直是评论界关注的焦点。本文以其代表作《到灯塔去》为例，通过对现代主义叙事技巧的分析，质疑了"双性同体"的女性主义立场，并结合其自传文本和艺术特点揭示了作者在将女性主义思想和现代主义美学相结合时所经历的情感与艺术的焦虑。

---

① ELaine Showalter. *A Literature of Their Own: British Women Novelists from Bronte to Lessing.* New Jersey: Princeton University Press, 1977. p. iii.

一、内聚焦点的意识衔接

小说的第一部分以"窗"为题，采用内聚焦点的手法展示了窗内外两性意识的不同流向，并集中描绘了中心人物拉姆齐夫人的内心世界。拉姆齐夫人自我意识和社交艺术的两面性同画家莉丽创作《母子图》时情感与艺术的矛盾不无相似，成为女性在父权制社会中他者地位的自我表征。

标题"窗"在此不仅标志着物理空间的分界线，也暗示了性别角色的二元对立。窗内，拉姆齐夫人织袜子，给幼子詹姆斯讲故事，充满了女性甘于奉献的精神；窗外，拉姆齐先生踱步吟诗，莉丽凝神作画，显露着男性表达自我的欲望。小说通过内聚焦点的叙事手法，"从一个人物的有限感知转换到另一人物的有限感知"①，并汇集到中心人物拉姆齐夫人身上：孩子们觉得她慈爱美丽；丈夫觉得她"妩媚可爱、新奇动人"②；在无神论者塔斯莱眼里，她俨然就是圣母；而班克斯先生甚至在电话里听到她的声音就"大为动心"（33）。于是拉姆齐夫人作为母亲、妻子和女主人的形象被理想化，进而被对象化了。文本对拉姆齐夫人意识的长篇描述在某种程度上印证了这种客体形象。照料子女、服侍丈夫、款待朋友的生活让她觉得"她不过是一块吸饱了人类各种各样感情的海绵罢了"（37）。在与拉姆齐先生不断索要"同情"的相处中，她更是"连一个自己能够辨认的躯壳也没留下"（45）。拉姆齐先生所谓的"同情"实质上是要求妻子认同"他处于生活的中心"（44）的情感表述，这正是男性建立自我意识的方式，"自我意识是自在自为的，这由于，并且也就因为它是为另一个自在自为的自我意识而存在；这就是说，它所以存在只是由于被对方承认"③。拉姆齐先生认为：

---

① 申丹、王丽亚：《西方叙事学：经典与后经典》，96 页，北京：北京大学出版社，2010。

② 弗吉尼亚·伍尔夫：《到灯塔去》，瞿世镜译，42 页，上海：上海译文出版社，2009。后文出自同一著作的引文，将随文标明出处页码，不再另行作注。

③ 威廉·弗里德里希·黑格尔：《精神现象学》（上卷），贺麟、王玖兴译，122 页，北京：商务印书馆，1979。

"或许最伟大美好的文明，有赖于一个奴隶阶级的存在"（51），他的自我意识建构了妻子的奴性意识，使"她觉得自己还不配给他系鞋带"（37）。

然而这只是拉姆齐夫人自我意识的一面，另一面则与此相反。"她感到她想给他人以帮助和安慰的种种愿望，不过是虚荣心罢了。她如此处于本能地渴望帮助别人，安慰别人，是为了使自己得到满足……"（49）通过拉姆齐夫人的虚荣心，我们看到了她的自我是通过成为父权制社会需要的中心建构起来的。她将孩子置于自己的羽翼下，希望他们不要长大，在这母性的光环下暗藏着她试图主宰一切的欲望。当这种控制欲延伸到丈夫和宾客身上时，她的"同情"便显露出某种温柔的暴虐，她竭力撮合成了敏泰和保罗的婚姻，并希望莉丽和班克斯结合，而最能体现她这种自我意识的则是她所主持的家庭晚宴。"她又一次感觉到，男人们缺乏能力，需要帮助"（101）。当她感觉到班克斯的厌烦情绪时就和他说法语，此时的法语不仅发挥了语言交流的功能，更充当了她为保持"某种秩序和一致"（109）面主导众人意识的工具。当她洞察到塔斯莱的表现欲时便向莉丽投去求救的目光，原本同塔斯莱很不投缘的莉丽只好"对他以礼相待了"（111）。拉姆齐夫人对丈夫的"同情"也是通过转述别人的观点来完成的："查尔士·塔斯莱认为他是当代最伟大的形而上学家。"（44）由此可见，拉姆齐夫人的自我是以隐性的方式在父权制社会得以存在的，她试图通过充满间接表达的他者社交艺术来建立中心意识。

与拉姆齐夫人不同，莉丽所处的物理位置——窗外属于男性空间，其所从事的绘画也属于男性特权，文本中莉丽的画和她的个人意识相互交织，浑然一体。莉丽坚持独身，对拉姆齐夫人怀有孩子般的依恋，她的《母子图》就承载着这种情感渴望。但莉丽在将拉姆齐夫人理想化的同时又将其对象化了。她认为"正在俯首读书的拉姆齐夫人毫无疑问是最可爱的人"（58），却借用"皱的手套"和"扭曲的手指"（58）来表达她对夫人的蔑视。这种蔑视源于她的不满："她永远同情男人，好像他们缺少了什么东西——对于女人，她从来不是如此，好像她们都能独立自主。"（103）显然，她也需要夫人的"同情"，这是一位想以男性的方式成就自我的女性主义者的内心苦闷，她借用孩子和男人的双重视角将夫人既奉为中心又贬向边缘，而她的画作就是在为她的情感矛盾寻求出路。一

27

开始，"她看到色彩在钢铁的框架上燃烧；在教堂的拱顶上，有蝶翅形的光芒"（58），试图借用明亮的色彩和光线来表达她热烈的情感，并坚持将代表自我的树移至画布中央。而后她却将母子形象处理成一个紫色的三角形，"觉得需要有一点深暗的色彩来衬托"（63）另一边的亮色，这既暗示了她的情感困境，也比较符合画家庞斯福特先生"把一切都看成是苍白、雅致、半透明的"（20）现代主义绘画时尚。但另一边的亮色意味着什么呢？在拉姆齐夫人身上，男权意识根深蒂固，而拉姆齐先生对母子俩的不断干扰也不可避免地成为画面的一部分。莉丽考虑"用一个物体（也许就用詹姆斯）来填补那前景的空隙"（64），可詹姆斯对父亲的愤怒神情破坏了画面的和谐一致，父子的视角冲突使得莉丽无法画出理想中的《母子图》，而这正反映了一位女艺术家的现实处境。于是"她得和概念与现实之间的可怕差距抗争，来保持她的勇气"（21）。这个差距是什么？塔斯莱先生的"女人不能写作，女人不能绘画"（104）和拉姆齐夫人的"女人必须结婚"（59）不断在她耳边回响，她虽有勇气闯入男性的空间，却无力走出他者的困境，不过是以独立女性的姿态在父权制社会的边缘重复着拉姆齐夫人的命运。

二、点面结合的象征隐喻

如果说窗暗示着两性意识的二元对立，而女性无法通过艺术摆脱他者身份的话，那么十年后的灯塔之行则是一次穿越时空、超越性别的伟大尝试。从表面上看，灯塔之行意味着拉姆齐夫妇的精神团聚，为女性意识进入男性视角提供了一个合适的机会，莉丽的《母子图》正是主导两性交流的艺术再现。然而，代表心理时间的中心意识点在代表物理时间的现实背景面上发生置换，拉姆齐夫人的缺席促成了父子的和解，灯塔的象征意义也随之发生逆转。莉丽的《母子图》变为《父子图》，而莉丽这位女性主义者也完全接受男性权威，由此解构了文本表层所体现的两性融合。

与传统的现实主义叙事相比，文本对物理时间的描述相当模糊和简略，只是通过方括号标示出事件发展的脉络，为人物意识点铺设了一个新的平面。在这十年的岁月流逝中，拉姆齐夫人猝然而死，普鲁难产而死，安德鲁战死沙场，死亡的阴影笼罩着重访故地的拉姆齐一家及宾客。拉姆齐夫人的逝世在拉姆齐先生和詹姆斯心中引发了最为强烈的意识流变。灯塔之行是拉姆齐先生为悼念亡妻而举行的一次活动，但詹姆斯和凯姆对此反应冷淡甚至勉强，足以见得父亲与子女之间的隔阂之深。一出发他们就在心中达成默契："他们俩要齐心协力来实现那个伟大的誓约——抵抗暴君，宁死不屈"（199），此时他们仍将不在场的母亲视为中心，而父亲则是其对立面。拉姆齐先生的自我因为缺少参照物而黯然失色，"看上去就像一个被放逐的落魄君主"（181），却幸运地在女儿凯姆身上看到了夫人当年的影子。回忆夫人时，他将"糊涂"看做是女人的特性，而且是"她们异乎寻常的魅力的一部分"（205），于是充满男性智慧的自我在愚蠢的妇人之见面前又一次得到确认。詹姆斯同样经历了回忆母亲的过程，儿时母子俩的温馨场面总是遭到父亲的破坏，甚至连他追忆母亲的思路也受到父亲的"监视"（230）而被迫中止。另一幅呈现在他意识中的画面则是一片荒原，只有他们父子俩互相了解，而两人的形象截然不同：一个是"软弱无能的孩子"，一个是"车轮就碾过他的脚"（227）。可见这样的回忆并不是在怀念母亲，相反，母亲渐渐淡出了他的视线，取而代之的是父亲，表面倔强的他开始敬畏父亲并向父亲靠近了。随着终点的临近，詹姆斯与父亲的认同感逐渐增强，他学着父亲的样子吟诵"我们在一阵狂风之前疾驰——我们注定要淹没"（249），塑造了一个类似父亲的悲情英雄的自我形象。父子认同在父亲称赞儿子"干得好"的声音中圆满结束，詹姆斯"心满意足"，"不准备让任何人来分享他的喜悦"（253）。那幅只有父亲和他的意识图像成为真实，所不同的是他已长大，得到了父亲的认可并继承了父亲的权威。

灯塔，作为父子认同的对象物，对人物意识点在物理时空面上的流变起着主导作用，成为贯穿文本始终的象征隐喻。拉姆齐夫人生前时常注视灯塔以排遣相夫教子丧失自我的苦闷，"灯塔照亮的正是许许多多像拉姆齐夫人一样既可怜又可悲的女性生存状态和'房间里的安琪儿'形象"①。对拉姆齐先生而言,灯塔之行与其说是纪念夫人的朝圣之旅,不如说是重建自我的征服之战,只不过征服的对象不再是夫人而是儿女。从他"如果他们胆敢说出半个不字"(181)的权威自信到姐弟俩"您不论向我们要什么,我们都愿意把它给您"(254)的内心独白,不难看出拉姆齐先生已经成功地树立了家长权威,填补了夫人的空缺。灯塔在詹姆斯的成长意识里有着最完整的呈现。儿时的灯塔是"一座银灰色的宝塔,长着一只黄色的眼睛,到了黄昏时分,那眼睛就突然温柔地睁开"(228),象征着窗内女性留守的精神家园。到灯塔去是他"盼望多年的奇迹"(1),母亲的承诺和父亲的反对引发了他恋母憎父的俄狄浦斯情结,使他想要抓住"任何一种可以捅穿他父亲心窝的致命凶器"(2)。十年岁月如梭,物换星移,母亲故去,当詹姆斯跟随父亲航行在海上时,灯塔呈现出另一番景象:"那座灯塔,僵硬笔直地屹立着,他能看见塔上画着黑白的线条;他能看见塔上有几扇窗户;他甚至还能看见晒在岩石上的衣服。"(228)同时,儿时灯塔的幻影也出现了。此时的灯塔具有两面性:母亲浪漫温情的一面,父亲务实冷酷的一面,以一虚一实的姿态出现在詹姆斯的意识里。当他们非常接近灯塔时,它赫然耸现在眼前,詹姆斯想:"这些年来隔海相望的灯塔,原来就是这般模样,它不过是光秃秃的岩礁上的一座荒凉的孤岛罢了。"(249)这是对前一个灯塔印象的两面性进行选择的结果,父亲完全代替母亲占据了他的心灵,而且"使他感到心满意足"(249),意味着他完成了性别角色的社会化过程,认同了男权文化的中心地位。

莉丽的《母子图》是文本的另一个象征隐喻,不仅宏观地跨越了物理时空的面,而且微观地展示了人物意识的点,并将二者动态地结合在一起。十年前,莉丽没有践行女性中心论的思想,也无法用双重视角主导连接两性意识,未能完成她的《母子图》。拉姆齐夫人的病逝和拉姆齐先生领导的灯塔之行为她作画提供了新的背景,她的内心也随之产生了变化。再次提起画笔,莉丽仍在考虑画面的平衡问题:"这画的外表,应该美丽而光彩,轻盈而纤细,一种色彩和另一种

---

① 王丽丽:《时间的追问:重读〈到灯塔去〉》,载《外国文学研究》,65页,2003(4)。

色彩互相融合，宛若蝴蝶翅膀上的颜色；然而，在这外表之下，应该是用钢筋钳合起来的扎实结构"（209），继承了拉姆齐夫人表面主导两性交流实质维护一个中心的社交艺术，由此展开了对拉姆齐夫人的回忆。"拉姆齐夫人！拉姆齐夫人"（197），她反复呼喊，昔日对夫人的依恋溢于言表。但另一方面，莉丽用敏泰和保罗的婚姻失败和自己的独身成功无情地嘲弄了拉姆齐夫人卑微的一生。缺席的拉姆齐夫人如今成了"幽灵、空气、虚无，这是一种你在白天或夜晚任何时候都可以轻易地、安全地玩弄于股掌之上的东西"，莉丽的《母子图》"围绕着一个完全空虚的中心"（219）。于是莉丽将视线投向了海面，寻找着拉姆齐先生一行到灯塔去的小船，设法"在拉姆齐先生和那幅图画这两种对立的力量之间维持微妙的平衡"（237），这在主张两性和谐的表面下突出两性对立的立场，为画面上中心意识的置换做好了铺垫。当拉姆齐先生到达灯塔时，莉丽"努力集中注意凝视着灯塔，集中注意想象他在那儿登岸，这两者似乎已经融为一体"（255），她在画布中央添上一笔，完成了这幅时隔十年的画作。此时，莉丽的画作与灯塔的意象合二为一，共同象征着拉姆齐先生的男性权威，而莉丽也经历了类似詹姆斯那样寻找中心的过程，对拉姆齐先生的态度由排斥反抗转向认同顺从，在心里将"同情"给予了他。颇具讽刺意味的是莉丽的《母子图》变为《父子图》，莉丽作画所借用的双重视角在父子和解到达灯塔时重合了，莉丽因而彻底背离了女性主义立场，成为父权制社会的拥护者。

三、构建和谐的内在冲突

文本以意识流描写和线性叙事点面结合的手法象征隐喻了父权制社会中女性意识的自我消融。表面和谐的现代主义叙事结构使女性得以言说自我，成为融合两性意识的主导，然而文本的深层意义却质疑了这一"双性同体"的女性主义理想，揭示了作者在追求这一理想时所经历的情感和艺术的焦虑。

毫无疑问，这部现代主义意识流的经典之作带有半自传的性质，正如作者伍尔夫在日记中写到的那样："这部作品将是相当短的，将写出父亲的全部性格，还有母亲的性格，还有圣·艾夫斯群岛，还有童年，以及我通常写入书中的一切东西——生与死，等等。但是，中心是父亲的性格，……"（1）结合伍尔夫的自传实验《存在的瞬间》不难看出，《到灯塔去》中女画家莉丽对拉姆齐夫人的复杂情感正是伍尔夫在母女关系中建构自我的原型再现，而《母子图》与"灯塔"则是她与父亲隐性认同的意象表达。自传研究专家保尔·约翰·艾津（Paul John Eakin）认为："自我是自主而独立的这个神话很难消失，但实际上'所有的身份都是关系的'。"① 而当黑格尔的"他人"概念进入自我时，自我就经历了这样的变化："第一，它（自我）丧失了自身，因为它发现它自身是另外一个东西；第二，它因而扬弃了那另外的东西，因为它也看见对方没有真实的存在，反而在对方中看见它自己本身。"② 对伍尔夫来说，"他人"就是母亲，或是母亲的替代者。她遇到后来成为她亲密女友的维塔时曾说过："（维塔）慷慨地给予母性的关怀，它就是出于某种原因我一直非常想从每个人身上得到的，它就是伦纳德（伍尔夫的丈夫）、瓦奈莎、维塔给予我的。"③ 对母性的追求是伍尔夫最为核心的情感欲望，而这种情感表达也采用了两种视角：孩子的视角和父亲的视角。她这样对侄子朱利安描述自己的母亲："你不仅要把她想象成最美丽的女人——就像她的画像告诉你的那样，更要把她想象成为最特别的女人。"④ 通过孩子理想化的角度，伍尔夫将母亲尊奉为"屋子里的天使"。另一方面，她对母亲的描写深受父亲的影响，同样使用"希腊雕塑"这个比喻并强调她的女性气质，"像她的父亲那样，她把这位母亲变成了在沉思的（男性的）凝视之下的客体"⑤。于是，让母亲形象占据了所有视野的伍尔夫借用父亲的视角将母亲对象化，实现了自我的建构，以至于面对其他人时也像父亲那样"需要并期望获得

---

① 转引自赵白生：《传记文学理论》，40页，北京，北京大学出版社，2003。

② 威廉·弗里德里希·黑格尔：《精神现象学》（上卷），贺麟、王玖兴译，123页，北京，商务印书馆，1979。

③ 昆汀·贝尔：《伍尔夫传》，萧易译，326页，南京，江苏教育出版社，2005。

④ Virginia Woolf. *Moments of Being*. in Jeanne Schulkind ed.. New York：Mariner Books，1985. p. 32.

⑤ Linda Anderson. *Women and Autobiography in the 20th Century：Remembered Futures*. London：Prentice Hall/Harvester Wheatsheaf, 1997. p. 65.

女性的同情"①。问题是她无法像小说里的詹姆斯那样继承父亲权威,而必须通过抵抗父权传统获得自己的身份。父亲在母亲去世后要求伍尔夫的两位姐姐全心照顾他,伍尔夫忌恨他,称他为"暴君"。带着这种不满与愤怒,伍尔夫进入文学创作期后就提出要杀死"屋子里的天使"。由于情感矛盾引发了视角冲突,伍尔夫需要为复杂的自我寻求文学表达。

作为现代主义文学的先锋派人物,伍尔夫巧妙地抓住了现代主义与女性息息相关的特点:要求"消抹"作者及叙述者的现代主义美学提倡一种间接和侧面的叙事手法,即热奈特的聚焦,用小说人物的感受取代作者的声音,而理想的叙述者应该"修炼达到无声无形"②,引入各种不同的声音,并让这些声音自由地流动。这种叙事距离为被边缘化的女性扬声提供了契机,"赋予那些本来是'鸡毛蒜皮'的女性题材以崇高感"③。伍尔夫主要通过多位聚焦者、自由间接引语及景象、意象、观念来把握这种距离感。伍尔夫曾把多萝西·理查逊(Dorothy Richarson)和詹姆斯·乔伊斯(James Joyce)称为"自我中心主义",强调在叙事中应避免单一视角,使小说和自传拉开距离。然而伍尔夫是摇摆不定的,"有时认为只有自传才是文学"④,却又公开宣布"厌恶所有讲自己的作家"⑤。她所运用的自由间接引语兼具直接引语和间接引语之长,"不仅人物的主体意识得到充分体现,而且叙述者的口吻也通过第三人称和过去时得以施展"⑥。这似乎能达到两全其美的效果,但正如格雷厄姆所言:"伍尔夫根本不在乎区别说话人各

① 昆汀·贝尔:《伍尔夫传》,萧易译,68 页,南京,江苏教育出版社,2005。

② James Joyce. *A Portrait of the Artist as a Young Man*. New York:Viking, 1964. p. 215.

③ Mary Cordon. "The Parable of the Cave or:In Praise of Watercolors". in Jenet Sternburg ed.. *The Woman Writer on Her Work*. New York:Norton, 1980. p. 29.

④ Virginia Woolf. *The Letters of Virginia Woolf*. Nigel Nicolson and Joanne Trautmann ed.. New York:Harcort Brace Jovanovich, 1975 – 1988. p. 191.

⑤ Virginia Woolf. *The Letters of Virginia Woolf*. Nigel Nicolson and Joanne Trautmann ed.. New York:Harcort Brace Jovanovich, 1975 – 1988. p. 191.

⑥ 申丹、王丽亚:《西方叙事学:经典与后经典》,163 页,北京,北京大学出版社,2010。

自的话语风格"①，伍尔夫的叙述者在对人物意识进行转述时并不因为人物性格、年龄或身份的不同而在话语风格上有所改变。很难想象在《到灯塔去》中，詹姆斯会说出"任何事物都是多方面的"这种与他实际年龄很不相符的话，也很难相信"爱情的脸谱千变万化"是老处女莉丽对爱情的亲身感悟。在消抹叙述者权威的表面下，叙述者统筹着五花八门的人物声音，达到了"异口同声"之效。而这些代表"内在真实"的意识点与代表客观现实的景象面相结合便形成了意象，进而发展为观念。当这种观念融入表层的叙事结构时，伍尔夫的叙述者就可以暗度陈仓，把沉思、劝谕等过时的、不再为人所接受的作者意图置入文本。由此可见，在平衡"距离"和"消抹"这对矛盾时，伍尔夫"追求的是没有消抹作者的距离"②。然而这种看似消抹自我实为建构自我的艺术常常使得文本的表层结构和深层意义发生断裂，有悖于"形式即内容"的现代主义美学原则。伍尔夫在解构代表男权的逻各斯中心主义的同时，试图构建一个自我的中心，始终徘徊在将现代叙事和女性主题相结合的解决之道上。

站在女性立场上，伍尔夫将"双性同体"作为文学创作的思维机制和文学批评的一般标准，她认为"一个半雄半雌的脑子是会起反响的，多孔的；它是能毫无隔膜地传达情感的；它是天生能创造的，炉火纯青而且完整的"③。在此，伍尔夫将两性情感的交流视为创作基础，而其所拥有的完整性则完全符合现代主义美学标准，这无疑是她试图超越表达女性主义情感和遵循现代主义艺术之间的冲突的一次努力。在《一间自己的房间》的第四章里，伍尔夫探讨了妇女创作中的愤怒，并指出愤怒危害了妇女创作的艺术性，使得作品成为宣泄个人情感的"垃圾桶"，"但是若要她们丝毫不向右或向左移，是多么难啊。在纯粹的父权制社会中，面对所有的批评，要坚持她们的见识而不退缩，需要怎样的天才、怎样

---

① J. W. Graham. "Point of View in *The Waves*: Some Service of the Style." in Elaine K. Ginsberg and Laura Moss Gottlieb ed.. *Virginia Woolf*. New York: Whitson Publishing Company, 1983. p. 98.

② 苏珊·S. 兰瑟：《虚构的权威：女性作家与叙述声音》，黄必康译，123 页，北京，北京大学出版社，2002。

③ Virginia Woolf. *A Room of One's Own*. London: Honarth Press, 1931. p. 142.

中和的品质啊"①。这种"中和的品质"实际上就是要求女作家正确运用艺术手段处理情感来应对既要颠覆男权中心又要跻身主流话语的两难境地，是"双性同体"的另一种表述。然而，在肖瓦尔特看来，伍尔夫的"双性同体"概念是与女性主义立场相对立的妥协，是"帮助她逃避自己痛苦的女性经历，使她可以窒息并压抑自己的愤怒与雄心的神话"②。这一点在她的小说里有着充分的体现：文本中反复出现的"暴君"一词足以表达她对男权文化的强烈不满与抗议，她以自己为原型塑造了一个带着双重视角主导两性交流的新女性形象，试图将女性意识带入男性视角，结果却让男性意识覆盖了女性视角，她所借用的父子视角和意象化的视角重合一方面彰显了她行使男权的勃勃雄心，另一方面则暴露了她归顺男权的软弱无能，她的"双性同体"也因此带有浓厚的乌托邦色彩。正如批评家托伊·莫里（Toril Moi）所说："将对中和与整体性的强调看做是妇女写作的理想，这完全可以被批评为父权制的，或者更准确地说，阴茎崇拜的建构。"③ 伍尔夫以解构父权制为出发点，提出了颇具现代主义美学色彩的"双性同体"，却最终认同了男权文化。也许在她的潜意识里，逻各斯中心主义是建构自我的唯一方式，现代主义艺术不过是唯美的幻想，幻想着让女性在"双性同体"的叙事文本中拥有主导权。在写《到灯塔去》的时候，伍尔夫就已感到她所诉诸的艺术手段无法实现她的构思。她在日记中写道："我无法将其写出——这是（我所写的）最抽象的一部作品——我必须描绘出空旷的房子，非人类的特征，时光的流逝，一切（人们）不去注意的、平淡无奇的、毫无特色的事物。"④ 这与其说是她面对抽象的无奈，不如说是她扭曲自我的痛苦。情感与艺术的双重失败及它们之间不可调和的矛盾引发了她的精神危机，她最终也没能化解自身的冲突，而是向英国的泰晤士河深处走去，用生命将自己的意识与流水、

① Virginia Woolf. *A Room of One's Own*. London：Honarth Press，1931. p. 74.
② Elaine Showalter. *A Literature of Their Own*：*British Women Novelists from Bronte to Lessing*. New Jersey：Princeton University Press，1977. pp. 263 – 264.
③ Toril Moi. *Sexual/Textual Politics*. London & New York：Routledge，1995. p. 66.
④ Anne Oliver Bell ed. . *The Diary of Virginia Woolf*. New York：Harcourt Brace Jovanovish，1977 – 1984. p. 56.

情感与艺术融在了一起。

结　语

　　小说《到灯塔去》采用意识流的手法重点描写了代表心理时间的一个傍晚和一个上午，生动再现了两性意识的二元对立及女性在男权阴影下言说自我的困境，而代表物理时间的十年将两部分的人物意识通过《母子图》和"灯塔"两个意象串联起来，预示着两性融合的希望。然而灯塔之行中父子视角的重合颠覆了文本表层的象征隐喻，使得女性主义人物莉丽作画表达自我时最终选择了男性视角，这正折射了作者伍尔夫在将女性情感与现代艺术相结合时所遭遇的困顿。伍尔夫试图通过现代主义叙事所产生的距离感帮助女性摆脱他者的命运，并通过将女性纳入主流话语的"双性同体"的概念来适应现代主义美学的要求。但是双重视角所体现的两性矛盾和视角重合所确立的男性权威，既不能表现现代主义艺术的平凡之美，也缺乏"持续地创造新的妇女楷模和形象的意图"①。这种名为建构和谐实则消抹女性的手法表明了伍尔夫这位女性主义者的逻各斯中心主义情结及其现代主义艺术的男性化倾向。

（陈　研）

---

① Elaine Showalter. *A Literature of Their Own*: *British Women Novelists from Bronte to Lessing*. New Jersey: Princeton University Press, 1977. p. 231.

伍尔夫的遗产

——论短篇小说《遗产》作为伍尔夫小说形式观的证据

伍尔夫大部分的作品都在实践其精神主义的小说形式观理论，而作于晚年的短篇小说《遗产》却别出心裁地以小说本身为证据，论证了这一理论的优越性，进而反击了传统的"物质主义"。本文通过解析伍尔夫设置于小说内部的对比、质疑、隐喻，说明伍尔夫是如何巧妙地进行"精神主义"论证的，同时使读者了解伍尔夫的小说形式观理论。

弗吉尼亚·伍尔夫一生都致力于小说形式的革命。在其论文《论现代小说》中，伍尔夫提出了——现代小说的重心必须从见物不见人的"物质主义"转向强调心理活动的"精神主义"——的理论。而她自己也总是坚持用笔实践这一理论。于是，伍尔夫以关注人物精神世界的意识流写作手法创作了《达洛维夫人》《到灯塔去》《墙上的斑点》等一系列杰出的小说作品。近几十年来，关于这些作品的研究层出不穷。人们运用女性主义、精神分析、叙事学等理论，以及各种哲学原理来解读这些经典的意识流佳作。然而，至今为止，鲜有评论家注意到伍尔夫晚期的一篇非意识流的短篇小说《遗产》。人们忽视它的主要原因，或许是它不完全具备伍尔夫式的意识流特质，然而评论家们并没有注意到，虽然这篇小说没有具体论述伍尔夫的精神转向小说形式观理论，但却恰恰以小说本身的形式和内容作为证据，证明了作家的这个理论。而该小说的价值就在于此。由此不难推出，晚年创作了《遗产》的伍尔夫，想以作家和小说理论家兼而有之的身份，为后世留下一部可以了解其小说理论核心思想的作品。从这个意义上讲，"遗产"指的不仅仅是女主人公留给丈夫的遗产，更是伍尔夫留给后人宝贵的文学遗产。

伍尔夫曾经大胆地提出:"对我们来说,当前最时髦的小说形式,往往使我们错过,而不是得到我们所寻求的东西。"①伍尔夫这里提到的"最时髦的小说形式"指的是传统以外在描写为主的小说形式与结构,而关于"寻求的东西",伍尔夫则认为是"生活的本来面目"②。她批评赫·乔·威尔斯、阿诺德·贝内特以及高尔斯华绥,声称他们"之所以令人失望,是因为他们关心的是躯体而非心灵"③。至于她自己,则呼吁作家们随心所欲地记录心灵的每一抹痕迹。这也是其将意识流写作手法大量应用于小说中的主要原因。她说:"作家要把一种变化多端、不可名状、难以界说的内在精神——不论它可能显得多么反常和复杂——用文字表达出来。"④然而在其创作生涯中,大部分作品虽然实践了这种观点,却未能证明这种观点的优越性。细读《遗产》,我们会惊讶地发现,这则短篇小说出人意料地隐藏着论证所需的依据。本文将从对比、质疑和隐喻三个方面,充分解析《遗产》作为伍尔夫小说形式观的依据,是如何层层逼近、步步为营地证明了小说精神转向的优越性。

一、对比中论证"精神主义"的可靠性

《遗产》一文中,最突出的部分当属克兰登太太的日记。日记作为一种常见的写作形式,经常出现在各种小说之中,是一种特殊形式化的内心独白。英国著名小说家和文学评论家戴维·洛奇认为所谓内心独白,其过程就像是"戴上耳机,把插头插在人物的头脑中,然后操作录音装置,这样,人物的印象、反思、疑问、往事的追忆,以及荒诞不经的想法等,无论是由身体感觉触发的,还是由

---

① 弗吉尼亚·伍尔夫:《论小说与小说家》,瞿世镜译,7页,上海,上海译文出版社,2009。
② 同上,9页。
③ 同上,4页。
④ 同上,8页。

联想触发的，都无休止地传出来"①。由此可见，日记是揭示人物内心世界的重要手段。通常在阅读日记的时候，日记作者不为人知的一面会随之被揭示出来。这也许就是伍尔夫选择以日记作为该小说主线的一个重要原因。她需要日记来使读者更加接近克兰登太太的内心世界，并向读者揭示一个完全不一样的克兰登太太。该日记是克兰登太太留给丈夫克兰登先生的遗产。随着日记被一张一张地阅读，克兰登太太的真实生活和真正心声展示在其丈夫以及读者的面前，而这本日记所呈现的克兰登太太与其丈夫眼中的妻子形象形成了鲜明的对比，不禁令人感慨。

小说开篇，克兰登先生坐在房间里的椅子上，怀念着六个星期前死于车祸的妻子。克兰登太太留下了一个首饰盒，盒子里装满了赠予亲朋好友的遗物，并且每一样遗物上都留有标签。克兰登先生很讶异"他的太太把一切都安排得如此井井有条"②，因为在他看来，克兰登太太一直都很健康，总不会预见到自己的死亡吧？况且，在克兰登先生的眼中，他的妻子是一个一看到精美的中国盒子就尖叫的小女人，一点点小小的惊喜足以哄得她开开心心，又怎么会有心思去考虑自己的后事呢？这种不解本来就是一种悬念。当然，伍尔夫也借机暗示，要是她自己——本文作家，从克兰登先生——一个他者的角度去描写克兰登太太，那么克兰登太太就是这样的一位"没心没肺"的小女人。

但克兰登太太的日记挑起了事情的转机。伍尔夫将克兰登太太的日记分解成碎片，在每一片段之后，都会插入克兰登先生的反应。不难看出，她这么做是想突出期间差异所达成的对比的效果。日记中，一位与之前克兰登先生眼中的太太大不相同的女性被呈现出来。日记伊始，克兰登太太表达了自己对丈夫的爱和骄傲，同时也描述了新婚生活的甜蜜。然而，日记的色调并非总是那么明艳照人，克兰登太太一度在日记里惆怅地表达了想要孩子的愿望，她写道："要是吉伯特能有个孩子就好了。"（131）另外，随着克兰登先生事业的发展，他的工作越来

---

① 戴维·洛奇：《小说的艺术》，王俊言等译，53 页，北京，作家出版社，1998。

② Virginia Woolf. "*Legacy*," *A Haunted House and Other Stories.* New York：Harvest Books，2002. p. 126. 后文出自《遗产》的引文，将随文标明出处页码，不再另行作注。

越忙碌。为了实现克兰登太太的预言："他会成为首相"（131），克兰登先生辗转各种会议和应酬，同妻子相处的时间越来越少。克兰登太太在日记中写道，她感觉孤独、空虚、无所事事。但从克兰登先生读日记的反应来看，他丝毫没有察觉到妻子的这种消极的情绪。于是有一天，克兰登太太在日记中写到她想工作，但她不敢告诉丈夫，"我太懦弱了。白白让机会溜掉。可是，用自己的事儿去打扰他，真是太自私了"（131）。看得出来，克兰登太太心里十分纠结，想为而不敢为。但很明显，她在生活中隐藏了自己心里的这种情绪，若非这些日记的存在，读者和克兰登先生永远也不会知道。无论怎样，最终克兰登先生认为如果太太无聊，想打发时间，出去工作也是可以的。所以，克兰登太太参加了工作。然而渐渐地，丈夫发现妻子在日记里提到自己的次数越来越少，取而代之的高频词是人名 B. M。原来，克兰登太太在工作中遇到了这位 B. M 先生，两人十分投缘，在长久亲密的交往中，慢慢地建立了深厚的感情。但也因为如此，克兰登太太的日记色调越来越灰暗。她写道："他又来了，我告诉他我无法做出任何决定……我请求他不要再来找我了"，"他威胁我的事情，他做到了……我同样有勇气那么做吗?"（134）

日记到这里结束了，一个惊天的秘密浮出水面。原来，克兰登太太并非死于意外，而是殉情自杀。这样的出人意料的结局为整个故事取得了张力，而这种张力的存在是具有一定意义的。克兰登太太的日记，以第一人称陈述事件和感受为主，强调的是主体的意识；与之形成鲜明对比的是丈夫的反应。从这些反应中可以得知，他眼中的妻子同克兰登太太自身主体意识出入很大。同时，从这一故事中，我们看到，主体意识下的个人，要比他人眼中的个人真实。那么不难推出，伍尔夫利用这一反差论证了主体意识及精神世界要比他者眼光更能展示一个真实的主体。"精神主义"的可靠性由此得到证明。

二、质疑中批判了"物质主义"的不可靠性

上文详细解析了伍尔夫在《遗产》中设置的一个对比，即克兰登先生眼中妻子的形象同真实的妻子之间的差异性。读完克兰登太太的日记，这种巨大的反

差无疑会让人质疑克兰登先生视角的可靠性。然而，这种质疑并非只此一处。

小说中，克兰登先生在阅读妻子留下的日记之前，同米勒小姐见了一面。米勒小姐是克兰登太太生前的秘书，同时与克兰登太太结下深厚的友谊。这一次会面，克兰登先生将妻子留给米勒小姐的遗物交给了她。临走前，米勒小姐说道："如果有什么事情我可以帮助你，那么，记住，请告诉我。看在您太太的份上我很乐意"（129）。克兰登先生将这句话理解成米勒小姐对自己的告白，他认为她暗恋自己已久。对此，伍尔夫并没有给我们明确的答案。然而，在阅读完克兰登太太的日记以后，我们知道，B. M 是米勒小姐的哥哥。那么，米勒小姐会不会事先就知道哥哥与克兰登太太的事情呢？另外，在米勒小姐进入屋子以后，她的双眼就一直望着桌上克兰登太太的日记，这是否也可以证明她早就知道此事，害怕克兰登先生知道真相后大受打击，所以才事先提出如若需要精神上的慰藉，她乐意效劳呢？又或者，这位米勒小姐纯粹只是因为心地善良，才如此冒昧地向克兰登先生伸出了援助之手？当然，答案我们无从获知，因为我们不是米勒小姐，作者也没有从米勒小姐的角度去讲述这件事情，故而任何一种结论，都是外在的推测，不具有任何说服力。

伍尔夫巧妙设置的结构和精心安排的细节，让读者读出了以上各种疑问，而它们则像一只隐形的手，推动人们去质疑克兰登先生视角的可靠性。站在克兰登先生的视角上，注定只能看到某个他人"物质性"的外在特征，例如，语言、表情、行为等。然而，在这种视角的指导之下，他却无法洞察真实的妻子，并且错误地理解了米勒小姐的一番话。这一切，都引导着读者对以外在描写为重心的"物质主义"小说形式观——也就是伍尔夫所指责的"拿着精良的仪器来测量生活"[1]——质疑。

中国诗人苏轼曾经写过"不识庐山真面目，只缘身在此山中"[2] 的诗句。这句话如若放在这里，看来也是要受到质疑的。按照伍尔夫的理论——外在描写无

---

[1]　弗吉尼亚·伍尔夫：《论小说与小说家》，瞿世镜译，6 页，上海，上海译文出版社，2009。

[2]　苏轼：《苏轼诗集合著》，冯应榴辑注，黄任轲、朱怀春校点，1155 页，上海，上海古籍出版社，2001。

法捕捉真实，而内心呈现才是通往真实的最可靠之路，是山上本来的花草树木彰显了山的存在意义，而不是一个写实画家从一个最有利的角度画出的素描体现了它，因此如果你不知道庐山的真面目，原因应该是，你不在庐山之中。从而可见，小说《遗产》引发的对视角的质疑，不仅适用于小说本身，还可以延伸至小说之外。而这种小说之外的质疑，又可以反过来加大小说内部质疑的力度。于是，伍尔夫巧妙地运用这些质疑，批判了"物质主义"的不可靠性，进而反证了"精神主义"的可靠性，以一种委婉的方式说明了文学的最高真实是人的"心灵深处亘古至今的真实情感"[1]，而不是细致逼真的外在刻画。蕴含在里面的真正道理是，作家只有"按照那些原子纷纷下落到人们心灵上的顺序把它们记录下来"[2]，才能获得真实；用"他/她看上去怎么样""他/她是某某人的兄弟/姐妹"这样的"物质性"的话语来塑造人物，并不可靠。

三、隐喻中揭示"物质主义"转向"精神主义"的重要性

上文中提到的对比和疑问，两者构成了一个隐喻。小说中，克兰登太太象征着一个作家想要塑造的人物，克兰登先生象征着作家本人，而克兰登太太的日记则代表着她的精神世界。伍尔夫借此隐喻表达了这样的思想：身为作家，如果将大部分的注意力放在人物的外在"物质性"上，例如，语言、行为、表情等，为了情节的逼真而大动干戈地描述"克兰登太太的中国盒子长什么样""她的房间有几扇窗""米勒小姐坐下以后的姿态"，那么不仅白白浪费了精力，而且用错了地方。这些描写虽然增加了小说的素描性，但却并没有使故事离真相更近，反而可能遮蔽了思想的光芒。这种情形，和一个客人在见到了美丽的女主人的时候，细致地考察她的身材、脸蛋、着装、谈吐，性质一样。在过于注重这些"物质性"的细节的同时，忽视了女主人的思想和精神，而真理往往就见于那些

---

① 福克纳：《人月之光》，蓝仁哲译，680 页，上海，上海译文出版社，2008。
② 弗吉尼亚·伍尔夫：《论小说与小说家》，瞿世镜，8 页，上海，上海译文出版社，2009。

电光石火的思维火花之中。

在这个隐喻当中，克兰登先生所象征的作家明显将自己放置在了主体的位置上，然后将人物不自觉地推到了他者的位置。于是，作家成为了"全知全能者"①。但是，在伍尔夫看来，这种耀武扬威的"全知全能者"并不能洞见最高的真实，相反，只有当作家把自己隐藏起来，然后将人物推到主体的位置，不再"凝视"人物，而是让人物以主体的身份，放任自己的意识以及思想，随着时间推移肆意流变的时候，才可能抵达真实。这种观点，和维恩·C. 布斯（Wayne C. Booth）在《小说修辞学》（*Rhetoric of Fiction*）中提出的"隐含作者"概念有着相类似的内涵，那就是作者必须把自己扮演成自己想要塑造的那个人物。而不同的是，"隐含作者"扮演的其实还是自己，但是伍尔夫所倡导的注重"精神主义"的作者，扮演的则是故事情节中的人物，因为只有这样，那些不可能抹去踪迹的，"有血有肉"的作者才可以钻进主体内心，关注真实的主体，设身处地地感受人物的感受。伍尔夫曾在自己的日记中说过："我们注意的是人的心灵活动，而不是肉体活动或者命运的步伐。"②

伍尔夫在这篇小说中，将作者和角色比喻成夫妻，可见，她认为作者和角色之间的关系甚密。另外，由于"男权社会的男性是意识形态的主体，而女性则沦为他者"③，故可以推断，在伍尔夫这样一位倡导女性独立和解放的先驱看来，夫妻关系必然充满了不平等。那么，她以夫妻关系作喻来阐释作者和主角的关系，必然也反映了其反对现状，要求颠覆的想法。于是，伍尔夫用一个结构缜密的故事作为理论的武器，最终强调了"物质主义"转向"精神主义"的重要性。

《遗产》通过对比的呈现、质疑的导出和隐喻的设置，论证了"精神主义"的优越性，进而反击了"物质主义"，从而很好地以小说自身证明了作家的小说

---

① J. 希利斯·米勒：《亨利·詹姆斯与"视角"，或为何詹姆斯喜欢吉普》，见申丹编：《当代叙事理论指南》，122 页，北京，北京大学出版社，2007。

② 弗吉尼亚·伍尔夫：《伍尔夫日记选》，戴红珍、宋炳辉译，8 页，天津，百花文艺出版社，2009。

③ R. Selden, P. Widdowsan & P. Brooker. *A Reader's Guide to Contemporary Literary*. Beijing: Foreign Language Teaching and Research Press, 2004. P. 127.

理论。该小说写于伍尔夫晚年，叙事风格上同以往作品有所不同。但"伍尔夫本人是一个实验主义者"[①]，她的一生都在实验和探索小说艺术的各种可能性。故而，其在晚年构思出一种可以用来证明理论的小说新形式，并不是不可能。《遗产》是伍尔夫创作上另类的一笔，是其小说形式革命中最后的反击。从中也不难看出，伍尔夫怀着一颗细腻并富有创造力的作家之心，同时，运用理智严谨的理论家思维，匠心独具地准备着留给后人的文学遗产，正如小说中"克兰登太太将一切都安排得妥妥当当的"（126）一样。

（林　珊）

---

① 瞿世镜：《弗吉尼亚·伍尔夫的小说理论》，见弗吉尼亚·伍尔夫：《论小说与小说家》，瞿世镜译，358页，上海，上海译文出版社，2009。

多萝西·理查逊

（Dorothy Miller Richardson，1873—1955）

【生平简介】

多萝西·理查逊出生在牛津郡的阿宾顿，祖父是一位成功的零售商，父亲是一位绅士，但后来遭遇了破产。理查逊离开家后曾经在汉诺威和伦敦任教职，自 1860 年开始为伦敦哈利街的一位牙科医生做助理秘书，继而开始写作。1917 年她同艺术家艾兰·奥德尔（Alan Odle）结为伉俪，但艾兰由于肺结核于 1948 年过世。理查逊一生倾注于长篇巨著《人生历程》的创作，这是一部长达 13 卷的自传体小说，以意识流的手法完成。

（以上内容选自 Harry Blamiers ed. *A Guide to Twentieth Century Literature in English*. Beijing：World Publishing Corporation，1993. p. 236.）

【主要作品】

《人生历程》（*Pilgrimage*）共 13 卷，包括：

《尖尖的屋顶》（*Pointed Roofs*，1915）

《回流》（*Backwater*，1916）

《蜂房》（*Honeycomb*，1917）

《隧道》（*The Tunnel*，1919）

《间隙》（*Interim*，1919）等

【评论】

＊在《人生历程》中，理查逊专注地描绘了另一个自我——米利安·汉德森。理查逊写作的目的，如她自己所讲，是想寻找一个"男性现实主义下的女性个体"。她写作的方法是通过超然的洞察力和特别的感知来描述女性意识。为了实现这一点，她放弃了早期小说的写作传统和技巧，取而代之的是创造了一种新的方式来描绘人类的经验。①

＊多萝西·理查逊创造了一种新的文学印象，她不像弗吉尼亚·伍尔夫那样在过去和现在的心情以及女主人公的记忆之间来回穿梭，而是通过极其灵巧的笔触向我们描述了一个延续的故事，让我们感同身受。②

＊她创造了一种新的写作方法。之前的许多小说家都是通过某一人物的感知讲述故事，但理查逊对米利安·汉德森感知的描绘是如此的近距离，以至于我们必须通过米利安的感觉来感受。否则，我们将看不到，听不到，感受不到任何事情。③

---

① Sharon K. Hall ed. . *Twentieth – Century Literary Criticism* Vol. 3. Michigan：Gale Research Company，1980. p. 345.

② Frank Swinnerton. "Post – Freud：May Sinclair, Dorothy Richardson, Rebecca West, E. M. Forster, D. H. Lawrence, James Joyce." in Sharon K. Hall ed. . *Twentieth – Century Literary Criticism* Vol. 3. Michigan：Gale Research Company，1980. p. 352.

③ J. D. Beresford. "Experiment in the Novel." in Sharon K. Hall ed. . *Twentieth – Century Literary Criticism* Vol. 3. Michigan：Gale Research Company，1980. pp. 349 – 350.

女性心理句型下的女性意识

——《人生历程》的文体学分析

《人生历程》是学界公认的第一部英语意识流小说，它由英国女作家多萝西·理查逊创作于 20 世纪初期。伍尔夫在评论该小说时将小说中大量出现的不规则句子称为"女性心理句型"，然而这种句型具有什么特点，时至今日尚未发现有人对此进行专门探究。结合文体学的相关理论，这篇文章将从标点、句子衔接、句子结构等方面对小说句型进行分析，并在此基础上，分析该小说女性意识的话语呈现模式。

《人生历程》，英国文学史上的第一部意识流小说，由女作家多萝西·理查逊（Dorothy Miller Richardson）创作于现代主义蓬勃发展的 20 世纪上半叶，是一部采用第三人称有限视角的半自传体小说。小说主人公米利安·汉德森（Miriam Henderson）的经历和感受多数取材于作者本人的生活，因此，米利安某种程度上是作者的化身。与现实不同的是，小说中的人名和地名都是经过处理后以其他命名出现的。整部小说的时间跨度从米利安前往德国教书开始（现实生活中多萝西于 1890 年开始受聘于德国的一所女子学校）到第 12 卷她在萨斯谢克斯（Sussex）休假，[①] 历时约 17 年，内容主体由米利安的"意识流"构成，包括她对生命、生活以及自己人生的思考，对其他人物衣着和长相的印象以及对周围环境的观察。

---

① Gloria G. Fromm. *Dorothy Richardson*：*A Biography*. Chicago：University of Illinois Press，1977. pp. 315 – 316.

小说面世之初，以其独特的创作手法引起了世人的关注。理查逊不认同当时以 H. G. 威尔斯等为代表的男性创作模式和叙事模式，她批评威尔斯的"小说充斥着场景机械和创作规则，进而阻碍了读者对内容的直接理解"①。因此，她本人志在寻找一种"与当代男性现实主义"相对应的"女性对等手法"②，这一努力的直接结果就是小说句型的空前创新。伍尔夫在评价这部小说时，认为理查逊在这部小说中"发明了或者，如果不是发明，至少是发展了一种为己所用的句型，我们权且将其称作女性心理句型（psychological sentence of the feminine gender）"③。然而，评论界关注该小说时，倾向于从小说的女性意识、小说的意识流、小说女主人公的性取向等入手，至于具体什么是女性心理句型，目前尚无发现有任何评论进行专门论述。

这篇文章中，笔者将结合文体学的相关理论致力于小说中的女性心理句型分析，并探究现代主义下的女性意识是如何通过它合理而又创新地传达给读者，探究的内容包括以下四方面：小说的标点，主要是省略号的使用；小说的句子结构；小说主人公意识的话语呈现形式以及小说中所使用的修辞手法。

一、心理真实的突破：省略号的使用

关于人的意识，意识流的理论奠基者詹姆斯和柏格森的共同认识是意识是无法用言语进行表达的。在《心理法则》一书中，威廉·詹姆斯明确指出："客观地说，呈现出来的似乎只是物与物之间的真实关系；主观地说，这种对应关系是意识流通过自己的内在的标识体系建立起来的。不论哪种情况，这些关系都是难以计数的，没有哪一种语言能对它们进行如实描述。"④ 柏格森也碰到了同样的

① Deborah Parsons. *Theorists of the Modernist Novel：James Joyce，Dorothy Richardson，Virginia Woolf*. London & New York：Routledge，2006. p. 27.

② Kime Scott. *The Gender of Modernism*. Bloomington：Indiana University Press，1990. p. 430.

③ Andrew McNeillie，ed.. *The Essays of Virginia Woolf*，4 vols. London：Hogarth Press，1986－94.，1990. p. 367.

④ William James. *Principles of Psychology*. Vol 1. New York：Holt，1904. p. 245.

困境，因此，在力图通过直觉来再现意识时，他也强调了作用于意识的事物是无法通过语言进行还原再现的，"他对于不可言传的坚持可以理解为他反复强调的信念，即作用于意识的现实是无法通过概念来传递的"①。虽然两位奠基者均强调了意识的不可言传性，没有现成语言可以对其进行精确再现，现代主义作家们仍然秉着同维多利亚小说创作传统决裂的精神，执意由外转内，在小说创作中探究人物意识呈现的可行性。作为意识流小说的先驱者之一，理查逊探究意识表现形式所做的努力是不可忽视的，为了尽可能再现自己所理解的意识活动形式，她在《人生历程》写作过程中采取的方法之一就是有别传统地使用标点符号尤其是省略号。需要注意的是，英语的省略号和汉语有所不同，是三个实心圆点。特拉斯克认为英语省略号的作用主要有两种：第一，放于引语句中，表示内容省略；第二，用于表示句子的不完整性。② 然而在这部小说中，省略号不再简单地表示内容的省略或句意不完整，而是作为一种意识呈现的辅助工具被充分利用。这些省略号在刻画人物意识中起什么作用，笔者将在这一节进行集中分析。

省略号用于句与句之间，减缓意识的运动节奏。人的思维以什么样的方式运动？如果以日常生活中的言语速度为参照系，它是快于还是慢于言语的速度？对于此类难以捉摸的问题，或许每个人都可以发挥自己的想象力进行解释。理查逊眼中，女性意识最重要的特点应该是其细腻、绵延，因此，她经常将省略号置于两个独立的句子之间，延长句子之间的时距。

A. 要是她现在能够真正开始，知道自己到底想要什么……她就会马上和那些老师交流……一切都是如此妙不可言！难道不是吗！再和我多讲一些……她确信如果让她回到过去，一切都会变得明白的。③

---

① Melvin Friedman. *Stream of Consciousness*：*A Study in Literary Method*. New Haven：Yale University Press. 1955. p. 84.

② R. L. Trask. *The Penguin Guide to Punctuation*. London，Penguin Group，1997. p. 123.

③ Dorothy Miller Richardson. *Pilgrimage I*. London：Virago Press，1979. p. 81. 以下出自同一作品的引文，将随文标出页码，不再一一说明。

这几句话最值得注意的是放于句子之间的省略号。小说女主人公米利安的意识流速度受到省略号的抑制，句与句之间的连续性被阻断，意识在从容地、缓缓地铺陈开来。理查逊对意识的这种理解与同时代作家乔伊斯形成了鲜明的对比。《尤利西斯》最后长达几十页未加标点的篇章表现了各种意象在莫莉（Molly）意识朦胧的状态下蒙太奇式急速跳动的情形，将意识的丰富性和复杂性淋漓尽致地展现在读者眼前。因此，虽然同为意识流作家，两人对意识呈现方式的理解在某种程度上可以说是相反的：理查逊力图表现的是意识如泉水般潺潺细流的特点，乔伊斯却着力展现意识的转瞬即逝、快速奔放。如果单纯从表现女性意识的角度考虑，也许作为女性的理查逊采用的方法会更贴切些，这是性别赋予她的先天优势。

省略号用于句中，既起连接作用，又体现人物意识的犹豫、断续。这部小说中，主人公的内心经常充满犹豫和矛盾，米利安的性格中既有男孩刚强、独立的一面，也不乏女孩胆怯、柔弱的一面，表现在句子中就是由省略号将各种相互排斥的想法杂糅在一起：

> B. 对于一些她觉得被忽视的事情，她颇感心痛，她觉得她应该和女孩们讨论一些"普遍的道理"……改造世界……让它比以前变得更好……生命的重要意义……（……）改革……一名革新者……彼得总是说年轻人天天幻想着改造宇宙……也许他说得对……但却无计可施。（91）（括号内的省略号为笔者所加，表内容省略，下同）

这段话的省略号出现在句中，除了起到连接句子成分的作用外，它还有其隐含的意义：暗示人物复杂矛盾的心态。一方面，米利安内心充满支持革新、改造世界的愿望，但另一方面，关于生活中如何实现这些愿望，她却显得消极悲观。省略号在这个地方表现了人物内心的犹豫和她在 20 世纪初女权主义萌芽时期面临的困惑：革新愿望似乎只能空想，女性卑微的社会地位何时才能出现转机？

省略号的第三个作用：用于结束一个段落，使文本意义在省略中扩张。这种情形下的省略号作用在于激发读者的想象力，使其参与文本意思建构，"与成为被动接受者相比，读者被邀请到参与理查逊所称的'创作性合作'"①。这种创作理念具有很强的前瞻性，在某种程度上预示了以读者为中心的批判时代的到来。"法国（批判）传统之外，我们进一步发现对晦涩的现代主义作品进行解释需要借助读者和阅读"②。以省略号结束的段落表面看上去似乎意义残缺，但这种表象的背面却是文本意义的无限延伸。

C.（……）不论发生什么，总是有人在默默地付出……有些遗留下来（句1）……有人觉得一切并非令人如此难以忍受，……但是痛苦，无时不有的痛苦，可怕的神秘的痛苦（句2）……（271）

这两个句子处于一个段落的结尾，讲的是米利安睡前关于生活的思考。要注意的是，在第二个句子的句号后面加了三个点，也就是说这个段落是以省略号结束的。小说中，以省略号结束的段落不时可见。省略号如果用来结束一个句子，通常表示内容的省略。但是《人生历程》中，在句子完整的情况下，却"莫名"在段落后面加上了省略号，这体现了作者的良苦用心。理查逊首先在段落中安排了许多意义不确定的词，如"某人"（somebody）、"一切"（things）、"不论什么"（whatever）等，这些措词导致了段落意义的晦涩，目的就在于激发读者的创造性阅读，而通过句末的省略号，作者进一步形成一种"残缺感"，邀请读者参与文本语义的衍生，凸显了在阅读中形成自己个性化理解的重要性，也实现了作者让读者参与意义建构的创作理想，"省略既传达了她思维中的连贯意识，也传达了那些没有通过思维或外部意象表达出来的'无声时刻'"③，这些"无声时刻"只能留待读者解读。

本节集中探究了《人生历程》标点使用上的最大"突出"（foregrounding）

---

① Jean Radford. *Dorothy Richardson*. Hertfordshire：Harvester Wheatsheaf，1991. p. 14.

② Jonathan Culler. *On Deconstruction*：*Theory and Criticism after Structuralism*. Beijing：Foreign Language Teaching and Research Press，1004. p. 38.

③ Deborah Parsons. *Theorists of the Modernist Novel*：*James Joyce，Dorothy Richardson，Virginia Woolf*. London & New York：Routledge，2006. p. 59.

特点——省略号，笔者从该标点在文中可能起到的作用和可能包含的潜在意义入手进行探究，不难看出，小说中充斥着女性心理句型的省略号，既展现了女性意识的形式，又捕捉到了女性意识的内容。

二、女性意识的绵延：女性心理句型句法分析

伍尔夫评论理查逊的句型时还指出该句型"可以延伸到极限，悬挂最飘忽的微粒，包含最模糊的形状"①。具体到小说本身，作者到底采用了什么样的句式来实现句子的这种延伸，本节将随机从小说中抽出三个句子，结合文体学理论进行分析，以期达成对"女性心理句型"的某种理解。

D. How silly and hurried she had been（1），and there at home in the garden lilac was quietly coming out and syringe and guilder roses and May and laburnum and… everything（2）… and she had run away, proud of herself, despising them all, and had turn herself into Miss Henderson, … and no one would ever know who she was（3）…（57 words）（112）

E. Bewilderment and pain（1）… her mother's constant presence（2）… everything, the light everywhere（3），the leaves standing out along the tops of hedgerows as she drove with her mother, telling her of pain and she alone in the midst of it（4）… for always… pride, long moment of deep prides（5）… Eve and Sarah congratulating her（6），Eve stupid and laughing（7）… the new bearing of the servants（8）… Lilly Belton's horrible talks fading away to nothing（9）.（69 words）（137）

F. Probably everybody was wasteful, buying the wrong things and silly things, ornaments and brooches and serviette rings；… and not thinking things

---

① Andrew McNeillie, ed.. *The Essays of Virginia Woolf*, 4 Vols. London：Hogarth Press, 1986 – 94., 1990. p. 67.

out and not putting things down in books and not really enjoying managing the hun-
dred and fifty, and always wanting more. (42 words) (311) (本节较特殊，故保留英文原文。引文中打括号的数字为笔者所加，表语义切分)

　　这三个句子中，第一句讲的是主人公米利安到德国汉诺瓦教书时回忆家乡春天的情景；第二句也是在汉诺瓦，米利安回忆自己两年前在家的一次生病经历；第三句是米利安关于人们对待和使用金钱的态度的思考。

　　句子成分。这三个句子都包含了相当数量的名词成分，第一句的花园里的"丁香花"（lilac）、"喷水器"（syringe）、"绣球花"（guilder rose）、"金链花"（laburnum）等；第二句的"困惑"（bewilderment）、"痛苦"（pain）、"出现"（presence）、"骄傲"（pride）、"新的举止"（the new bearing）以及"可怕的谈话"（horrible talks）；第三句的大量现在分词短语，如"购买错误、无意义的东西"（buying the wrong things and silly things）、"不仔细考虑"（not thinking things out）等。将同一类别的名词罗列在一起，理查逊形成了一种感官印象意识流，将看到和想到的一切尽可能真实地通过句子再现出来，表现了意识在各个意象间自由穿梭，进而形成一种诗意的效果。梅尔文（Melvin Friedman）指出："（20世纪初）印象主义的大流行也许可以解释《人生历程》前三卷通过感官印象来表现意识流的强烈倾向。"[1]

　　句子成分衔接。这三个句子中，一个不可忽视的方面是句子成分的衔接手法。仔细观察这三个句子，给人的感觉是作者在句子成分衔接方面似乎显得手段过于单一：只用"and"和省略号"…"。为了确认这是否出于偶然，笔者带着这个疑问把小说中关于意识刻画的段落又总体看了一遍，发现这种连接手法几乎贯穿于整部小说。省略号的作用前面已经探讨过，这儿关注一下"and"。我们知道"and"通常表示词性相同或意义相近的成分的并列或顺承，那么，有没有可能小说中所有的句子成分之间都只存在这种简单的关系？第一句，and 连接的

---

[1]　Melvin Friedman. *Stream of Consciousness：A Study in Literary Method.* New Haven：Yale University Press，1955. p. 185.

最后一个句子成分"and no one would（……）"如果从严格意义上讲，和前面的句子成分之间实际上存在因果关系：把自己变成汉德森小姐，所以就没人会知道她曾经是谁，强调的是主人公从事教书活动前后身份的变化。因此，此处的"and"实际上表达的是"so"的意思。第三句最后一处省略号连接的"it was to（…）"和前面的句子成分存在逻辑上的转折关系，理论上应使用"but"："但是"她关注的只是马丁的衣服。"但是"起强调和转折的作用：斑驳的树荫，燥热的花园都无法引起米利安的兴趣，她唯一感兴趣的是客人身上穿的衣服。因此，可以肯定的是，这部小说中，"and"的作用被扩大了，用于许多在传统看来难以想象的地方。

传统小说创作模式，尤其是以男性为中心的文学创作模式，经常在逻各斯的大旗下强调理性和逻辑。现实主义小说就很注意选用恰当的连词来对句子成分及句子进行结合。理查逊采取的与众不同的衔接方式就是有意摈弃这种过于机械的结合方式，进而寻找一种更符合女性情感的独特表达方式，"米利安的思想通常被局限在某一主题上，该主题的呈现如果不是理性的，至少是感性的——这种呈现方式在女性意识中是可以预见的"[1]。因此，单一的衔接方式体现出来的是女主人公意识中感性思维在起主导作用，推理、逻辑大可置之不顾。

句子结构。谈到《人生历程》的句法，梅尔文指出："例如，詹姆斯是绝对不会允许自己的句法如此松散的。"[2] 里奇和肖特对句子作了这样的区分：圆周句结构是指预期成分处在核心地位的句子，[3] 松散句则是指掉尾成分取代预期成分而成为核心的句子，[4] 并总结道："综观英语小说史，也许我们可以说最折中的文体应该是预期成分和掉尾成分交替使用，从而在'艺术'和'自然'之间

---

① Melvin Friedman. *Stream of Consciousness*：*A Study in Literary Method*. New Haven：Yale University Press，1955. p. 185.

② 同上，p. 184.

③ 同上，p. 225.

④ Geoffrey Leech & Michael H. Short. *Style in Fiction*：*A Linguistic Introduction to English Fictional Prose*. Beijing：Foreign Language and Research Press，2001. p. 228.

形成平衡。"①

这三个句子，如果按句意切分，第一句可以分为三部分，第二句严格来说并不是句子，而只是各种短语集结而成的超长"短语"，第三句则是两部分。可以明显看出的是，一、三两句都没有包含预期成分，均属于松散句，各句意单位之间通过"and"或省略号实现衔接，第二句是各种短语的集合，包括名词短语（1）（2）（3）（5）（8）、现在分词短语（6）（7）（9）以及（4）——由现在分词短语和"as"引导的状语从句结合形成。正是这种富含掉尾成分的松散结构才赋予了"女性心理句型"任意延伸的可能性，因为圆周句由于其句意紧凑，只有通读完全句才可能把握整个句子的意思，对读者的记忆力和理解能力要求较高，如果过度使用，难免导致阅读疲劳。因此，《人生历程》中，理查逊广泛采用松散句，将各种成分进行自由融合，既表现了女性意识的不断绵延，也实现了句子的无限延展。

本节从句子成分、句中成分衔接、句型结构三方面探讨了"女性心理句型"，可以将其特征概括为句子成分（主要是名词或名词词组）在并列连词（and）和省略号连接下的松散句结构。

三、女性意识的表现形式：FIT & FDT

讨论女性意识的话语表现形式之前，我们首先了解一下意识流的几种表现方式。根据梅尔文的区分，意识的表现方式主要有三种，即内心独白、内心分析和感官印象：② 内心独白可用于表现意识的整个领域；内心分析则是用作者的语言概括角色的印象，因此永远不会偏离作者的理性控制；感官印象和内心独白很相

---

① Geoffrey Leech & Michael H. Short. *Style in Fiction*: *A Linguistic Introduction to English Fictional Prose*. Beijing: Foreign Language and Research Press, 2001. p. 230.

② Melvin Friedman. *Stream of Consciousness*: *A Study in Literary Method*. New Haven: Yale University Press, 1955. pp. 5 – 7.

近，不同点是感官印象是在角色没有刻意留意的情况下发生的。① 他进一步指出，"通过内心分析的广泛运用，《人生历程》表现了对意识流小说中的的英语传统的支持"②。除了内心分析外，内心独白和感官印象在《人生历程》中也都有使用。

小说中主人公米利安的意识所涵盖的内容，可大概分为以下几类：一、对生命、生活的思考——包括婚姻和宗教；二、对自己人生的思考；三、对环境的印象——包括自然环境和人为环境；四、对其他人物衣着和长相的观察。其中，一、二两类经常是通过内心分析和内心独白的交替运用实现的，这两类占据主人公意识的主要部分；三、四两类则以感官印象为主，经常发生在米利安到达一个新的地方或碰到一些陌生人的情况下，所占的比重相对较少。

在探究小说中人物话语的表现形式时，里奇和肖特将话语（discourse）区分为言语（speech）和思维（thought），并在各项下面进一步区分出五种形式。由于意识流涉及的主要是人物的意识，因此，这儿对思维的呈现方式稍作介绍。思维的呈现模式被区分为以下五种：自由直接思维（Free Direct Thought：FDT）、直接思维（Direct Thought：DT）、自由间接思维（Free Indirect Thought：FIT）、间接思维（Indirect Thought：IT）以及思维行为的叙事报告（Narrative Report of a Thought Act：NRTA）。直接思维与间接思维的辨别和直接引语与间接引语的辨别相同，因此，不再做介绍，需要注意的是自由直接思维和自由间接思维。这两者的共同点是没有 DT 和 IT 的主句结构，如"他说……""他觉得……"等；不同点是 FDT 虽然没有了主句结构和引号，但时态和人称必须和 DT 保持一致，即经常使用现在时和第一人称，而 FIT 在去掉主句结构后，时态、人称必须和 IT 保持一致，即经常用过去时和第三人称。

G. 聆听布道绝对是一种错误……愚蠢荒谬……除非它们富于智慧……

---

① Melvin Friedman. *Stream of Consciousness*：*A Study in Literary Method*. New Haven：Yale University Press，1955. pp. 5 – 6.

② 同上，p. 179.

就像布朗的讲课……很不幸，它们毕竟不是布道……但不论布道还是布朗都是不该被人接受的……博爱……这一切我都无法确定…弗洛伶·帕法弗会听的。(73)

H. ……这就是我，没错；我已习惯了精致的布鲁厄姆马车；我可以相信一切……我必须完全相信这一切……岁月匆匆，她也在不断地成长。像过去的汉诺瓦那样，即将到来的新生活将继续充实、塑造她的人生……(205)

以上两段是随机从小说中选择的片段，引文 G 是米利安关于布道的思考，对这类所谓的神圣活动，她历来都不怀好感，她觉得布道愚蠢无聊，牧师的声音沙哑难听。引文 H 则是米利安关于自己的生活的思考。这两段引文都采用内心分析和内心独白交替的手法来表现意识流，其中 G 以内心分析开始，以内心独白结束；H 则相反，开头是内心独白，而后发展成内心分析。下面分析一下这两段话的话语呈现模式。引文 G 由自由间接思维（FIT）开始，标志就是时态为过去时，人称为第三人称，且没有主句框架，而最后一句发展成内心独白时，话语呈现模式也随之发生了转变，变成了自由直接思维（FDT）：时态转变为现在时，人称则变为第一人称。引文 H 以自由直接思维（FDT）开始，但是后半部分却转变为自由间接思维（FIT）：时态由现在时变为过去时，人称也由第一变为第三。作为意识流小说，《人生历程》的主体由主人公的思考构成，就意识流的表现技巧层面而言，这种思考主要借助的手段是内心独白和内心分析，而就话语模式来说，内心分析主要是通过自由间接引语（FIT）实现，内心独白则主要通过自由直接引语（FDT）实现。

I. 温格森穿着印花长裙，快速地从空地上走过来，她身材高挑纤瘦，没戴帽子，鼻子和一双大手在寒风中冻得通红，流露于苍白色的嘴唇和淡蓝色的眼睛之间的无意识笑容让她看上去显得异常年轻。(361)

J. 西尾街……街道两边灰色的房子鳞次栉比，屋顶尖尖直插云霄……邻里之间的屋檐则钝而平和……向四周突出的棱角也很平和，在地上投下了

57

浓浓的影子……爬山虎顺着阳台四散蔓延……（……）（416）

这两段都是感官印象，第一段是米利安注视着温格森的到来，并将其穿着和神态摄像机般地扫描了一番；第二段是关于西尾街的描述，同样是不加甄别地将一切所见呈现于读者眼前。与选段 G 和选段 H 不同的是，这两段都只采用 FIT 话语呈现方式。造成这种差异的主要原因在于视角的不同，内心分析的视角来自小说中的叙事者，而感官印象则和内心独白一样，来自小说的角色。里奇和肖特将 IT 视为思维呈现模式的标准，他们认为由于人的意识的无法感知，因此小说中体现的任何角色的思维其实都是借助叙事者或者隐含作者生成的。根据这个标准，FIT 所受的来自叙事者的控制仅次于 IT，而 FDT 受到的控制则是最弱的。内心分析来于叙事者，处于叙事者的直接控制下，因此必须广泛借助 FIT。而内心独白和感官印象由于来自于角色本身，叙事者的参与成分小得多，因此运用 FDT 便是情理之中的事。

这一节结合了梅尔文的观点区分了《人生历程》意识流的表现手法，在此基础上根据文体学中关于小说思维呈现的理论分析了该小说的意识呈现方式，指出《人生历程》的内心分析是通过 FIT 实现的，而内心独白和感官印象则主要靠 FDT 进行展现。通过 FIT 的广泛使用，理查逊进一步实践了她让读者参与文本意思建构的现代主义创作理念，因为"FIT 能增强叙事生动性，让读者在阅读过程中不仅知道发生了什么，而且似乎亲眼看见什么正在发生"[1]，进而形成自己的个性解读。

四、女性意识的隐晦：《人生历程》的修辞手法

《人生历程》整部小说经常使用各种修辞手法来指涉敏感话题或表达对某种思想的支持和认可，除了隐喻、转喻外，小说还借助象征手法使语言更加隐晦、

---

① Michael Toolan. *Language in Literature：An Introduction to Stylistics*. Beijing：Foreign Language and Research Press；Hodder Arnold Press，2008. p. 118.

模糊。修辞手法的使用从本真上体现了女性意识的含蓄和委婉，是女性意识的自然表现，但同时也增加了小说的理解难度和文本的张力。最常见的修辞手法是以景物或季节来暗指生命的一些特定阶段。

　　　　K. 又找到了新的工作，在恐惧、孤立、无助中熬过了冬日的最后几天，从干线出发的列车将带她离开这一切——进入春天。

　　这句话摘自小说第三卷《蜂巢》的开始部分，句中的干线列车除了字面意义"搭载米利安离开这一切"外，还有其深层意义：某种程度上来说，家对于米利安而言就是一个冬天，她感觉不到应有的温暖——她不愿看到父亲的傲慢专横及母亲成为这种专横的牺牲品，干线列车带她离开的不仅是她的家，而且也是她生命的某个阶段，搭上这趟车，她同时可以暂时摆脱发生在家中的一切不快，重新进入生命的春天，为自己的生活而打拼。因此，这儿的干线列车不仅指现实中的列车，还隐喻米利安的生命列车，新的工作、新的生活就在下一个站点等着她的到来。同样地，这段话中的两个季节——冬天和春天也都具有隐喻特征。人们通常将冬天与寒冷、荒凉、缺乏生机等联系起来，而春天则相反，它通常被认为是希望、生命的象征。因此表面上米利安经过冬天进入春天，实际上也暗指她从生命的困难阶段步入到希望阶段，重新踏入自己的"人生历程"。

　　为了使文中提到的政治、性等话题更容易为人所接受，作者还常借用转喻手法。桑波罗（Thornborrow）和沃伦（Wareing）在《文体学入门》一书中指出隐喻强调的是物与物之间的相似性，而转喻强调的则是相关性。[①] 20 世纪初的英国，整个社会的意识形态仍趋于保守，许多现代主义小说因为过于赤裸地描写性或使用了被认为不雅的语言而遭封杀或删改，乔治·奥威尔的小说《巴黎伦敦落魄记》（*Down and Out in Paris and London*）因为在某些章节中如实再现了充斥

---

　　① Joanna Thornborrow & Wareing Shan. *Patterns in Language：Stylistics for Students of Language and Literature.* Beijing：Foreign Language Teaching and Research Press；Routledge，2000. p. 109.

街头的咒骂语言而被出版商要求用破折号代替。① 为了避免可能遇到的出版麻烦，在《人生历程》中，理查逊从来没有直接谈论过关于性的话题，而是采用间接手法点到为止。小说的第三卷《蜂巢》讲到米利安受雇的那户家庭的女主人考瑞太太通过阅读粉色报纸关注某条新闻的进展，并经常和女伴们讨论。米利安起初不清楚是什么新闻如此具有吸引力，但当她终于知道吸引她们注意力的是"那个写剧本的男人的名字"（428），也就是王尔德后，小说就再也没有关于此事的任何额外信息。了解英国文学的人都知道王尔德曾经因为同性恋而受到审判，Joanne Winning 指出："……由于男同性恋这个词不允许在报纸上出现，在这种情况下，王尔德的名字取而代之，被用来表示男同性恋。"② 理查逊借用王尔德的名字来指代男同性恋，使用了转喻的修辞手法，反映了一些曾经在维多利亚价值体系下讳莫如深、不可思议的话题开始随着现代主义的到来而取得某种表现形式。

除了隐喻、转喻，理查逊还运用象征来表现女性意识的萌芽。小说的第一卷为《尖尖的屋顶》（*Pointed Roofs*），但是，如果读完第一卷，会发现尖尖的屋顶并未被提及，只有到了第二卷米利安回忆德国的教书经历时才点到，"但是那促使她去德国的冲动，那儿的见闻感受，那儿的尖尖的房屋（此处小说中用的是 pointed house）"（236）。从这句话可以判断 pointed roofs 指的是德国的意象，作为第一卷的标题，它具有深刻的象征意义。劳伊斯·泰森指出："女性意象包括洞穴、房屋、被包围的花园等……"③ 第一卷讲的是主人公离开英国前往德国教书，这个举动——离开英国，对20世纪初的女性来说具有非凡的意义，意味着在意识上摆脱家中以父亲为代表的男权意识的统治，来到德国并从事教学工作，意味着寻求经济上的独立。女性要独立，除了意识独立外，物质是基础和前提。

① Chris Baldick. *The Oxford English Literary History* Vol. 10: *The Modern Movement*. Beijing: Foreign Language Teaching and Education Press & Oxford University Press, 2007. p. 60.

② Joanne Winning. *The Pilgrimage of Dorothy Richardson*. Wisconsin: University of Wisconsin Press, 2000. p. 118.

③ Lois Tyson. *Critical Theory Today: A User—Friendly Guide*. New York & London: Garland Publishing, Inc, 1999. p. 22.

伍尔夫在《一间自己的屋子》中明确提到女性需要每年 500 镑的资金和一间自己的屋子以维持自己的写作。因此，取名"尖尖的屋子"象征的是女性意识的萌发。Jean Radford 指出："汉诺瓦的尖屋顶象征追求更高存在形式的抱负，也象征着逃离她那处在毁灭边缘的世界的愿望。"① （这儿的"毁灭边缘的世界"可能是指小说主人公的父亲投资失败造成的困境——笔者注）还要注意的是修饰词"pointed"，这里体现出作者希望女性意识能够足够锐利，以冲破男性的统治、突破菲勒斯批判中心，而取得女性自己独立的、清晰可辨的表现形式。

本节集中分析了《人生历程》使用的修辞手法，可以看出，现代主义初期的女性意识表现形式虽较委婉和模糊，但正渐渐成为一股新生力量驰骋于 20 世纪的思想领域。

五、结语

Sara Mills 在《女性主义文体学》一书中指出："然而，与简单认为女性由于其性身份而以一种特殊方式创造相比，我们应该看到女性作家对不同创造方式的选择，是与她们对自己处于男性主流传统或女性主流传统定位相关的。"② 理查逊的选择是明确的，即寻找一种符合女性意识的表达手法，因此才有了伍尔夫"女性心理句型"的说法。这种句型精确捕捉到了人的意识，尤其是女性意识飘忽不定、时断时续的特点，反映了主人公内心世界的细腻和敏感。通过结合文体学的相关理论，对该小说的句法特点及其思维呈现模式进行分析，能够使我们更好地理解这位几乎被人遗忘的女作家和其毕生结晶《人生历程》。意识流的表现手法和实现方式，不同作家可能有不同的理解，就本部小说而言，通过"女性心理句型"，理查逊要传递的是女性意识的存在及其势必萌芽、发展。

注释：

①引用说明：《人生历程》没有中译本，本文中出现的小说引文均系笔者试译，标点符号

---

① Jean Radford. *Dorothy Richardson*. Hertfordshire：Harvest Wheatsheat，1991. p. 30.

② Sara Mills. *Feminist Stylistics*. London & New York：Routledge，1995. p. 57.

仍然保留原文的标注方式。除了小说文本外，本文的其他英文引用也皆为笔者自行翻译。

②版本说明：由于《人生历程》的第十三卷，也就是《三月月光》（*March Moonlight*）和前面十二卷存在 15 年的时间间隔，且作者直到去世都没有最终完成该小说，因此有人认为《人生历程》只有十二卷。本文采纳主要出版女性作家作品的 Virago 出版社 1979 年结集出版的完整十三卷本。

（黄印堆）

《人生历程》女性思想的探索和界定
——对个人主义的追求

创作于现代主义蓬勃发展时期的第一部英语意识流小说《人生历程》，由于其所处的特定历史背景和表现出来的对父权话语尤其是宗教的质疑和攻击，人们倾向于将其视为女权主义的得力之作。但如果从作者多萝西·理查逊本人的生活经历及其在作品中呈现出来的政治立场和创作美学去探究，可以发现该小说其实体现了女性对个人主义的追求。

20世纪60年代末70年代初，女性主义文学批评在西方兴起的时候，人们想起了创作于现代主义蓬勃发展时期的第一部英语意识流小说《人生历程》（*Pilgrimage*）及其作者多萝西·理查逊（Dorothy Miller Richardson），部分评论尝试用女性主义批评手法审视该小说并给其贴上女权主义先驱力作的标签，如吉利恩探究过多萝西及其小说在西方女权主义意识发展过程中的地位。从女性主义角度去评析该小说无可厚非，然而给其贴上女权主义力作的标签却有待商榷，因为这部小说在否定父权意识的同时，对女性及其政治追求也不怀好感。多萝西认为女权主义者是"对女性的侮辱"[1]。实际上，作者创作这部小说的意义在于通过对二元对立体系的排斥来宣扬一种个人主义立场，以个人价值的实现为自己写作努力的方向。《新大英百科全书》认为个人主义以个人的独立性为核心，强调

---

① Gloria G. Fromm. *Dorothy Richardson*：*A Biography*. Chicago：University of Illinois Press，1977. p.287.

人的自由和权利。① 为了获得自由，保持独立的女性意识，多萝西首先对男权意识进行消解，将女性的话语从男性中剥离，取得独立的表现形式。在此基础上，她不论在政治立场上还是在艺术创作上都力图保持自己的独立身份，不和任何团体的意识形态认同。

一、消解父权话语：对宗教的质疑

多萝西在《人生历程》中首先对父权话语尤其是宗教质疑。"她（米利安）认为，它们（宗教和科学）都是男性的话语，这是一种将生活简化为一系列线性模式的狭隘理性主义，它剔除了周围的环境和联系，生活本身也'消失了'"②。小说的前几卷，多萝西通过小说女主人公米利安·汉德森（Miriam Henderson）的言行举止从多个方面入手，重新思考了宗教活动及上帝的意义。

首先是宗教活动，米利安虽然不喜欢这类活动，却迫于所处环境不得不随着周围的人一起参加。"米利安心中涌起一阵反感，她不愿意坐在那儿，让一个女人（弗洛玲·帕法弗）对着自己念经，而且是以一种'奉承'的口气。她想象着自己站起来，走出屋子"③。被教徒们信奉为可以净化心灵的祈祷活动在米利安眼中成了一种令人厌恶的琐事，如果可能的话，她宁愿不参加。除了对祈祷活动的不屑，她还以怀疑的眼光来挑剔神职人员的权威，"聆听布道就是一种错误"④，因为"神父并不比其他人博学……只不过家庭中的主妇和孩子都这样认为罢了"⑤。虽然身为女性，米利安却不像其他人那样甘心于宗教的压迫，盲目地对教堂的一切加以接受，而是采取质疑的态度，力图形成自己的理解。

这种质疑不仅只停留在表面的宗教活动，她甚至怀疑上帝的身份及其存在的

---

① *The New Encyclopaedia Britannica*, Vol. V, Encyclopaedia Britannica. 15th edition. Chicago：Helen Hemingway Benton, 1973 – 1974, 1973. p. 339.

② Dorothy Miller Richardson. *Pilgrimage* Ⅰ & Ⅳ. Chicago：University of Illinois Press, 1979. p. 36.

③ 同上，p. 49.

④ 同上，p. 73.

⑤ 同上，p. 73.

真实性。"上帝会不会是女性？上帝是不是真的让人生厌？………某种程度上女人才是上帝。这是男人无法忍受的；女人的优越地位……"① 米利安认为上帝之所以是男性而不是女性，是因为男人绝不允许女上帝的出现，那将直接威胁男人的社会统治地位。小说的第三卷，米利安对上帝的"救世"进行思考：上帝真的像人们所宣称的那样会挽救人类于水深火热之中？在米利安看来，答案是否定的，"难道上帝没看到她（米利安的母亲）跪在地上，尽心祈祷？……一切依旧，她依旧睡不着"②。米利安眼中，母亲天天祈祷，可是当她患上抑郁症而夜不能眠时，上帝并没有因为她的虔诚而挽救她。这进一步否定了世俗信仰强加给米利安的上帝形象，否定了男性的权威。

一直以来，宗教代表的都是男性的意识形态，人们以男性形象塑造上帝，而后借上帝来解释人类的诞生。在这种根深蒂固的男权意识下，女人始终难以形成自己独立的意识。为了揭露男性在社会意识形态的统治地位，露西·伊瑞格莱提出了"同一逻辑"（logic of sameness），她认为虽然现实中存在两种性别，但这两种性别却总是合而为一，"男人成了一切的标准"③。此标准在宗教中的体现就是宗教被宣扬成一种普世价值，接受者被认为可以升入天堂，质疑者则被视为异端。现代主义的到来使对这种原本不可亵渎的男权话语的挑战成为可能。理查逊赋予米利安玩世不恭的宗教态度，通过对宗教活动、神职人员、上帝形象的质疑，作者塑造了一个具有无神论倾向的米利安。将主人公从宗教束缚中解放出来，其意义在于从看似神圣不可冒犯的领域对男性话语进行消解，为个人主义的实现做思想上的准备。

二、政治立场的个人主义：既非沙文主义也非女权主义

尤勒若夫（Ulanov）认为，对女性而言，男性沙文主义态度和女权主义态度

---

① Dorothy Miller Richardson. *Pilgrimage* Ⅰ & Ⅳ. Chicago：University of Illinois Press，1979. p. 404.

② 同上，p. 475.

③ 同上，p. 114.

都是片面的，① 因为"强硬沙文主义剥夺了女性的体力、智力、上进心和独立话语"②。但是与之相对，女权主义则走向另一个极端，"人们发现，由强硬女权主义倡导的女性原型本身变得如此男性化以至于难以将其界定为女人"③。《人生历程》中，多萝西笔下的米利安一方面排斥男性意识，另一方面对女权主义同样采取不结盟的立场，忠实再现了作者的个人主义追求。

小说的第一卷《尖尖的屋顶》写米利安去德国汉诺瓦（Hanover）的一个女子学校当英语教师，第二卷写米利安受聘于彭勒斯（Pernes）三姐妹在伦敦合办的女子学校，同样也是当教师。不论是在德国的汉诺瓦还是英国的伦敦，米利安都只教了一段时间便离开，根本原因就在于意识形态的冲突，她无法忍受女学生们的思想自由受到父权意识的干涉。

米利安眼中，汉诺瓦的女校长弗洛伶·帕法弗虽作为女人，却是父权专制的代表。她按照男性的标准规范女学生日常生活的一举一动，教她们"刺绣、织花边、做饭"④，为将来成为房中天使做准备。米利安感到不可思议，在她看来，女学生所接受的这种培养方式让她们失去了自己的本真，戴着面具生活。这种伪装的人格让她无法接受，和她的个人主义主张格格不入，无法调和的直接结果就是她在期末被辞退。彭勒斯三姐妹和弗洛伶一样，也是父权意识的忠实履行者，她们同样注意钝化女学生的上进心，绝不允许学生有什么出格的举动。波莉（Polly）和恩尼斯（Eunice）由于没戴帽子在公园里追逐嬉戏而被视为违规受到处罚。对此，米利安持不同的观点，她认为"如果女学生想不戴帽子，到处乱跑、大喊大叫，没有人有权去干涉她们"⑤。米利安不愿意看到女学生的本真个性在父权意识规范下变得故步自封、中规中矩，失去追求自由和独立的胆魄，成

---

① David Holbrook. *Image of Women in Literature*. New York & London：New York University Press，1989. p. 10.

② 同上，p. 10.

③ 同上，p. 10.

④ Dorothy Miller Richardson. *Pilgrimage* Ⅰ & Ⅳ. Chicago：University of Illinois Press，1979. p. 82.

⑤ Dorothy Miller Richardson. *Pilgrimage* Ⅰ & Ⅳ. Chicago：University of Illinois Press，1979. p. 241.

为男权社会的附庸，因此最后她放弃这份工作，尽管学生都很留恋她。

拒绝男性沙文主义的同时，米利安对女权主义同样持否定态度。《人生历程》创作时所处的 20 世纪初正是西方女权主义运动白热化时期，各种女性组织在伦敦如雨后春笋般涌现出来，它们通过各种方式为女性争取自由平等的权利。从第四卷开始，米利安就居住在前卫艺术家聚居的布鲁姆斯伯里（Bloomsbury），并结识了当中的一些人。但是她却始终坚持自己的独立身份，拒绝加入任何社会团体，拒绝以任何实际行动支援女权主义运动。米利安对女权运动采取置身事外的态度基本延续了现实中作者理查逊的做法。她的一位朋友因为参加争取选举权的运动而被捕入狱，理查逊虽然去监狱看望她，但是"她（理查逊）对此类牺牲却不抱多少同情"①。小说的第十一卷《清晰的地平线》出版时，有的男性评论家把理查逊想象成了女权主义者，在和朋友考特（Kot）谈话时，理查逊指出，"即使一只木头上的虱子也看得出她不是"②。

"个人主义认为个人是社会存在的本体，强调个人的独立自主、重视个人的权利，亦强调对他人的尊重，但反对权威，反对任何形式对个人'不合法'的强制"③。一方面，米利安拒绝认同男性沙文主义，拒绝成为男性压迫自己同胞的同谋；另一方面，米利安也不认同女权主义，不参与为女性争取平等权利的斗争。这种不卷入的政策保留了女主人公独立自主的地位，反映了作者追求个人主义的理想，它让女性免于面对任何社会团体或权威，从而为自己的个性发展赢得无限空间。

三、艺术上的个人主义：既非艾略特也非勃朗特

在《她们自己的文学》一书中，肖瓦尔特对女性的文学传统作了深刻的分

① Gloria G. Fromm. *Dorothy Richardson*：*A Biography*. Chicago：University of Illinois Press，1977. p. 51.
② 同上，p. 287.
③ 卢风：《简评西方个人主义价值观》，载《湖南师范大学社会科学学报》，34 页，1994（6）。

析，她认为19世纪40年代的女作家在寻找一种新的女主人公形象——"既充满智慧和力量，又不乏女性的温柔、敏感、善于家务"①。她区分了女性文学传统中的两条发展路线，一线以简·奥斯丁、乔治·艾略特为代表，另一线以乔治·桑德（George Sand）、夏洛蒂·勃朗特为代表。她指出前者是"男性批评家的宠儿"②，她们的文本刻画了谦恭、温顺的女性形象；后者则是"女性作家的反文化女英雄"③，她们笔下的女主人公富有叛逆精神，坚决不屈从于父权社会。不论是艾略特还是勃朗特，理查逊都采取不认同的立场，她批评艾略特"像男人一样在写作"④。至于夏洛蒂·勃朗特，《简·爱》中女主人公的女性身份和作品中时隐时现的哥特式诡异气氛在《人生历程》中是难以想象的。

理查逊小说对艾略特传统的拒绝体现在米利安和海波·威尔逊（Hypo Wilson）的关系上。海波的原型是赫赫有名的现实主义作家H. G.威尔斯。米利安为海波的文学才华所折服，但是随着交往的深入，她逐渐意识到他的文学之路并不适合自己。"这些小说令人痛苦的地方是它们的疏漏，……嘭、嘭、嘭，它们隆隆向前，这些男人创作的小说，就像ＬＣＣ的电车，……"⑤对这种"疏漏"的不满，使米利安发现自己和海波之间的分歧，她认为海波的手法并不适合于表现女性的意识，最后两人在创作上分道扬镳。这种立场也是多萝西创作思想的直接表述，生活中的理查逊拒绝威尔斯倡导的男性现实主义文学传统，拒绝像艾略特那样将自己的女主人公囿于男性理解的范围之内，而是另辟蹊径开拓自己所理解的小说形式，形成别具一格的创作风格。

"夏洛蒂赋予自己的小说和思想热烈的激情，呈现了一个'性和超自然'的

---

① Elaine Showalter. *A Literature of Their Own*：*British Women Novelists from Bronte to Lessing*. Beijing：Foreign Language Teaching and Education Press & Prinston University Press，2004．p. 100.
② 同上，p. 102.
③ 同上，p. 102.
④ 同上，p. 110.
⑤ Dorothy Miller Richardson. *Pilgrimage* Ⅰ & Ⅳ．Chicago：University of Illinois Press，1979．p. 239.

世界"①。《简·爱》在唤醒女性独立意识的手法上，既有简·爱对男权社会的理性抗争和妥协，也有伯莎非理性的、永不妥协甚至同归于尽的报复。《人生历程》中，米利安虽有时陷入情感纠葛，却始终保持自己的单身状态，没有像简·爱那样在小说临近结尾时选择回归到罗切斯特身边，回归到男权社会所期望的女性角色，从而避免了传统女性为婚姻和家庭所束缚的局面。至于对男性权威的挑战，米利安一直都是在有理有据中进行，相对于超自然或非理性的抗争，她的反抗显得温和、节制，于保守中争取精神独立和肉体自由。

摆脱了艾略特和勃朗特所代表的对立传统后，理查逊寻求的是能充分表现女性意识并让读者参与文本意思建构的创作手法。首先她开辟了意识流，使自己的小说不受情节的束缚，"《人生历程》……除了女主角在漫长岁月里流动不已、变幻莫测的意识，别的就所剩无几了"②。其次是标点使用，理查逊也是别出心裁，最突出的就是省略号的使用。整部小说中，省略号不仅出现于句末表示内容的省略，还用于句中表现思维的断续和犹豫，甚至出现在句首，减缓意识的运动速度。第三，连词方面，以男性为中心的现实主义文学创作，通常注意选用恰当的连词来实现文本逻辑性，但是《人生历程》中，句与句之间不论是转折还是递进，理查逊几乎一律只用"and"作连接词。创作手法和文体风格的全然创新导致了小说语义的模糊，实践了作者让意义生成于阅读的创作观念，是对之前一切文学形式的拒不认同，也是艺术美学个人主义追求的结晶。

四、结语

《人生历程》是理查逊个人主义理想的全面贯彻，是其追求自由的精神在美学上的表现，她志在发出女性独立的、空前的声音。然而，与当时汹涌澎湃的女权主义运动相比，个人主义作为女性思想的一种表现形式显得拘谨、保守，它发

---

① Elaine Showalter. *A Literature of Their Own：British Women Novelists from Bronte to Lessing.* Beijing：Foreign Language Teaching and Education Press & Prinston University Press，2004. p. 104.

② 侯维瑞：《英国文学通史》，618 页，上海，上海外语教育出版社，1999。

出的只是一个个体的声音，而不是女性作为整体的声音，在当时的特定历史背景下难免孤立无援。部分由于这个原因，《人生历程》虽被认可为英语意识流的开山之作，却因其传达的价值体系鲜为人附和而很快淡出人们的视野，不为读者所熟悉。

（原文刊登于《当代外语研究》2011 年第 2 期，第 32～34 页）

（黄印堆）

克莉斯蒂娜·斯台德

（Christina Stead，1902—1983）

【生平简介】

克莉斯蒂娜·斯台德1902年出生于澳大利亚新南威尔士的悉尼，曾在悉尼大学师范学院就读，并获得了教师资格证书，后在一所公办学校任教。1928年离开悉尼来到伦敦，在一个谷类商行做职员。1930年至1935年在法国巴黎做银行职员，随后又移居美国。斯台德长期旅居欧洲和美国等国家，地理和社会文化的多元背景在她的小说中均有体现。斯台德的代表作《热爱孩子的男人》（*The Man Who Loved Chinldren*）1940年问世后一直没有得到关注，直到25年后小说

再版时，评论家兰道尔·贾勒尔（Randall Jarrell）为其撰写了充满赞赏的编后语，斯台德的小说研究才进入人们的视线。尽管斯台德的声誉很大程度上是依靠这部小说奠定的，但后来对于斯台德早期作品的研究使她成为人们公认的20世纪重要小说家。

（以上内容选自 Clare D. Kinsman ed. *Contemporary Author* Vol. 13—16. Michigan：Gale Research Company，1965，1966，1975. p. 763；Jean C. Stine，Daniel G. Marowski ed.，*Contemporary Literary Criticism* Vol. 32. Michigan：Gale Research Company，1985. p. 406.）

【主要作品】

《萨尔茨堡故事》（*The Salzburg Tales*，1934）

《热爱孩子的男人》（*The Man Who Loved Children*，1940）

《一切为了爱》（*For Love Alone*，1944）

【评论】

*斯台德属于这样一种小说家，她展现了我们整个世界最终极的复杂性和无以复加的苦涩，并从不在意读者是否会受到教育和启示，在她看来这正是小说的职责。她是一个无情的、冷酷的且从不宽谅的目击者和评判者。①

*缺乏同情正是斯台德作为一位小说家最出色的道德品质。（对于）斯台德来说，同情是无用的，它模糊了我们本质的天性，是一种自我放任的奢侈。发现本质的天性是她一直关心的问题。从根本上讲，她致力于阐述有关人类社会的本性。一方面通过人与人之间的关系，一方面通过个人与被我们创作出来并已经主宰我们的制度之间的关系，比如婚姻、家庭、金钱……②

*斯台德独特的写作技巧之一就是利用个体角色丰富的特殊性和栩栩如生的形象来说明他们普遍的重要性……（这部小说）③ 穿透了个人情感和社会虚伪的表面，展现了家庭之爱名义下的有关支配、羞辱以及反抗的斗争。④

---

① Angela Carter. "Unhappy Families." in Jean C. Stine, Daniel G. Marowski ed.. *Contemporary Literary Criticism* Vol. 32. Michigan：Gale Research Company, 1985. p. 414.

② 同上。

③ 编者注：《热爱孩子的男人》

④ Joan Lidoff. *Christina Stead*. Jean C. Stine, Daniel G. Marowski ed., *Contemporary Literary Criticism* Vol. 32. Michigan：Gale Research Company, 1985. p. 416.

斯台德的"多重声音"世界

——用复调小说理论分析《热爱孩子的男人》

本文运用复调小说理论对斯台德的小说《热爱孩子的男人》作出新的解读。这部小说通过塑造强烈自我意识的人物，并从人物间不同视野的对话创造出多重声音的世界，展现了复调小说的主体性、对话性和未完成性，也体现出反对男性单一话语霸权的思想。

克莉斯蒂娜·斯台德（Christina Stead，1902—1983）是世界著名作家，出生于澳大利亚悉尼，旅居欧洲达46年之久，1974年回国并获得帕特里克·怀特文学奖。斯台德小说以其题材国际性、创作实验性著称。《热爱孩子的男人》（以下简称《热爱》）是她的代表作，也是普遍认为的成就最高的作品。然而1940年出版时，却反响平平，直到1965年美国诗人兼评论家兰道尔·贾勒尔（Randall Jarrell）对该小说作出新的解读和推介，认为它可与《安娜·卡列尼娜》《罪与罚》和《尤利西斯》媲美，因为小说写出了千万个家庭都可能有的共同点。

在该小说50多年的接受史中，研究领域主要涉及女性主义、心理分析，针对其创作风格和手法，斯台德自认为深受左拉自然主义影响，评论界也一直对斯台德细致的观察力赞赏有加。琼·利道夫（Joan Lidoff）则以"家庭哥特剧"（Domestic Gothic）来总结斯台德此部小说的创作特点，她笔下的家庭并不是普通的家庭，而更像是普通家庭的心理版，人物歇斯底里的独白和对话是直接把内在思想化作外在语言，读来触目惊心。① 而复调小说理论的研究，必将为小说提供新的解读维度。

复调小说是巴赫金在研究陀思妥耶夫斯基的小说特色时提出的术语——"有着众多的各自独立而不相融合的声音和意识，由具有充分价值的不同声音组成真正的复调"②。这是一种多人物中心、多角度叙事的小说，而传统的全知全能式的小说被称为独白型小说，小说人物及其命运在作者的统一意识支配下展开。拥有诸多独立的、具有同等价值的人物是复调小说形成的基础，而人物间相互把他人的思想纳入自我的思想中形成的对话性是复调小说的主要特点。这样小说最终形成的并不是同一的思想和道德判断，而是呈现多种思想的冲突，从而使未完成性成为复调小说重要的艺术效果。本文将运用复调小说理论来分析《热爱》中存在的复调因素，以期对斯台德的创作意图作出新的解读。

一、多重声音的先决条件——人物的自我意识

自我意识是复调小说塑造主人公形象的艺术主导因素，也是斯台德具有多重声音特点的小说中人物各发其声的先决条件。巴赫金认为在传统的独白型小说中，"主人公是封闭式的……主人公的自我意识被纳入作者意识坚固的框架内，作者的意识决定并描绘主人公意识，而主人公自我意识却不能从内部突破作者意识的框架"③。在复调小说中，主要人物具有强烈的自我意识，而不是完全沦为"他者"，这种强烈的自我意识所表现的"不是主人公在世界上是什么，而首先是世界在主人公心目中是什么，他在自己心目中是什么"④。小说呈现的首要的是人物眼中的世界，而不是作者臆想的世界。斯台德的人物创作经常是以她身边的人为原型，20世纪40年代她在纽约大学教授写作课，就提到要"在你的身边

---

① Joan Lidoff. "Christina Stead." in Jean C. Stine, Daniel G, Marowski ed.. *Contemporary Literary Criticism*. Vol. 32. Michigan：Gale Research Company，1985. p. 416.

② M. 巴赫金：《诗学与访谈》，白春仁等译，4页，石家庄，河北教育出版社，1998。

③ 同上，67页。

④ 同上，61页。

收集小说人物的原型，同他们生活在一起，不仅思想意识上如此，而是尽可能地真实地生活在一起，给你的人物打电话，去过一种隐秘的生活，让你的人物如影随形"①。可以说斯台德采取的是一种笨拙但直接的方式来将自己放低至观察者的角度，这都是为了尽一切可能掌握人物的内心、思维方式，以他们自己的视角看世界、看自身。

在《热爱》中，主要人物都具有强烈的独立自我意识，作者的声音同所有人物的声音一样，他们之间是平等的关系。作者克制自己的意识，避免过分干预人物的意识，使人物不再只是作者的传声筒。小说中斯台德很少在背后直接议论主人公，而是多次使用自由间接引语来表现人物的内心独白，使人物成为直抒己见的主体。自由间接引语使人物"与叙述者保持着适中的距离，既能较独立地表达人物话语，又在一定程度上保留了叙述者的声音"②。如此，人物的声音与作者的声音互相融合，与作者处在平等的地位。

作为独立的人物的声音有时甚至压倒作者的叙述声音，左右着作者的叙述角度与语言风格，使得即使是在描绘客观世界，斯台德作为作者的声音也不一定是完全可信的。有时她也只是附和主人公的想法，看到主人公想看的"事实"，实谓"不可信任的全知者"。例如，在小说《热爱》中，当波拉特一家搬到了破旧的矿泉屋，萨姆停职查办，亨妮只能靠向娘家和高利贷借钱维持家用时，活在自己幻想的世界中的萨姆选择待在家里做孩子王，他看不到，或假装看不到家里的债台高筑和日益贫困，因为他从不问亨妮的钱从哪里来。他的这一意识控制着作者，在描写搬家后的生活的整个第八章讲的主要是萨姆作为"天字第一号"先生同孩子们玩和他为控制大女儿路易的思想采取的种种行动，亨妮在与他的争吵中开始败下阵来，在贫穷中反而大踏步的萨姆却活得越来越有滋味了。家庭战争

---

① Susan Lever. Christina Stead's Workshop in the Novel: How to Write a "Novel of Strife". *Journal of the Association for the Study of Australian Literature*, Vol. 2, 2003. [online] Available: http://www.nla.gov.av/openpublish/index.php/jasal/article/dowload/23/529 (May 1, 2009)

② 方英：《论哈代小说中自由间接引语的运用及其文体效果》，载《宁波大学学报（人文科学版）》，68 页，2004（4）。

持续不断，愈演愈烈的争吵在他看来不过是"茶杯里搅起的小小风暴"。只有些蛛丝马迹表明波拉特家家境不如从前。直到第九章第二节路易的老师艾登小姐的来访，读者才看出波拉特家破败到什么地步。

> 终于，她（艾登小姐）跟这女孩（路易）进了屋。她俩从被风吹破的边门，踩着一块一直磨破到地板的椰毛编织垫子走进屋，进入一条铺着面目全非的油布的黑乎乎、脏兮兮的过道中。在走进路易房间取下帽子的那一分钟里，艾登小姐修改了她对波拉特宅第的看法：这是一个破破烂烂、根基不牢的家庭，一家之主的收入养不活一大家人，全家生活很艰难，但毫无疑问，他们仍在挣扎着硬撑门面。①

可以说第八章呈现的世界是经过萨姆过滤的世界，而之前萨姆对亨妮的种种指摘，他的爱和善的布道，这些在艾登小姐的来访之后显得多么无力，甚至是荒唐。第八章是亨妮希望破灭的一章，家庭日益破败，而萨姆的理想主义和夸夸其谈却更变本加厉。然而对亨妮而言锥心刺骨的一切巨变在巨变发生的第八章反而是不明显的。有评论家称这种为"延迟叙事"，但更为准确的是，这是作者充分尊重每个人物的独立性，给他们充分的发言空间，而不是把他们统一纳入作者本人的意识框架。

二、多重声音的表现形式——对话

诸多独立的人物发出自己独有的声音，为读者提供了不同的阅读视角，使多角度的观察和分析成为可能。在复调小说里，读者很难看到详细的关于人物外貌或身世的描述，现实的世界更多的是通过诸多人物的意识和对话呈现的。在《热爱》里，读者经常看到不同人物对同一人物或事件有着不同甚至相反的看

---

① 克莉斯蒂娜·斯台德：《热爱孩子的男人》，欧阳昱译，421页，北京，中国文学出版社，1999。

法，而因为作者采取一视同仁的方法呈现，使读者很难完全相信其中任何一个人物的观点，这样就产生了多重声音的对话性。

小说第一章，萨姆深夜回家时，在窗外看的第一幕是亨妮用手掐住路易的脖子，然后又反掐自己。这粗暴的一幕在萨姆看来是因为路易深夜看书在房间内到处点灯，并向继母亨妮撒谎而招致的，这也是读者所能读到的。奇怪的是路易的反应，她没有恨她的继母，反而认为"她和她在苦命这一点上是相通的，她（亨妮）需要的是理解"①。从亨妮后来的话，读者可以推想那晚亨妮打路易的真正动机是她看到路易身上不断显现的女性特质。在第四章第一节中，亨妮对萨姆说，"她过了十一岁，已经要长成妇人了。只要想到我不得不告诉她，她身体会发生什么变化，她要经历些什么，我就感到恶心"②。"只有想想无论她成为什么样的人，她都得干我曾经干过的事情，了解我曾经了解过的东西，重新发现所有那些混账的谎言时，我真受不了"③。由此，在结构上，第一章便和第四章形成了对话。

而当萨姆发现路易开始因同情亨妮而顶撞他后，就会惩罚她，并把她拉到大街边进行教育。在他看来，对她的惩罚是对的，而路易总有一天会明白和感谢自己，但路易却重复地说道："我永远不会明白，永远也不会原谅你！"萨姆把这当成小孩脾气而大笑起来，而在窗帘后看到这一幕的亨妮却想着："等着吧，等着吧，等着吧：你就等着吧，你这魔鬼！"④ 她感受到了路易对她存在着"扭曲的同情"。在第一章亨妮打路易这一幕中，斯台德采用同主要人物——亨妮、路易和萨姆——平等对话的态度，而她只作为一名对话的组织者。在这一幕背后，每个人物都有发言权，没有一个人物的声音强大到足够淹没其他的声音。萨姆认为这是亨妮对她的恨的表现（毕竟路易是她的继女），但又认为这件事对路易性格的成长会有帮助。路易认为亨妮这样痛苦地折磨她，是有原因的。亨妮表明对

---

① 克莉斯蒂娜·斯台德：《热爱孩子的男人》，欧阳昱译，18 页，北京，中国文学出版社，1999。
② 同上，126 页。
③ 同上，127 页。
④ 同上，36 页。

路易身上渐渐明显的女性生理变化的反感，因为她预见到路易作为女性将会遇到的悲惨命运，想与她一死了之。在这件事后，萨姆察觉到路易对亨妮的情感变化，因路易对他的顶撞而软硬兼施地惩罚她，但他有信心，相信路易会成为像他一样思考的人。而亨妮却从她掐住路易脖子时路易的眼神中，看出她们之间那份"扭曲的同情"，相信萨姆终将失望。这样，读者既可以听到三个角色的不同声音，也可以听到作者同人物平等对话的潜在的声音，因而使作品显现出多声部的特征。

《热爱》不是某一人物的完整意识，更不是作者的完整意识。人物会把他人的意识作为对象吸收进来，但"小说是几个意识相互作用而形成的总体，其中任何一个意识都不会完全变成他人意识的对象"①。路易最后向萨姆坦白自己下毒的事实，并试图让他看到，家庭的痛苦已逼迫她和她母亲以下毒和自愿服毒的方式来结束这种生命中不能承受之重。但萨姆认为自己受的苦比亨妮、比孩子们都多。他称亨妮的把戏为"眼泪的暴政"：

> 路路！……你哪里知道我得忍受一切。眼泪就像暴政一样统治着一切：一个人忍气吞声，另一个却大哭大闹，大喊大叫，人人都——甚至你，甚至你——也同情她。②

在这里，人物"表现出来的他人'真理'，必定又要被纳入到小说中所有其他主要主人公的对话式的视野之中"③。亨妮讽刺萨姆是"热爱孩子的男人"，"非要偌大一个世界的东西来自娱"④。在萨姆看来，亨妮每次的歇斯底里都是"眼泪的暴政"，路易惊人的谋杀坦白是他一生闻所未闻的谎言。路易试图让萨

---

① M. 巴赫金：《诗学与访谈》，白春仁等译，21 页，石家庄，河北教育出版社，1998。
② 克莉斯蒂娜·斯台德：《热爱孩子的男人》，欧阳昱译，523 页，北京，中国文学出版社，1999。
③ M. 巴赫金：《诗学与访谈》，白春仁等译，97 页，石家庄，河北教育出版社，1998。
④ 克莉斯蒂娜·斯台德：《热爱孩子的男人》，欧阳昱译，41 页，北京，中国文学出版社，1999。

姆看清事实：亨妮自愿服毒的原因以及大儿子厄尼那天用玩偶模拟自杀，因为家庭的痛苦已让家人无法负担。在证明一切都是徒劳之后，路易决定离家出走，"到全世界散步去"。这样，小说中，人物就有内心的自我对话，他们的意识与其他人物的意识同时空并存，交错形成对话。事实的真相便是在这样的互动中表现出来。

斯台德称她的小说为多角色小说（the Many – Charactered Novel），在《多角色小说的作用》（*Uses of the Many – Charactered Novel*）中，她说："采用这种形式写成的小说全是些片面的评判，大部分基调是讽刺的。在描写人与命运、人与自然的小说里，生活中无法解决的问题被归结为一两个简单的道德主张，并依据这些简单的道德主张最终得到解决。然而，在多角色小说中，读者很难判断角色的好坏，他们必须如从真实的生活当中寻找结论那样，从小说的众多观点中寻找自己的结论。"[①] 多角色小说拥有诸多平等的独立意识，才能为叙事展现更多的观察视点，并使众多视野形成对话，以还原事实的多重性和复杂性。

三、多重声音的艺术效果

在复调小说理论的照射下，小说《热爱》便展现出多重声音交织而成的魅力。在这部小说的世界里，"到处都有一些观念、思想和话语分属于几个互不相融合的声音，在每种声音中又都独有意蕴。作者创作的意向所在，完全不是这些思想本身，不是某种中态的和一成不变的思想。……恰好是通过多种不同的声音展现主题"[②]。斯台德淋漓尽致地表现出这种多声的艺术特色，使众多的命运和思想汇聚出对话，引发读者更多角度、更深层次、更具个性的思考和解读，这恰恰是斯台德小说在被埋没多年之后重新焕发出其艺术魅力的根本原因之一。由于《热爱》是由多重声音结构而成，思想通过多种声音的对话展现出来，而对话是

---

① R. G. Geering and Anita Segerberg. *Christina Stead*，*Selected Fiction and Nonfiction*，1994 [online] Available：http：//books. google. com. an/books/about/Christina – Stead – selected – fiction – and – non. htm? id = Qoy3EGUT$_s$x M$_c$（Apriles22，2010）

② M. 巴赫金：《诗学与访谈》，白春仁等译，369 页，石家庄，河北教育出版社，1998。

不会完结的，不能形成定论，这使小说具有未完成性。例如《热爱》的结局便是一种开放的未完成。亨妮的死，并没有使萨姆改变什么。他收养了妹妹邦妮的私生子，又将有一个孩子在他的控制下成长，他继续做孩子王，工作也有着落了。对萨姆而言一切仿佛回到最初，甚至更好了。萨姆拥有这样一个"完美"结局，是否意味着之前路易和亨妮对他的种种指控是有失偏颇的呢？而路易决定离家出走，她会不会也遇到像波拉特这样的家庭，她到"世界散步"的结果会如她所愿吗？一切不得而知。这又使得小说打破宏大叙事的神话，而呈现出后现代的意味。

此外，斯台德的"多重声音"的叙事效果还有另一更深层意义。琼·利道夫认为斯台德小说经常表现的道德主题是反对自我中心主义，她采用多重声音的形式是为了获得比自我中心主义者更广阔的视野，并以此来反对自我中心主义。① 但细读一下便会发现，斯台德不仅仅反对这种自我中心主义，更表达出了对父权制度下，男性的单一声音——话语霸权的强烈反对。法国女权主义者吕西·依利加雷（Luce Irigaray）认为："女人真实的他性被化简为同一中的他者的他性。女人既在话语中出现，也在话语中消失。女人作为同一中的他者角色出现在话语中，这是话语一致性的保证"② 。男性主宰着哲学、社会和话语，女性的言语只能是男性的反射，女性是永远的"他者"，而且是男性构建的"他者"。在依利加雷看来，父权社会是单一声音的社会，是在男性话语"同一"法则下运行的"同性恋"社会。女性的异质性被压迫，无法进行自我再现，女性的声音更是不被听见。斯台德在尊重人物独立意识的基础上让主要人物各发其声，使女性的声音上升到与男性声音平等的地位，并且在三个主要人物（萨姆、亨妮和路易）中两个是女性，这使得女性的声音更加强烈。所以在众多思想交火的地带，女性似乎拥有更多的火力。多重声音表达的不是一个思想或道德标准，而是呈现出众多思想的斗争。在一定程度上，对事实多重复杂性的尊重便是对女性

① Joan Lidoff. "Christina Stead." in Jean C. Stine, Daniel G, Matowski ed.. *Contemporary Literary Criticism* Vol. 32. Michigan: Gale Research Company, 1985. p. 416.

② 方亚中：《非一之性：依利加雷的性差异理论研究》，70页，北京，外语教学与研究出版社，2008。

的尊重，因为在男性单一话语主宰下的社会是稳定、牢固的，而这是以女性只能作为男性的反射物为前提。因为一旦女性彰显自身的特性，一切将被重新估价，包括哲学、道德、法律等等。

斯台德运用多重声音的艺术手法是尊重两性的差异，不将一切化简为男性的"同一"法则的体现。现实的复杂是不可化简的，女性更是不可化简的。小说所展现的多重声音的世界便是为了展现女性的不同声音，摒弃在父权社会下男性话语统治下的死气沉沉的"同一"社会，还原了一个多重声音汇聚的、喧嚣的但却是真实的世界。

（傅丽雅）

吉恩·瑞斯

（Jean Rhys，1890—1979）

【生平简介】

吉恩·瑞斯出生于 1894 年（更多情况下认为是 1890 年）。她的父亲瑞斯·威廉姆斯是一位威尔士医生，母亲艾拉·格温出生在多米尼加罗素岛，是第三代克里奥尔人。克里奥尔人的血统、少时在修道院接受的宗教教育以及从黑人侍者那里所体会到的最直观的黑人文化对瑞斯的生活和写作产生了巨大影响。1907 年，瑞斯离开罗素岛前往英国，同姨妈克莱瑞丝住在一起，后进入剑桥大学读书。随后，瑞斯跟随一支合唱队去一些小的城市旅行演出，并把旅途中的经

历写进了小说《黑暗之旅》中。为了维持生计，瑞斯还做过模特、拍过广告。瑞斯最富盛名的当属 1966 年出版的小说《藻海无边》。小说刚一出版，便广受称赞，获得了若干文学奖项。小说描述了夏洛蒂·勃朗特的著名小说《简·爱》中男主人公罗切斯特的早期生活与婚姻，以及《简·爱》中的疯女人安托瓦内特的身世。其故事精巧，语言简洁生动，是一部上乘的小说佳作。

（以上内容选自 Thomas F. Staley ed.. *Dictionary of Literary Biography*，Vol. 36. Michigan：Gale Research Company，1985. pp. 188—202.）

【主要作品】

《四重奏》（*Quartet*，1929）

《离开麦肯齐先生之后》（*After Leaving Mr. Mackenzie*，1931）

《暗夜航行》（*Voyage in the Dark*，1934）

《早安，午夜》（*Good Morning，Midnight*，1939）

《藻海无边》（*Wide Sargasso Sea*，1966）

【评论】

＊吉恩·瑞斯应该是有史以来最具自传色彩的小说家之一。小说中所描述的有关她生活的真实心理体验以及大量的事实铺垫——即使它进行了少许的改动——都很难让人不相信。[1]

＊瑞斯的作品将个人经历同情感和心理的洞察力相结合，探讨了两性关系的本质。她特别关注于复杂、聪慧和敏感的女性，她们是男性社会的附属品和受害者。[2]

＊《藻海无边》无论在时间还是背景上同瑞斯其他的小说都不同，但是在两性关系的探究上，它同早期的小说密不可分。在这部小说中，瑞斯对罗切斯特性格的塑造较她曾描绘的任何一个男性人物来说都是最为复杂和最具特色的。[3]

---

[1] Sharon R. Guntoll ed. . *Contemporary Literary Criticism*，Vol. 19，Michigan：Gale Research Company，1981. p. 391.

[2] Daniel G. . Marowski ＆ Roger Matuz ed. . *Contemporary Literary Criticism*，Vol. 51，Michigan：Gale Research Company，1989. p. 354.

[3] Thomas F. Staley ed. . *Dictionary of Literary Biography*，Vol. 36. Michigan：Gale Research Company，1985. p. 198.

梦幻人生　心灵之旅

——论《藻海无边》女主人公的自我追寻

从自我心理发展的视角阐释《藻海无边》女主人公追寻自我的心路历程和作家思想的关系，能够发现文本既折射出作家本人的矛盾思想又反映了拥有类似族群经验的复杂心理。据此，小说的终极关怀超越了个人与时代，这也是它成为新经典的深层原因。

生于加勒比海地区的吉恩·瑞斯（1890—1979）是享誉世界的 20 世纪英国女作家。1966 年，她推出力作《藻海无边》后立即轰动了当代英国文坛。凭借此书，她荣获当年英国皇家文学奖和其他奖项。这部作品用全新的叙事手法重述夏洛蒂·勃朗特的经典《简·爱》，赋予文中处于边缘地位的疯女人伯莎新的名字，让她发出声音，讲述自己的人生经历。在作者编织的复调叙事中，他者走进话语中心，复活了一段被人遗忘的历史，无情地颠覆了帝国叙事和殖民话语。近年来，国内外对瑞斯的作品，尤其是《藻海无边》的研究热闹非凡、佳作迭出。然而从现有的资料来看，在以往的研究中，国内外的专家、学者们侧重于对瑞斯作品的主题思想和写作风格进行挖掘与探讨。目前还没有从自我的心理发展视角阐释《藻海无边》女主人公追寻自我的心路历程和作家思想关系的文章。因此，笔者拟从该角度切入，试图结合相关理论，揭示小说丰富的思想内涵。

一、孤独的自我

　被视为浪漫主义之父的赫尔德认为："每个人都在寻找自己可以归属的群

体，试图归属于某个群体。一个人若从群体剥落出来，他就会感到孤独，找不到家了。"① 而《藻海无边》的女主人公安托瓦内特正是被剥离出群体的孤独之人。她原本属于白种克里奥尔人。然而，在特定的社会历史环境下，由于受到各阶层、族群的排斥，她找不到自我在社群中的归属，饱尝人间的世态炎凉，倍感孤独。

为了强化这种历史与环境所造成的人物对于孤独的体验，也试图实现其文本时间与《简·爱》的完美衔接，瑞斯将小说的故事时间设置在 1838 年之后。彼时，大英帝国在加勒比海地区的殖民地刚刚废除奴隶制。那是一段鲜为人知、几乎被人遗忘的历史记忆。当地的克里奥尔人作为曾经的奴隶主阶层，原有的地位不复存在，不可避免地受到黑人的仇视；又因历史原因，拥有纯正英国血统的殖民者也不认可他们。在此情况下，克里奥尔人的社会文化身份极为尴尬，他们被两个阶层所拒斥、仇视，相当孤立。

社会心理学家认为孤独产生的原因多而复杂，比如事业上的挫折、缺乏与异性的交往、失去父母的挚爱、夫妻感情不和、周围没有朋友等。② 女主人公安托瓦内特的父亲去世之后，家中鲜有来客。脆弱的母亲在一连串打击下，更无暇顾及她的存在，无法给她母爱和安全感。她感叹道："我父亲啊，马啊，睡个安稳觉啊——一切都是过去的事了。"③ 女孩因亲情的缺失感到孤独，甚至习惯了这种孤独的生活。在文本的第一部分，安托瓦内特的第一人称叙事一步步将读者引入她压抑的内心世界。瑞斯之所以采用这样的叙事策略，一方面是因为她有意要赋予《简·爱》中的疯女人发出声音的权利，彰显她的主体意识，让她讲述被主流话语吞没的个体经验，还原历史的真实；另一方面，这种内心独白式的自述也让读者窥见了她压抑的自我、内心的孤独和倾诉的欲求。由于深陷特定历史时期复杂的种族矛盾，唯一的黑人朋友蒂亚也仇视她、欺骗她，最后离开了她。内心的孤寂和对未来的恐惧伴随着她。代表白种克里奥尔人的女主人公既被血统纯

---

① 伯林：《浪漫主义的根源》，吕梁、洪丽娟、孙易译，64 页，南京，译林出版社，2008。

② 感觉自己孤独的时候怎么办 [EB/OL]. [2008 - 05 - 08] http：//wenwen. soso. com/z/q167547761. html

③ 吉恩·瑞斯：《藻海无边》，陈良廷、刘文澜译，2 页，上海，上海译文出版社，1995。

正的白人排挤，又受到解放了的黑人的仇视。她面对的是孤独与冷漠，甚至朋友的背叛。在极端压抑的情绪中，梦成为安托瓦内特释放压抑情绪的无意识手段。弗洛伊德认为："梦不是空穴来风，不是毫无意义的、荒谬的，也不是一部分意识昏睡而只有另一部分意识乍睡稍醒的产物。它完全是有意义的精神现象，即被压抑愿望的改头换面的满足。"① 文本中的第一个梦正是她压抑、孤独内心的反映。

为了寻求庇护，母亲改嫁了，而这却让童年的安托瓦内特有了更深的孤独感。她始终缺乏安全感，睡觉时甚至要依赖棍子保护。即便是婚后她还是难以排遣内心的孤独。由于浸淫于不同文化环境的丈夫并不理解她，她得不到心灵的抚慰。在文本的第二部分——罗切斯特的自述中，他承认安托瓦内特以及她所代表的殖民地文化对于自己是那么神秘，就像是一个谜。

实际上，瑞斯在文本中所表现的这种令人压抑的双重孤独感在某种程度上也是她个人生命体验的反映。安妮·比·辛普森在专著《吉恩·瑞斯》中提及："瑞斯1890 年生于多米尼加共和国的一个位于西印度群岛上的小岛上，在很多问题上她都有被边缘化的感觉……"② 接着，她还特别指出"瑞斯在自己家中感到特别孤独"③。在论及白日梦与文学的关系时，弗洛伊德肯定白日梦是文学原动力，他认为："某种对作家产生了强烈影响的实际经验唤起他对早先，通常是孩提时代经验的回忆，这回忆于是促发了一个在作品中得到满足的愿望，愿望中最近事件与旧时记忆的成分是清晰可辨的。"④ 对童年孤独感的创伤记忆长期潜藏在作家潜意识中，然而这种刻骨铭心的记忆一旦被唤醒，便激发作家在成年之后搭建起空中楼阁，以作品的形式延续童年的游戏，而作品也可以理解为童年被压抑情结的升华。正因如此，作家往往在创作时无意识地将孤独感投射到笔下的女主人公身上。对此弗洛伊德这样解释："梦是一种投射，是将一个内在的过程外显

---

① 陆扬：《精神分析文论》，22 页，济南，山东教育出版社，1998。

② Simpson A. B.. *Territories of the Psyche*：*The Fiction of Jean Rhys.* New York：Palgrave Macmillan, 2005. p. 2.

③ 同上。

④ 转引自陆扬：《精神分析文论》，85～86 页，济南，山东教育出版社，1998。

化。另一方面，投射还习惯于把内疚而烦恼的责任绕过自我，归因于其他因素，以保护自我免遭神经性和道德性焦虑的侵袭。"① 在此境遇下，孤独的女主人公渴望找到新的群体或阶层，有所归依。

二、迷失的自我

为了得到梦寐以求的英国白人身份，安托瓦内特出卖了灵魂，牺牲了纯真的爱情。虽然和具有共同文化背景的桑迪倾心相爱，但两人的结合却被重重障碍阻挠。而颇具讽刺意味的是：最大的障碍竟然源于她对于自我身份的复杂情感。因为，自从母亲改嫁后，女主人公有了新的身份：白人的身份。在继父的教诲下，她羞于承认桑迪是她的混血儿亲戚，再加上她对英国身份的向往，她割舍了这份纯真的爱情，选择了没有爱情基础的婚姻。

在安托瓦内特的潜意识中，与拥有纯正血统的英国人成婚，可以改变自己尴尬、低下的身份，寻找到自己的社会归属，不再孤独。因此，初识罗切斯特的女主人公一再向他询问英格兰的状况。在这种询问的背后是她对英国文化身份的向往与隔膜，也预示着她与罗切斯特之间横亘的不仅仅是无边的藻海、性别的差异，还有跨文化意识的差异。奴隶制解体后的她成为无所归依的他者，因此她梦想着通过合法婚姻在宗主国确立自己的身份，成为不被人歧视的纯正英国人。这便是她答应罗切斯特先生求婚的动机。

那么罗切斯特先生千里迢迢来到陌生的国度迎娶异国女子的动机何在？原来，根据当时的英国法律，作为家中小儿子的罗切斯特先生无权获得父亲的财产。因此，出于明确的经济目的，他在父亲的安排下来到英属殖民地向安托瓦内特求婚。出于不同的目的，他们成婚了。然而这桩动机不纯、危机四伏的婚姻不堪一击。由于一封诽谤信，罗切斯特就露出了丑恶嘴脸，执意将妻子抛弃了。然而在维多利亚女性价值观的熏陶下，怀揣对英国身份的憧憬，她选择了从一而终。因此，她没有听从黑人奶妈克里斯托芬的劝说和丈夫离婚，也没有答应与她

---

① 转引自陆扬：《精神分析文论》，82 页，济南，山东教育出版社，1998。

心心相印的桑迪一起私奔。而具有强烈的男权意识与殖民意识的罗切斯特，对妻子的身体具有强烈的占有欲。他虽然不爱妻子，却又不愿和她离婚，而是把她带回英国，囚禁在封闭的阁楼里。正是在如同牢狱般的阁楼里，她做了第二个梦。

荣格认为心理幻想很像梦境。① 而弗洛伊德关于梦是通往无意识的捷径的观点也得到了他的赞许与认同。犹如第二个梦预示的那样，女主人公明知危险重重，仍不愿自救和被救，而是迷失在让她趋于毁灭的婚姻里。她借酒消愁、沉湎醉乡，却难以排遣对丈夫的仇恨。她彻底迷失在婚姻、迷失在含混不清的自我中。颇具反讽意味的是：她渴望身份的纯正却换来了在英格兰的囚禁，当她试图跨越命运之际，却又成为命运的囚徒。罗切斯特成了西方殖民者的象征，他们掠夺一切，带给殖民地人民无尽的精神痛苦。

有学者指出："那株剧烈摇晃着想甩掉她的树，暗示了丈夫对妻子肉体和精神进行折磨的倾向；石墙围住的花园里一个陌生但充满爱欲的声音诱她走上楼梯……象征性地凸现了安托瓦内特现实的婚姻状况——她被丈夫的虚情假意所迷惑，把丈夫对她肉体的欲望错认为是爱而沉溺于其中不能自拔……"② 这段论述印证了她在婚姻中的迷失。反观作者本人，我们发现她的婚姻生活也极为不幸，三次婚姻都不美满。为了暂时忘记痛苦，和安托瓦内特相似，有段时间，她也常常借酒消愁，甚至到了酗酒的地步。这难道仅仅是一种巧合？事实上，这绝非偶然，确有一定的理论依据。根据弗洛伊德的观点，在现代作家自创的作品中，"自我是以出演旁观者的角色，来满足自己的"③。在某种意义上来说，安托瓦内特的这种状态正是瑞斯在特定时刻无意识中自我的化身。

三、回归的自我

饱受凌辱的边缘族群看清所谓强者之丑恶用心后，就会变得英勇无畏。在封

---

① 斯托尔：《荣格》，陈静等译，34 页，北京，中国社会科学出版社，1989。
② Jean Rhys. *Wide Sargasso Sea*. London：Penguin Books，1979. p.448.
③ 陆扬：《精神分析文论》，85 页，济南，山东教育出版社，1998。

闭的世界里，在日渐明晰的记忆中，安托瓦内特开始认识到母亲（殖民文化）的悲剧所在。她意识到：一味妥协、顺从强权的倾轧并非权宜之计。梦中的她在无意识中碰倒蜡烛，点燃了幽困她的牢笼。熊熊大火唤醒了意识沉睡的她，使她敢于正视、反省过去。那横亘在英格兰与她家乡之间茫茫大海里的藻类如同阻碍他们独立思考的精神枷锁，而挣脱这一切正是殖民地人民寻求自我、实现民族解放的开始。

在文本中，女主人公在最后一个也是最完整的梦中见到象征她镜中自我的儿时伙伴蒂亚向她挥手，她往池塘（镜子意义的延伸）里纵身一跳，暗示她终于勇敢地回归黑人社会。对于全文的结尾，有些争议。有些学者认为，这是个开放式的结尾：并没有明确点明女主人公是否真如梦中所示，在熊熊烈火中焚烧了象征着殖民权威的桑菲尔德庄园。但是企鹅出版社 1979 年的版本在封底的宣传广告中明确指出：安托瓦内特放火焚烧庄园后自杀。① 而笔者也赞同后者的观点，因为根据荣格的理论，梦还能指点迷津。在《荣格》一书中，斯托尔提到："荣格很早就强调幻想世界的积极作用和预示性质。"② 笔者认为正是梦中的火所具有的预示性质让她联想到了家乡那场焚毁英国殖民象征的火，指引着她烧毁具有同样象征意义的桑菲尔德庄园。也正是在烈火中，安托瓦内特挣脱了囚禁她的牢笼，在烈火中燃烧自我，获得重生。她在加勒比海地区的黑人文化中找到归属，找到自我，回归精神家园，抵达希望与光明的彼岸。这样的选择也呼应了看管、监视她的普尔太太对她坚强、叛逆性格的赞许。人无法选择生，却拥有选择死亡的权利。对于死亡的选择彰显了女主人公的精神觉醒以及她的自由意志。安托瓦内特的死正契合了哲学家尼采所提出的"成就之死"，即"一个人在通过自己的创造性活动赋予自己、人类和大地以新的意义之后死去"③。而安托瓦内特在文本中的死亡具有象征意味，也是她超越个人生存意义之举。她焚毁庄园之后的个体之死唤醒的是被压迫民族的觉醒，在此意义上，她的死具有创造性和启示作

---

① 许巍：《一曲悲壮凝重的悲歌》，载《杭州师范学院学报》，112 页，2002（2）。
② 斯托尔：《荣格》，陈静等译，35 页，北京，中国社会科学出版社，1989。
③ 段德智：《现代西方死亡哲学》，233 页，北京，北京大学出版社，2006。

用。武汉大学哲学教授段德智认为："从尼采的眼光来看，死的问题实质上是一个生的问题。因而，所谓'成就之死'实际上讲的就是'成就之生'，所谓'失败之死'，实际上讲的是'失败之生'。"① 在此意义上，安托瓦内特的死实际上是抗争精神的重生。然而，安托瓦内特的死亡意蕴并不止于此。从小就渴望成为黑肤色孩子的作者也借此表达了自我对黑人文化的认同、对构建自我文化身份的焦虑和渴望。因为，童年时代的瑞斯身处多元文化的裂缝，虽然生来金发碧眼，但受母亲影响，她并没有种族优越感；相反，她对黑人文化既羡慕又嫉妒。有一回，亲戚从英国寄来布娃娃，她渴望得到黑娃娃，可事与愿违，黑肤色的妹妹把洋娃娃给了她。伤心的她不禁怒火中烧，将娃娃撕成两半。随后却又潸然泪下。② 这样的情结还促使她在《藻海无边》中塑造了一位自立、自强、具有叛逆精神的黑人女性：克里斯托芬。在她的身上，我们看到了殖民地人民彻底摆脱殖民压迫的希望与亮色。

四、结语

在《藻海无边》中，流淌着英国人和克里奥尔人血液的吉恩·瑞斯创作时在女主人公身上投射着她本人的经历和对生活的理解。据此，在某种程度上，《藻海无边》女主人公的梦幻人生也折射出了吉恩·瑞斯的人生轨迹。她曾说："我不会虚构故事，我不会凭空捏造，我只是写出发生过的事情。我的小说不全是我的生活写照——但几乎大部分是。"③ 无怪乎，在1979年企鹅出版社发行的《藻海无边》的作者简介里有这样一句话："她20世纪50年代晚期开始写的《藻海无边》（1966）有许多的自传成分。"应该说，作为一位身份混杂的漂泊者，她时常有一种和小说主人公类似的无根之感，有大卫·普兰特在《吉恩·瑞斯回忆》中的描述为证：

---

① 段德智：《现代西方死亡哲学》，233页，北京，北京大学出版社，2006。

② Simpson A. B. . *Territories of the Psyche：The Fiction of Jean Rhys*. New York：Palgrave Macmillan，2005. p. 2.

③ C. A. Howells. *Jean Rhys*. New York：Harvester Wheatsheaf，1991. p. 56.

采访者问："你认为你自己是西印度群岛人吗？"

她（瑞斯）耸耸肩，说："我很久以前就离开那儿了。"

采访者问："那么，你认为自己是西印度群岛的作家吗？"

她再次耸耸肩，一言不发。

采访者又问："你是英国作家吗？"

"不，我不是，我不是！我甚至不是英国作家。"

"你是法国作家吗？"我问。

她又耸耸肩，随后一言不发。

"你就不想回多米尼加看看？"

"有时想。"①

从以上精练的对话中，我们不难洞悉瑞斯矛盾的内心和难以明晰表述的自我身份焦虑。她呕心沥血，耗费了近 30 年时光才完成了《藻海无边》的创作。如今，这本被视为《简·爱》前传的奇书在西方也和当年惊世骇俗的《简·爱》一样家喻户晓。在文本中，作者正是通过对女主人公自我追寻的表现，无意识地表达了她本人追寻自我身份的欲望，从而折射出她对自我身份定位的矛盾心理。然而，这种心理不仅仅是她个人的，也是具有类似遭遇的族群所共有的。由此，强权之下边缘族群的失语之痛楚、生存之苦涩、抗争之必需也就具有普遍的意义，小说的艺术价值和伦理关怀也就超越了个人与时代。这也是《藻海无边》具有丰富阐释空间，成为超越时空新经典，并与《简·爱》遥相呼应、互为参照的深层原因。

（原文刊登于《菏泽学院学报》2011 年第 3 期，第 29～32 页）

（唐　炯）

---

① Jean Rhys. *Wide Sargasso Sea*. London：Penguin Books, 1979. p. 3.

艾丽丝·默多克

（Iris Murdoch，1919—1999）

【生平简介】

艾丽丝·默多克出生于爱尔兰的都柏林，但幼年时就移居英国，居住在伦敦郊区。她曾就读于伦敦的福禄贝尔教育学院，13 岁入读位于布里斯托尔的著名的巴德明顿女子学校。默多克在校成绩优异，并很快就开始为校刊撰稿，1933 年发表的文章成为她最早面世的创作。1938 年，她凭借出色的表现升入牛津大学萨默维尔学院。在大学，默多克的学业成绩依然十分突出，1942 年获荣誉学位顺利毕业。此后她先后在财政部门和联合国救济善后总署任公职，战争结束后她来到比利时和奥地利，为当地难民营服务。在此过程中，她结识了后来对她写作影响很大的让·保罗·萨特（Jean – Paul Sartre）和雷蒙·格诺（Raymond Queneau）。1947 年，她获得奖学金来到剑桥大学纽黑文学院进修哲学，一年后在牛津大学圣安妮学院获得哲学讲师的教职，同时也在伦敦的皇家艺术学院做兼职哲学教师，60 年代起开始专职作家的生涯。

（以上内容选自 Jay L. Halio ed.. *Dictionary of Literary Biography* Vol. 14. Michigan：Gale Research Company，1983. pp. 546 – 549.）

【主要作品】

《在网下》（*Under the Net*，1954）

《沙堡》（*The Sandcastle*，1957）

《黑王子》（*The Black Prince*，1973）

《大海，大海》（*The Sea，The Sea*，1978）

【评论】

*默多克不仅是柏拉图和存在主义哲学专业领域的学者，还是一位著名而多产的小说家。她十分善于利用复杂发展的情节和机智幽默的观察来表现英国受过良好教育的中上层社会人物的情感、精神和追求。尼古拉斯·斯伯斯说："如同亨利·詹姆斯，艾丽丝·默多克的风格是高深的，因为她所写的都是一些崇高的事物，比如道德的本质，存在的缘由，我们应该如何生活、爱以及死去。"①

*因此很明确地，默多克写小说并不是为了提出一个问题，或解释一种哲学，或描述一个社会，也不是打造英国小说的未来，虽然那些复杂的情节，特别的幽默以及对于读者模糊的立场的确为年青一代的小说家开辟了可以探索的创作之路。其实，她写作的目的是为了解决小说的困境……尽管她写作的主题通常是爱，但是她真正关心的问题是艺术……②

*（默多克的）小说有丰富的细节描写，这些细节并不是仅仅为了现实主义的需要而特意选择的……（她的）小说丰富的细节是作为典故来使用，她的每一部小说中的背景均来自早期的文学经典、神话、传记等等。她的小说很少是早期小说的纵向延伸，所以它们更接近于艾略特的《荒原》而非乔伊斯的《尤利西斯》。③

① Daniel G. Marowski. Roger Matuz ed.. *Contemporary Literature Criticism* Vol. 51. Michigan：Gale Research Company，1989. p. 286.

② Jay L. Halio. *Dictionary of Literary Biography* Vol. 14. Michigan：Gale Research Company，1983. p. 560.

③ Howard German. "Allusions in the Early Novels of Iris Murdoch." in Sharon R. Gunton, Laurie Lanzen Harris, ed.. *Contemporary Literature Criticism* Vol. 15. Michigan：Gale Research Company，1980. p. 383.

超越存在主义

——论《黑王子》的叙事艺术

　　默多克文学家和哲学家的双重身份使得国内外评论界大都将她的文学创作看成是她的哲学思想的实践，认为其受存在主义思潮的影响，作品大都体现"自我与他人对立"这一主题，并倡导"去自我性"和"关注他人"。但本文拟从现实主义爱情故事的虚构性、后现代叙事艺术的真实性及现实主义与后现代主义叙事手法的融合三方面阐述默多克在《黑王子》中是怎样从文本层面上走出了存在主义哲学的困境，将自我融入他人的视角中，达到爱与艺术的统一。

　　艾丽丝·默多克（Iris Murdoch，1919—1999）是英国当代最有影响的女作家之一，从1953年至1997年，发表了小说、剧本、诗集和哲学及批评著作近40部。可以系统反映默多克哲学思想的著作主要有两部：一部是《萨特，一个浪漫的理性主义者》（*Sartre，Romantic Rationalist*，1953），体现了存在主义的哲学思想；另一部《火与太阳》（*The Fire and the Sun：Why Plato Banished the Artists*，1977）则有关于柏拉图的哲学观，将艺术和爱情相提并论，因而爱与艺术、自我与他人的关系自然成为默多克小说探讨的主题。哲学家兼文学家的双重身份使得评论界将她的文学作品看成是其哲学思想的演绎。默多克的小说与存在主义理论所面对和研究的是同一个时代，在她的作品中，人与外在环境的敌对情绪成为一个较为突出的主题，作品中的人物都在努力摆脱来自外部的操纵力，而这股势力却像魔法一般缠住他们，难以挣脱，就像《黑王子》中的主人公布拉德利深陷困境试图用自我意志来控制现实。然而，这部小说并未局限于此，"《黑王子》是默多克以小说形式发表的宣言，在小说中她注入了对艺术本身及艺术和人类行为、人类发展的关系的深刻思考"①。这并非"去自我性"和"关注他人"的道德说教，而是以融统一性和开放性于一体的叙事手法巧妙地揭示出爱与艺术、自我与他人关系的真实内涵，从而在文本层面打破了存在主义的僵局。

一、现实主义爱情故事的虚构性

小说的主体部分"布拉德利·皮尔逊的故事——爱的庆典"以主人公布拉德利第一人称现实主义叙事的手法塑造了各式各样的人物，并构建了人物间的简单认同以推动情节发展。然而身兼主人公和叙述者的布拉德利不断对已述事实进行错误的价值判断，使故事层和话语层发生断裂，最终导致了开篇和结局的讽刺对照，从而从根本上解构了这个爱情故事的真实性。

小说题名"黑王子"的英文首字母与主人公布拉德利·皮尔逊姓名的英文首字母一致，构成了二者能指的相似性，而"黑王子"的所指恰好与哈姆雷特身着黑装的王子身份相符，于是"黑王子"一词的能指与所指在这里交汇，形成了布拉德利与哈姆雷特的模糊认同。但随着叙述的展开，我们逐渐发现二者表层认同下的深层矛盾。《哈姆雷特》是莎士比亚最受推崇的作品，在文中是以主人公布拉德利与朱莉安讨论的形式出现的，因而有了重新被解释的可能性。正如故事的副标题"爱的庆典"所提示的那样，布拉德利视《哈姆雷特》为"一封情书"（219）②。根据布拉德利恋母情结的理论，剧中人物错综复杂的关系正好与他的现实处境相吻合，哈姆雷特、克劳狄斯、格特鲁德、奥菲莉亚分别对应布拉德利、阿诺尔德、蕾切尔和朱莉安。然而布拉德利真的是哈姆雷特么？哈姆雷特给世人留下最深刻印象的是他复仇时犹豫不决的独白，他悲叹着自己的命运，更是对遭受不幸的劳苦大众给予了深切的同情。而布拉德利为了和朱莉安在一起，弃急需照顾的妹妹普丽西娜于不顾，甚至隐瞒其死讯与朱莉安做爱，用

---

① Elizabeth Dipple. *Iris Murdoch*：*Works for the Spirit*. London：Methuen & Co. Ltd，1982. p. 116.

② 艾丽丝·默多克：《黑王子》，萧安溥、李郊译，南京，译林出版社，2008 年。后文出自同一引文，将随文标出出处页码，不再另行作注。

"对于普丽西娜我再做什么也于事无补"（355）的想法来敷衍自己的良心，还暗自盘算"如何才能永远拥有朱莉安"（355）。布拉德利将爱情进行到底的坚决与哈姆雷特复仇时的犹豫形成了鲜明对照，其爱的自私程度不言而喻。但叙述者布拉德利一开始就将爱与"善"（229）相联系，在事情败露之后，更是将其升华至艺术的高度，认为这"关系到奉献和苦难，是另一类（他）必须以绝对忠诚的态度来对待的东西"（371）。不难看出，在主人公兼叙述者的现实主义叙事里，主人公与叙述者自然联手共谋着代表自我意志的爱情故事。

就像布拉德利在故事开始点评的那样，"这个故事的要点就是我与阿诺尔德的关系以及这关系如何走向惊人的顶点"（23）。布拉德利声称自己是阿诺尔德的"发现者和保护人"（24），然而这对精神父子的认同关系并不牢靠，时常要经历斗争的危险。这种斗争开始于两人对艺术的不同观点，布拉德利指责阿诺尔德的作品是"闲聊加幻想"（46），同时也被对方嘲讽为"憋着一肚子的怨气在虚幻的完美理想之中讨生活"（184）。后来两人在艺术领域的竞争逐渐转化为对身边女性占有势力的比拼。布拉德利先后占有了阿诺尔德的妻子蕾切尔和女儿朱莉安，阿诺尔德则与布拉德利的前妻克里斯蒂安关系暧昧。布拉德利与蕾切尔私通源自"让阿诺尔德丢脸的想法，特别是将他置于秘密之外的想法"（198）。在阿诺尔德意欲摧毁朱莉安对布拉德利的爱恋而将全部实情和盘托出致使朱莉安不辞而别后，布拉德利"感到强烈的愤怒，这是一种妒忌，一种可鄙的情感。至少他是朱莉安的父亲，同朱莉安之间存在一种不可摧毁的联系"（382）。在这里，作为文本最小单位的书信发挥了至关重要的作用，正如布拉德利所言，"一封信是对付世界的一道屏障、一种缓冲、一个符咒、一种可靠而有效的远距离操作方法"（60），从布拉德利写信给阿诺尔德试图防止他和克里斯蒂安搭上关系，到阿诺尔德发现朱莉安和布拉德利恋爱后警告他"不要妄想可以给她写信，她将受到全方位的保护"（309），再到朱莉安在阿诺尔德的监视下写信给布拉德利："我想我从未对你说清楚我多爱我的爸爸（或许他便是我生命中的那个男人）。"（405）无不显示着"文字交流的魔力"（387），而这种力量自然成了两位艺术家争夺身边女性的最佳武器。由此，我们看到了打着艺术幌子的性别政治，如同蕾切尔所言"没有一个男人瞧得起女人"（192），女人就像是男人间互相攀比的私有财产。在这错综复杂的情爱纠葛里，真正的戏剧是在布拉德利和阿诺尔德之间演出的，女人"不过是附带的话题"（192）。

于是艺术沦为男性意志的合法声明和有力武器，与叙述者"艺术就是道出真理"（81）的观点大相径庭，而开篇和结局的讽刺对照则彻底粉碎了爱和艺术的美丽光环。故事以爱情暴力开局，又以爱情暴力结局，相同的人物却扮演了不同的角色。蕾切尔由受害者变为施暴者，阿诺尔德和布拉德利分别由施暴者和旁观者沦为牺牲品。根据阿诺尔德的说法，开局的场面源自"那场有关（他）写的一本书的极其无聊的争论"（31），具有强烈女性意识的蕾切尔讨厌自己被写进丈夫的书中。由此可见，艺术已成为男女双方控制与反控制的战场，而从事后阿诺尔德的得意与布拉德利"邪恶十足的兴奋"（49）来看，男性无疑有着天生的优越感。推动结局走向骇人的杀人案的是一封阿诺尔德写给布拉德利的信。在信中阿诺尔德向布拉德利透露了自己对与蕾切尔婚姻的厌倦及追求克里斯蒂安的决心，并请求布拉德利"放开一个，并且去安慰另一个"（277）。这是两个男人从敌对走向联盟的信号，正如信中所说"（他们）是有点敌意的朋友，而不是有点交情的敌人"（277），而女人只不过是供他们踢来踢去的皮球。当蕾切尔不无讥讽地嘲笑痛失朱莉安的布拉德利时，布拉德利拿出了这封信，而当蕾切尔痛斥他"你干吗把它当作打击我的武器，……因为你认为我抛弃了你"（397～398）时，布拉德利冷冷地回答："我根本没有想到过你！"（398）蕾切尔这才明白自己已经成为被两个男人背叛并抛弃的可怜的女人。她的尖叫"像火焰一般在光线渐暗的房间里腾起"，"像头受惊的野兽"（398）夺门而出。此时她流露出的不仅是伤心绝望，更是满腔怒火。最终蕾切尔用火钳结束了阿诺尔德的生命并嫁祸布拉德利，"巧妙地报复了她生命中的两个男人"（420），颠覆了传统的性别政治。从文本表层水乳交融的爱和艺术中，我们看到的是残酷暴力的性别政治，而单一的现实主义叙事显然无法解决这一矛盾并将其完整地表现出来。

二、后现代主义叙事艺术的真实性

同样围绕着爱和艺术的主题，默多克采用了后现代主义的叙事方法，即元小说的创作手法。帕特里夏·沃认为"元小说式的写作展示小说创作的常规，清晰地呈现创作行为状况，从而探求生活与虚构之间的关系"①。在布拉德利的故事正文外，默多克让一位名叫"罗克西尔斯"的编辑写了一个"前言"和"后记"，让叙述者布拉德利也写了一个"前言"和"后记"，并让四个剧中人物各写了一个"后记"，于是文本便成了故事和评论的混合体，更加突出了小说创作的虚构特征。然而通过人物、读者、作者三位一体的"复调"叙述，文本的多样性及虚构作者与隐含作者的比较分析，我们领略到元小说这一后现代叙事艺术的开放性和包容性，及其所构筑的真实世界。

故事中的四个人物在他们写的后记中纷纷质疑了布拉德利的故事。但他们并不互相认同，由布拉德利笔下的人物到故事外的读者，最后成为自己的作者，个人的声音越来越强，从而构成了丰富多彩的"复调"叙述。"复调"叙述是巴赫金借用了音乐学中的术语"复调"来说明这种小说创作中的"多声部"现象，"众多的地位平等的意识连同它们各自的世界，结合在某个统一的事件之中，而互相间不发生融合"②。作为布拉德利曾经的女性伴侣，克里斯蒂安、蕾切尔和朱莉安都竭力反驳布拉德利在故事中的描述：克里斯蒂安不但否认自己"如何支配他，如何获取他的欢心"（432），而且认为"整个故事旨在掩饰布拉德利对（她）的爱恋"（433）；蕾切尔则断言布拉德利"把他与（她）家的关系中的一切都颠倒了"（444），嘲讽他"期望与（她）做爱的幻想"，并认为"他这种不幸的爱情也解释了他虚构与（她）女儿的感情故事的原因"（446）；朱莉安则表示故事中的她"不是一个令人信服的人物"（449），并"大体赞同（她）母亲的话"（457）。从表面上看，这些"复调"叙述似乎是布拉德利爱情故事里性别斗争的延续，但其内在共性，即三位女性都竭力否认自己的爱而相信布拉德利的爱，正是对布拉德利爱情故事的有力证明。而作为后记作者中唯一的男性，弗朗西斯尤为值得我们关注。在故事中，他是个可怜的失败者、同性恋，是个可以让

---

① Patricia Waugh. *Metafiction：The Theory and Practice of Self - conscious Fiction.* New York：Methuen，1984. p. 46.

② 朱立元：《当代西方文艺理论（第二版）》，261 页，上海，华东师范大学出版社，2005。

人随意使唤的小人物，时常在布拉德利身边扮演传统女性的角色，如为他打理家务、照顾妹妹等，从而模糊了文本人物的性别界限。而作为后记作者的弗朗西斯则用他所谓的"科学"分析出了布拉德利对他"那种掩饰不当的爱"（440），这样就扩大了文本爱情的性别范畴，这里的爱似乎已不再局限于男女之间而成为每个人的内心渴望。于是这四个人物所组成的"复调"叙述解构了第一人称男性视角下的性别政治，建构了这个"关于爱的故事"（1）本身的真实性。

面对文本内部多个文本并置的不确定性，我们不禁要问：这充满后现代色彩的文本意义何在呢？在此，有必要先弄清虚构作者与隐含作者的概念。虚构作者是默多克这部元小说作品的一大特色，她不仅虚构了正文故事"爱的庆典"的作者和编辑，还虚构了四个后记作者，他们都成为了文本内第一人称叙述者。而隐含作者则兼具文本性和主体性，既是"以文本为基础的建构物"①，又是"真实作者的第二自我"②，所以我们应该在虚构作者和真实作者之间寻找隐含作者的声音，从而解开文本内多个文本并置不悖之谜。在虚构作者布拉德利试图用艺术来美化爱情的不可靠叙述中，我们体会到了"隐含作者如何跟与其对应的隐含读者进行秘密交流，从而产生反讽叙述者的效果"③。而在正式以作者身份出现的前言和后记中，布拉德利努力用艺术家的眼光看待自己的作品，隐含作者的声音就更加明显了。在前言中他这样写道："真正的政治不外乎是为自由流干的眼泪和无休无止的斗争。没有自由，就没有艺术，也就没有真理。"（11）这里的"艺术"不再是唯美的光环，而是将政治、自由和真理联系起来最终指向真实的创作活动。由此可见，当布拉德利渴望艺术的境界时是能够看到自己作品的局限性的，正如他在后记中评论的那样："大多数艺术家之所以仅仅是自己小天地里的二流诗人，因为他们只有一种嗓音，只能唱一种歌。"（418）这无疑是对隐含作者所采用的"复调"叙述的明确肯定。

在编辑后记中，布拉德利及罗克西尔斯都被认为是"子虚乌有，是某个名

---

①　申丹：《叙事、文体与潜文本——重读英美经典短篇小说》，39 页，北京，北京大学出版社，2009。

②　同上，59 页。

③　同上，52 页。

不见经传的作家的虚构"（457）。在此，真实作者默多克不仅嘲弄了自己笔下的虚构作者，也将自己作为作者的权威地位降到最低。在她看来，"一部小说就像一座房子，可供角色自由地生活。它应当尊重现实和它的各种偶合性方式，并与完美的形式结合起来，这才是最高层次的散文艺术"①。默多克认为莎士比亚是创作了这种"最高层次的散文艺术"的典范，"也许只有莎士比亚才能成功地在最高层次上创造形象和人物"②。然而与莎士比亚魔幻般的现实主义手法不同，默多克采用虚构人物作者创作多个文本的后现代叙事艺术，使得人物的真实性在文本的多样性中得到体现，从而建构了一种充满自由人物独立力量的开放式结构。于是在这充满不确定性的后现代主义文本里，我们看到了艺术对现实生活的明确指向。

三、现实主义与后现代主义叙事手法的融合

具有"极端形式主义"小说家之称的 B. S. 约翰逊曾经公开声称："生活中没有故事。生活混乱无序、变化无常，选择才能从生活中榨取一个故事。这无疑是谎言，讲故事其实是说谎。"③ 在他看来，小说是作家凭借自己的想象虚构而成的作品，它无法真实反映生活。"你怎么能通过虚构的小说来传达真实呢？'真实'和'虚构'这两个术语是对立的，这显然不符合逻辑"④。但默多克创造性地解决了这一矛盾，她将布拉德利"爱的庆典"的虚构文本置于其他五位虚构作者的文本中，体现出一种独特的"棱镜效果"，使六面镜子共同折射出一个真实的主题，成为爱与艺术、自我与他人形而上学的相会之处。"爱是对个体的感知，爱是极其艰难地认识到自我以外的东西的存在……爱是对真实的发现，

---

① Iris Murdoch. "The Sublime and the Beautiful Revisited." in Peter J. Conradi ed.. *Existentialists and Mystics*. London：Chatto & Windus，1995. pp. 285 – 286.

② Iris Murdoch. "Against Dryness A Polemical Sketch." Malcolm Bradbury ed.. *The Novel Today*. London：Chatto & Windus，1995. p. 31.

③ 李维屏：《英国小说艺术史》，326 页，上海，上海外语教育出版社，2003。

④ 同上。

艺术和道德也是这样"①。对艺术家来说，最难的事就是认清并表现出人们彼此不同的本质。对"个体真正的理解"要求"思想的统一性"与"思想的独特性"相结合，前者让"零碎的生活"接受"艺术化的形式"，后者"抵制整理和分类，区别对待各类现象"②。小说中现实主义和后现代主义叙事手法的融合促成了文本间的互动，"最好也最令人尴尬地象征了艺术和生活的杂乱之间的密切关系"③，消除了自我和他人的隔阂，从而展示了完整的人性。

布拉德利视爱为艺术的源泉，却迷失在自我的爱里。故事所采用的现实主义叙事手法在有效塑造人物、推动情节发展的同时也沦为主人公自我的工具，将其他人物笼统化、概念化。"一小套概念就足以成为导致破坏的最有效工具"，因为它"不停地编织一个焦虑的、自我的，通常也是虚假的面罩，部分地遮掩了这个世界"④。起初布拉德利将蕾切尔和普丽西娜一同归为遭人抛弃的可怜的中年妇女的类型，但蕾切尔的杀夫嫁祸使他恍然大悟："地狱之火不如被轻视的女人心中的怒火……她一定是因为爱之切，才会恨之深。"（420）爱不是个体的行为，而是人际交往最深入的活动，对每个人都会产生重大的影响。对他所塑造的普丽西娜的形象，布拉德利也深感遗憾："想到我的妹妹，我就觉得可怜、烦恼、内疚、厌恶，而正是出于这一系列情感，我才根据我当时的感觉写了她，因而也诋毁和贬低了她。"（82）这是艺术家主观意志所导致的艺术缺陷。布拉德利的爱和艺术由于无法挣脱自我的束缚而同时走向失败。从文本层面看，这是为达到思想统一的现实主义叙事的局限性。然而小说整体上却采用了开放的现实主义手法，使布拉德利的故事与其他文本互为参照，在表现思想统一性和独特性的同时向我们展示了爱与艺术的真实存在。在四个人物作为作者的后记中，我们看到了布拉德利故事的不同版本，听到了同样自我的爱的声音。当这些爱与布拉德利的爱汇聚一起时，便成就了爱的真实。这些后记作者们也从各自的现实角度出

---

① Iris Murdoch. "*The Sublime and the Good.*" Chicago Review, 1959 (13). p. 51.

② Iris Murdoch. "*Metaphysics as a Guide to Morals.*" London：Chatto & Windus, 1992. p. 93.

③ Loma Sage. *Women in the House of Fiction.* London：the Macmillan Press, 1992. p. 28.

④ Iris Murdoch. *The Sovereignty of Good.* London：Routledage & Kegan Paul, 1970. p. 84.

发探讨了艺术的本质。克里斯蒂安借后记宣传她的时装店，认为"没有艺术我们也可以生活"（434）；弗朗西斯鼓吹他的科学理论，断言艺术是耍花招，"难逃出科学之眼"（438）；朱莉安则将艺术神圣化："艺术不是科学，不是情爱，不是权力，也不是实用之物。"（450）以此来抬高自己的诗人地位。而作为故事的局外人和故事不同版本的评论者，编辑罗克西尔斯则作出如下总结："艺术只讲述那些与人类相关的真理。"（457）这就使得艺术包罗万象，最终体现了更紧密的人际交流。

布拉德利的故事始于他避世创作的冲动，可他一再推迟动身最终卷入纷繁复杂的情爱纠葛说明他潜意识里是渴望与人交流的。爱是人际交流最密切的方式，是认识自我和他人最有效的途径。四个后记作者与布拉德利都有着某种爱恋关系，对他有着各自不同的看法，而且与布拉德利的自我认识也不尽相同。布拉德利曾用"变老的唐璜"（8）和"清教徒"（11）来形容自己，这是一个道德至上的勇士形象。但在前妻克里斯蒂安眼中，布拉德利"从来都不能理解女人"（432），与其说他严格自律，不如说他不解风情。随从弗朗西斯认为布拉德利为了满足恋母情结的需要，将自己描述成"清教徒、苦行者和瘦高男人的形象，一座人类中的邮政大厦，高耸、挺拔"（436），进而"把自己看成'想象中的唐璜'"（436），清教徒的道德内涵消失了，却成了男性耀武扬威的代名词。情人蕾切尔则宣称布拉德利"描绘的自身整体形象再虚假不过了。……他呆板、懦弱、胆小、害羞，同时却又十分爱出风头"（443），完全是一个无勇无趣且扭捏作态的伪君子。最令人意想不到的是布拉德利在后记中对自我的重新审视："一个并非完美且心怀怨恨的懦夫。"（421）于是布拉德利个人的多面性在文本的互动中展现出来，而这种多面性是在自我和他人的互相观照中逐渐形成的。

在布拉德利爱情故事的第一站，蕾切尔就一针见血地说他"太胆小，太克制，完全把自己束缚起来了"（167）。虽然他们的关系没有进展，但他从中学到的勇气使他能够不顾阿诺尔德和蕾切尔的强烈反对与朱莉安私奔，甚至面对深夜带着扳手闯入他们爱巢的阿诺尔德也毫不退让。布拉德利表面上是个"痛恨暴力"（247）的儒雅之士，然而普丽西娜对罗杰因爱生恨的比喻"我恨不得能用一根——烫红的编织针——刺进他的肝脏……"（244）诱发了他的暴力倾向。

当他对朱莉安交了新男友的说法信以为真时，那痛苦"就像一只烧红的织衣针刺在了（他）的肝脏上"（269），随后他发出了这样的感叹："我这是从哪里学到了如此骇人的比喻？"（269）语言的暴力必然导致行为的暴力，伴随着失去朱莉安的痛苦，他疯狂地撕毁阿诺尔德的全部著作以释放对其作者的极度怨恨。通过爱——这一人际交往最深入的活动，布拉德利体验了矛盾、复杂的自我。

萨特（Jean‒Paul Sartre）在《存在与虚无》（*Being and Nothingness*）中将自在的东西作为"自为"地存在的人的对立面。这种存在主义理论认为"自我"以外的世界与"自我"是敌对的，它成为"自我"进行自由选择时的"限制"和"阻力"，因此每个人都是孤单的，并因周围一切的陌生和危险而感到恐惧。这是战后欧洲极为盛行的一种社会思潮，并成为 20 世纪五六十年代许多文学作品所表现的主题，也是默多克小说所反映的思想内容之一。布拉德利在故事中这样说道："在这个星球上，人们相互恐吓，相互折磨，在整个一生中都由于恐惧而不断撒谎。这就是我们生活在其中的世界。"（380～381）这无疑是现实主义文学对存在主义哲学的诠释。但小说并未局限于此，现实主义与后现代主义叙事手法的融合将布拉德利的故事置于多个文本中，在爱与艺术的统一里实现了自我与他人的互相观照。"就这样，朋友与朋友，精神与精神，最终实现了交流与沟通"（428），自我和他人的特殊性互相渗透，成就了你中有我、我中有你的完整性，从而走出了存在主义哲学的困境。

结　　语

小说《黑王子》的虚构作者布拉德利运用现实主义手法叙述了一个以自我为中心的爱情故事，利用与人物的简单认同将他人纳入自己的意志范畴，又以艺术为幌子加以美化。这里的艺术指的是避世创作，这里的爱情充满了斗争，二者都体现了自我与他人对立的存在主义哲学。真实作者默多克以布拉德利的故事为中心，安排了五个不同的文本，在同样自我的"复调"叙述中展示了爱和艺术的真实性。而现实主义与后现代主义叙事手法的融合最终将爱和艺术统一起来，实现了自我和他人由对立走向对话的重大转变。布拉德利终于认识到："人类的爱是通向知识宝库的大门，通过朱莉安开启的这扇门，我进入了另一个世界。"（427）这里的"爱"是自我和他人互为彼此的活动，这里的"另一个世界"是将自我融于他人视角的真实世界。个人的属性不是固定的，而是会随着与他人的交往发生改变，动态的叙事艺术则完美地表现了这一点。小说在文本层面演绎并超越了存在主义的哲学命题，为文学突破哲学的禁锢作出了有益的尝试。

（陈　研）

穆丽尔·斯帕克

（Muriel Spark，1918—2006）

【生平简介】

穆丽尔·斯帕克1918年出生于苏格兰的爱丁堡。1936年她离开苏格兰前往非洲生活直至二战爆发。战争结束后，她成为一名自由撰稿人，曾为一家珠宝贸易杂志撰稿。同时，她也常有诗作发表，后成为杂志《诗歌评论》（*Poetry Review*）的编辑。她也曾创办过自己的杂志，还曾以非洲生活经历为题材，创作了一些短篇小说。斯帕克的父亲是犹太人，母亲是英国基督教长老会会员。而她本人在1954年正式加入罗马教会，成为天主教的笃信者。1957年，在麦克米兰图

书公司和格雷厄姆·格林的支持下，她的第一部小说《安慰者》（*The Comforters*）问世，开始了小说创作生涯。1961年，《简·布罗迪小姐的青春》问世，成为斯帕克最为脍炙人口的作品。在这部小说中，她将复杂的叙事技巧同校园题材相结合，并首次将自己的家乡——苏格兰的爱丁堡作为故事的背景。通过独特的语言风格和叙事技巧，斯帕克成功地塑造了布罗迪小姐和桑迪两位深入人心的人物形象，为她赢得了极高的声誉。

（以上内容选自 Barbara Harte & Carolyn Riley ed.. *Contemporary Author*, Vol. 5－8. Michigan：Gale Research Company，1969. p. 1083；Bernard Olysey. *British Novelists*, Vol. 15. Michigan：Gale Research Company，1983. pp. 491－496.）

【主要作品】

《安慰者》（*The Comforters*，1957）

《简·布罗迪小姐的青春》（*The Prime of Miss Jean Brodie*，1962）

《曼德鲍姆门》（*The Mandlebaum Gate*，1965）

《公众形象》（*The Public Image*，1968）

《领土权》（*Territorial Rights*，1979）

【评论】

＊斯帕克擅长通过机智、简洁的文笔颇具技巧地展开复杂的情节。她的作品常常聚焦于一小群个性鲜明的人物，他们的生活深受彼此观念的影响。[①]

＊穆丽尔·斯帕克 1954 年皈依了天主教，她的小说无一不同信仰和道德有关。从这个意义上说，她的小说都是"宗教的"。但同"天主教作家"格雷厄姆·格林不同，她的风格是喜剧式的——一种无情的、刺痛的喜剧。它剥落了人类虚伪的外衣，露出荒谬——时常是邪恶的本质。[②]

＊在这部小说《安慰者》中，斯帕克使用了一些在她后来小说中时常使用的写作技巧，包括研究艺术创作的过程，创作奇异古怪的角色以及将超自然的元素引入现实主义背景。[③]

[①] Daniel G.，Marowski ed.. *Contemporary Literary Criticism*，Vol. 40，Michigan：Gale Research Company，1986. p. 392.

[②] Gail Kessler Kmetz. "Come Let Us Mock at the Great." in Derida Bryfonski, Phyllis Carmel Mendelson ed.. *Contemporary Literary Criticism*，Vol. 40，Michigan：Gale Research Company，1986. p. 493.

[③] Daniel G.，Marowski ed.. *Contemporary Literary Criticism*，Vol. 40，Michigan：Gale Research Company，1986. p. 392.

宗教信仰与叙事策略的完美结合

——论《安慰者》的叙事特色

　　天主教是斯帕克观察世界的出发点、人生的指南针，斯帕克的宗教信仰与她的小说创作之间存在密切关系。斯帕克创作她的第一部小说《安慰者》的目的，就是要找到她的宗教信仰和小说创作的关系。目前很少有人详细研究过《安慰者》的叙事策略和斯帕克的宗教信仰之间的关系，而这对理解斯帕克的作品是至关重要的。斯帕克的宗教信仰决定了她的叙事策略，她所选择的叙事策略反映了她的宗教信仰，二者达到完美结合。

　　穆丽尔·斯帕克（Muriel Spark，1918—2006）是当代英国著名天主教小说家。天主教是斯帕克观察世界的出发点、人生的指南针，斯帕克的宗教信仰与她的小说创作之间存在密切关系。斯帕克本人也承认，她的小说和叙事策略都带有天主教色彩。① 斯帕克把自己逐步建立宗教信仰的过程改写成一部小说，并于1957 年发表，这就是她的第一部小说《安慰者》（*The Comforters*）。《安慰者》一出版就受到国外评论界的一致好评，如当时著名天主教小说家伊夫林·沃给予这部作品很高的评价，并且美国出版商李平寇特（Lippincott）写道：《安慰者》在我们读过这部小说的人中引起了一致轰动。② 《安慰者》有两条主线索，一是

---

　　① Martin McQuillan. "'The Same Informed Air'：An Interview with Muriel Spark." *Theorizing Muriel Spark：Gender，Race，Deconstruction.* New York：Palgrave，2002. p.217.

　　② Muriel Spark. *Curriculum Vitae：Autobiography.* London：Constable，1992. p.208.

卡罗琳听到一种"声音",并寻找安慰者的过程;二是劳伦斯调查其外祖母耶普夫人走私钻石的过程。由于卡罗琳和劳伦斯是恋人关系,因而两条线索互相交织,涉及众多人物,可以说是斯帕克小说中人物最多、最复杂的一部。这部小说奠定了她以后小说创作的基调,她以后小说的所有特点几乎都可以在这部小说中找到萌芽。目前很少有人详细研究过《安慰者》的叙事策略和斯帕克的宗教信仰之间的关系,而这对理解斯帕克的作品是至关重要的。本文就《安慰者》的时间倒错、超然叙事的悖论和戏仿侦探小说等叙事特色来论述斯帕克的宗教信仰和叙事策略之间的联系。

一、时间倒错（anachrony）

小说叙事涉及两个时间,即故事时间和叙事时间。热拉尔·热奈特指出"时间倒错"是指"故事时序和叙事时序之间各种不协调的形式",它主要包括倒叙和预叙这两种形式。① 在《安慰者》中,斯帕克大量运用倒叙,预叙等时间倒错,使过去、现在、未来相交织。笔者认为,这与斯帕克的宗教信仰密切相关。斯帕克信仰罗马天主教,相信"上帝"是全能的、无所不知的。斯帕克把小说叙述者看做是"上帝"的象征,通过这部小说的写作,来探索自己的宗教信仰问题。斯帕克在小说中大量运用"时间倒错",以突出叙述者的全能,借此表达了对全能"上帝"的敬畏之情。

为了便于说明,有必要先界定几个概念。"第一叙事"是指叙事话语中以小说开端为起点按顺序排列的叙述时间层次,跨度是指时间倒错与"现在"的时刻（即叙事中断为其让位时所处的故事时刻）隔开的这一段时间距离,幅度是指时间倒错本身所涵盖的一段或长或短的故事时距。②

---

① 热拉尔·热奈特:《叙事话语 新叙事话语》,王文融译,14 页,北京,中国社会科学出版社,1990。

② Gérard Genette. *Narrative Discourse*. Oxford：Basil Blackwell, 1980. p. 48.

　　热奈特指出倒叙是"对故事发展到现阶段之前的事件的一切事后追述"①。根据倒叙与第一叙事之间的关系，热奈特把倒叙分为外倒叙、内倒叙和混合倒叙。《安慰者》主要运用了外倒叙和内倒叙。外倒叙的"整个幅度在第一叙事的幅度之外"，其作用是向读者补充说明这件或那件"前事"。② 如小说介绍劳伦斯的外祖母耶普夫人的"身世"时，首先叙述了在外祖母出生的时候，她的家庭由于父亲经商成功而非常富足，然后又进一步追述父亲经商成功首先应归因于他在开庭审讯前的越狱逃跑，时间跨度达到"一百三十年"。③ 因为这段倒叙的整个幅度都在第一叙事的开端时间之前，所以是外倒叙。这表明叙述者像"上帝"一样全知全能，可以知道人物遥远的"过去"。

　　内倒叙的整个幅度在第一叙事的幅度之内。内倒叙多是补充交代第一叙事一时难以顾及，但又是应该或必须交代的事件。《安慰者》中常用的内倒叙是，当某个人物有一段时间没有出现，再次出现或提及他的时候，常用倒叙来交代这个人物最近的活动。如当劳伦斯的母亲海伦娜和劳伦斯的叔叔欧尼斯特在卡罗琳家里为卡罗琳收拾东西时，追述了海伦娜照顾卡罗琳，并与海伦娜的母亲耶普夫人的谈话。因为这段倒叙的整个幅度都在第一叙事的幅度之内，所以属于内倒叙。这也表明叙述者像"上帝"一样无所不知，可以知道所有人物的所有活动。

　　预叙在西方小说中较为少见。热奈特指出预叙是"事先讲述或提及以后事件的一切叙述活动"，它往往给人一种"宿命论"的感觉；根据预叙与第一叙事之间的关系，热奈特把预叙分为外预叙、内预叙和混合预叙。④《安慰者》主要涉及外预叙和内预叙。幅度在第一叙事的幅度以外的预叙为外预叙。如《安慰者》的第一叙事从头至尾基本都用过去时叙述，而在介绍劳伦斯的外祖母耶普夫人时，却有一段用了一般现在时，并且明确说她现在"还活着"，然后再接着

　　① 热拉尔·热奈特：《叙事话语　新叙事话语》，王文融译，17 页，北京，中国社会科学出版社，1990。

　　② 同上，25 ~ 26 页。

　　③ Muriel Spark. *The Comforters*. London：Macmillan，1985. p. 6 – 7.

　　④ 热拉尔·热奈特：《叙事话语　新叙事话语》，王文融译，17 页，北京，中国社会科学出版社，1990。

用过去时讲述故事中断处的事件。① 这显然是预叙，并且幅度在第一叙事的幅度之外，因而属于外预叙。这一方面提前介绍了人物的结局，给读者一种真实感，另一方面也使读者感觉到叙述者像"上帝"一样是全能的，不仅知道人物的"过去"和"现在"，而且还知道"未来"。

幅度在第一叙事的幅度以内的预叙为内预叙。《安慰者》中最常用的是被热奈特称作"重复预叙"的这种内预叙形式。重复预叙是指"事先指出将在适当时候详尽讲述的事件"，这种预叙像宗教中的先知一样，起着"预告"作用，"引起读者的期待"，然后再通过后来的叙述给予验证。② 例如，当劳伦斯和卡罗琳决定去劳伦斯的外祖母家的时候，叙述者提前告诉读者，"他们第二天乘汽车而不是乘火车去的，尽管劳伦斯的 M. G. 已经过期该修了。这是因为他们起床起晚了，并且起来之后又在谈话中把时间浪费掉了，他们首先谈他们一致认为很可怜的埃莉诺，然后又谈他们自己"③。接着，叙述者再按照预叙所说的具体地讲述卡罗琳的反抗并最终服从了这个"声音"的过程。这个预叙的跨度很小，预叙后马上就可以验证，整个幅度在第一叙事的幅度以内，因而属于内预叙。这表明叙述者与"上帝"一样可以控制人物的命运，人物无论怎么反抗也无济于事。

二、超然叙事的悖论

在这部小说中，全知叙述者以"上帝"般的、不动感情的、超然事外的口气讲述，以便使读者跟着叙述者去讽刺人物的荒诞言行。但是，叙述者也绝非真正地超然事外，而是像"上帝"一样在无形中控制着人物的命运。这种超然叙事的悖论与斯帕克的宗教信仰相吻合。一方面，全知叙述者与"上帝"一样可以高高在上地、不动感情地俯瞰芸芸众生，与他们所创造的"世界"保持一定

---

① Muriel Spark. *The Comforters*. London：Macmillan，1985. p. 7.

② 热拉尔·热奈特：《叙事话语　新叙事话语》，王文融译，43 页，北京，中国社会科学出版社，1990。

③ Muriel Spark. *The Comforters*. London：Macmillan，1985. p. 102.

的距离；另一方面，尽管叙述者和"上帝"一样都隐身在他们所创造的世界背后，但是他们却绝非超然事外，而是无所不在，控制着"人类"的命运。

叙事情境包含三个叙事要素：叙事聚焦、叙事人称和叙事方式，它们都是调节叙事距离，达到超然叙事的重要叙事策略。[①] 叙事聚焦是指叙述者从什么角度观察故事，它研究的是谁是观察者的问题。热奈特将视角分为三大类型：无聚焦型或零聚焦型、内聚焦型、外聚焦型。[②]《安慰者》采用的是无聚焦型视角，其聚焦者一般是处于虚构的艺术世界之外的全知叙述者，他像是高高在上的全能的"上帝"俯瞰虚构世界中的众多人物，不仅知道人物的过去、现在、未来，而且可以透视他们的意识活动，从而拉开了叙述者与人物的空间距离，使叙事显得客观、冷静、超然。

叙事人称是指"叙事者对叙述对象的指称关系，即一人称、二人称或三人称"[③]。学术界对叙事人称到底是指叙述者，还是指叙述对象颇有争议，但笔者认为用叙事人称来指叙述对象更合理。热奈特也明确指出"与任何陈述中的陈述主体一样，叙述者在叙事中只能以'第一人称'存在"[④]。《安慰者》采用第三人称过去时讲述故事，因为第三人称叙事必须用过去时；而第三人称和过去时产生了一种疏远的效果，因而拉开了叙述者与故事的时间和心理距离，使叙事显得客观、冷静、超然。

叙事方式是指叙述者讲述故事的方式。《安慰者》中的叙述者大多时候像高高在上的"上帝"一样，不动声色地报道人物的言行和内心活动，不作公开的评论，这拉开了叙述者与人物的情感距离，使叙事显得客观、超然。例如，叙述者常用大量篇幅以直接引语的方式不露声色地客观报道人物之间的对话，人物的言行仿佛是自己展现在读者面前的，叙述者仅仅起舞台提示作用。另外，即使叙

---

① 罗钢：《叙事学导论》，164 页，昆明，云南人民出版社，1994。

② 热拉尔·热奈特：《叙事话语　新叙事话语》，王文融译，129～130 页，北京，中国社会科学出版社，1990。

③ H. Shaw. *Dictionary of Literary Terms*. New York：McGraw‑Hill Book Company, 1972. p. 293.

④ 热拉尔·热奈特：《叙事话语　新叙事话语》，王文融译，171 页，北京，中国社会科学出版社，1990。

述者想表达自己对某个人物的看法，他也不会公开发表评论，而是利用自己全知视角的优势，通过透视别的人物对他的看法，来隐蔽地表达自己的观点，给叙事披上一层客观、超然的外衣。例如叙述者从未公开表明自己对斯多克男爵的态度，而是通过透视卡罗琳的思想意识来隐蔽地表达其见解，这比叙述者自己公开的评论更有戏剧性，更显得客观、超然。

但是，尽管叙述者以看似客观、超然的语气讲述故事，读者仍然能感觉到全知叙述者的存在，感觉到叙述者像"上帝"一样控制着人物的命运。首先，如上面所说，《安慰者》采用了无聚焦型视角，全知叙述者像"上帝"一样处于他所创造的世界之外，不仅知道人物的现在，而且知道他们的过去和未来，这在拉开叙述者与故事的距离，达到超然叙事的同时，也让读者感觉到全知叙述者的存在。其次，《安慰者》采用第三人称来指涉人物，并讲述一个发生在过去的故事，这在拉开叙事距离，达到超然叙事的同时，也使读者感到全知叙述者的存在。

此外，尽管叙述者隐藏在故事背后，大量使用直接引语来客观、超然地"展示"人物之间的对话，但是，《安慰者》也大量使用了间接引语、自由间接引语和言语行为的叙述体等人物话语形式来控制人物话语以加快叙事速度。这三种人物话语形式与直接引语和自由直接引语相比，更能突出叙述者的控制权，因为它们都要求在人称和时态上与叙述语保持一致，甚至叙述者要用自己的语言来概括人物的话语，因而叙述者的干预比较明显。

尽管叙述者一般不公开发表自己对人物和事件的态度，而是通过小说中人物的意识来反映事件，以达到客观、超然的叙事风格，但是，正如胡亚敏所说："那些声称不流露个人感情的作家其实是以更含蓄的手法表达他们的情感，因为选择本身就是判断。"[①] 如对小说中唯一被塑造得没有一点可爱之处的人物霍格夫人的外貌描写："她（卡罗琳）开始注意到这个女人（霍格夫人）的细节：尖角形的脸，裁剪不齐的白发，没有眼睫毛，无框眼镜，一个小胖鼻子，当她吃饭

① 胡亚敏：《叙事学》，104 页，武汉：华中师范大学出版社，2004。

的时候，鼻尖一直在抽动，非常细的脖子，巨大的胸部。"① 叙述者看似是客观地描写卡罗琳眼中的霍格夫人的形象，没有发表自己的看法，但是，叙述者是故事材料的提供者和表达者，任何人物的思想和活动都是他赋予的，因而在塑造霍格夫人的形象中体现出了叙述者对人物的价值判断和命运的控制。

三、戏仿侦探小说

就劳伦斯的外祖母走私钻石这条主线而言，在悬念设置、情节结构、人物设置等方面都与侦探小说类似，但在人物结局和破案目的等方面却不同，只能说是对侦探小说的戏仿。走私钻石这一情节的构思也与斯帕克的宗教信仰相吻合。在走私钻石这条线索中，由于叙述者故意制造悬念，很多事件看似是不相关的、毫无意义的，但是，到小说结尾时，一切扑朔迷离的情节都显示出它内在的逻辑性，没有任何冗余，都是揭示走私钻石的具体手段的重要线索；但这种内在逻辑性只有全知的叙述者才知道，故事中的人物由于视野的限制而无法知道。这符合斯帕克的宗教信仰，即宇宙中的万物看似是孤立的、彼此毫不相关的，实际上是彼此相连、有机统一的；但是，人类由于自身能力的限制而不能发现这种联系，只有上帝才会知道其中的奥秘。英国传记名家彼得·肯普（Peter Kemp）也说过，天主教之所以吸引斯帕克是因为，"它提供了一种人生观，在这里没有浪费，所有的东西，无论它看起来多么偶然，都最终是统一整体的一部分，受制于一种统摄的力量"②。斯帕克正是把这条天主教的经济理念运用到小说创作中。

在悬念设置上，《安慰者》模仿了侦探小说。在侦探小说中，叙述者常故意不把自己和人物所知道的信息全部告诉读者，以产生悬念，因为"从心理学角度而论，悬念是读者的悬念，而不是情节或情节中人物的悬念"③。在《安慰者》

---

① Muriel Spark. *The Comforters*. London：Macmillan，1985. p. 29.

② Joanne Catherine Parnell. *A Theology of Juxtaposition*：*Muriel Spark as a Catholic Comic Novelist*. Ann Arbor，Michigan：UMI，1977. p. 14.

③ 任翔：《文学的另一道风景：侦探小说史论》，287 页，北京，中国青年出版社，2001。

中，全知叙述者通过自觉限制视角、转用人物视角或故意直接压制故事信息等叙事策略以产生悬念。

在《安慰者》中，全知叙述者自觉限制视野范围，有选择地对人物进行描写，而保留一些本应该让读者知道的信息以产生悬念。如在小说第一章中，全知叙述者告诉读者，耶普夫人给劳伦斯抽一种从保加利亚进口的名贵香烟，"他的外祖母，一个永远的谜。她是租的房子，靠领养老金生活"，"正是在她丈夫赤贫地死去后的四年里，耶普夫人逐渐表现出她能够享受国外的不可思议的奢侈品的能力"。① 尽管叙述者以全知视角描述了人物的言行，并且知道人物的"过去"，但是他却故意限制自己的视野范围，不告诉读者耶普夫人为什么能够享受这么多的奢侈品，以产生悬念，为下文揭示其走私钻石埋下了伏笔。

全知叙述者有时从居高临下的"上帝"式视角转为采用人物的有限视角以产生悬念。这时，叙述者只叙述视角人物所能观察到的事件，"更多的、更为复杂的信息因为未处在视界之内而被压制"②。在第一章中，劳伦斯外出回来，"他发现外祖母和客人在一起，三个男的"，并且"其中一个坐着轮椅，这是一个年轻人，不到 24 岁"。③ 这三个男的是谁，祖母为什么会和这么年轻的人交往，全知叙述者并没有告诉读者，而是让读者跟着人物一起去发现。在这里叙述者的全知视角已转换成劳伦斯的有限视角，以产生悬念。

全知叙述者有时故意直接压制故事信息，不把自己和人物所知道的告诉读者，以产生悬念。例如耶普夫人在面包里找钻石一幕："她急切地拿过来一条白面包，把一头的皮切掉并仔细察看，又切了一下并再次察看。第三刀之后她就开始切另一头，首先切掉头上的皮，并盯着面包仔细地查看，直到第四刀，她对着她看到的东西笑了，然后把切下来的面包放回原处，并把面包放到标着'面包'的罐子里。"④ 尽管叙述者以全知视角叙述了耶普夫人在面包里找钻石的整个过程，却没有告诉读者耶普夫人到底看到的是什么，即在关键之处故意保留了故事

① Muriel Spark. *The Comforters*. London：Macmillan, 1985. p. 9.
② 丁灿：《当代中国侦探类小说叙事策略浅析》，载《理论与创作》，19 页，2005（2）。
③ Muriel Spark. *The Comforters*. London：Macmillan, 1985. p. 12.
④ Ibid. pp. 11 - 12.

信息，以产生悬念。

《安慰者》中走私钻石这条主线在情节结构和人物设置方面也与侦探小说类似，但在人物结局和破案目的等方面却不同，因此只能说是对侦探小说的戏仿。一般侦探小说的情节结构是"'罪案—侦查—推理—破案'，人物设置为'侦探—案犯—第三人'"[1]。走私钻石这条主线，在情节结构上，也有"罪案—侦查—推理—破案"的过程；在人物设置上也有侦探—劳伦斯、案犯—耶普夫人等走私团体，第三人—卡罗琳、男爵等与案件相关的人。但是，在人物结局和破案目的等方面却与侦探小说不同。首先，侦探小说一般有"明确的价值判断"，"用一种较为简单的思路去表现善恶是非的二元对立，罪犯不管如何狡猾，最终将被法办"，以满足读者伸张正义、惩恶扬善的心理期待；[2]而在《安慰者》中，这些犯走私罪的人物并没有受到惩罚，耶普夫人和另外一个走私合伙人在暮年结为连理，而且最年轻的合伙人安德鲁的先天性小儿麻痹症也奇迹般地治愈了。其次，劳伦斯这个业余侦探并不是为了什么道德或法律原因进行调查，只是性格使然。此外，这些人物走私也不是想从中谋利，而是把走私当作一种游戏，喜欢在走私过程中与警察进行智力较量。因此，《安慰者》只是对侦探小说的戏仿，以此来表明在没有"上帝"的世界里，现代人精神空虚、道德和信仰迷失，以唤醒人们对信仰的渴望。正如斯帕克在一次访谈中所说的：人物道德的堕落更加呼唤信仰的存在，信仰被唤醒不是因为它明显存在，而是因为它的缺失。[3]

四、结论

卡罗琳所听到的"声音"，一方面是真实小说叙述者的声音，另一方面也象征着"上帝"的声音。卡罗琳为了更好地生活最终不再反抗或怀疑，而是服从了她所听到的"声音"，并把她所听到的声音记录下来写成小说，这表明斯帕克

---

① 任翔：《文学的另一道风景：侦探小说史论》，29 页，北京，中国青年出版社，2001。

② 同上，218 页。

③ D'Erasmo, Stacey. Grand dame [J/OL]. Artforum International, 36. n3（Nov. 1997）：S21（1）. http：//find. galegroup. com/ips/start. do? prodId = IPS. 2007 - 10 - 26.

通过这部小说的写作既坚定了自己的宗教信仰，又找到了自己的写作方法，这也正是斯帕克创作这部小说的目的。斯帕克的宗教信仰决定了她的叙事策略，她所选择的叙事策略反映了她的宗教信仰，二者达到完美结合。正如陶东风所言：意识形态本身就是一种叙述形式，它提供了人类体验、理解、解释世界的方式；而叙述形式不仅是一种创作方式，也是一种意识形态，它反映了并影响着人类体验、理解、解释世界的方式。[①]

（原文刊登于《齐齐哈尔大学学报（哲学社会科学版）》2008 年第 5 期，第 88～91 页）

（高兴萍）

---

① 陶东风：《文体演变及其文化意味》，132～133 页，昆明，云南人民出版社，1994。

多丽丝·莱辛

（*Doris Lessing*，1919—　）

【生平简介】

多丽丝·莱辛 1919 年出生于波斯（现伊朗）的科曼莎，父亲阿尔弗莱德·泰勒（Alfred C. Taylor）一战前是英国的一位银行职员，后在伊朗的帝国银行就职。为了子女的教育，莱辛一家搬到了罗德西亚，并在莫桑比克边境拥有一处农场。由于经营不善，莱辛一家在很长的一段时间内都处于贫困之中。少时的莱辛曾就读于索尔兹伯里（今津巴布韦首都哈拉雷）的女子学校，12 岁左右由于眼疾辍学回家，开始自学。16 岁时她在一家电话公司谋得职位，学会了打字。随后她在一家律师事务所工作，掌握了速记的本领，并因此获得了在罗德西亚议会做秘书的机会。1947 年她成为一家著名报纸的打字员，即便在后来定居伦敦之后，她依然兼职做打字员以贴补家用。莱辛曾两次结婚但都以离异告终，共有三个孩子。1949 年至今，她定居英国。

（以上内容选自 Bernard Oldsey ed.．*Dictionary of Literary Biography* Vol. 15. Michigan：Gale Research Company，1983．pp. 274 –276.）

【主要作品】

《青草在歌唱》（*The Grass is Singing*，1950）

《暴力的孩子们》（*Children of Violence series*，1952—1969）

《金色笔记》（*The Golden Notebook*，1962）

117

《南船座老人星档案》（*The Canopus in Argos：Archives Series*，1979—1983）

《最甜的梦》（*The Sweetest Dream*，2001）

【评论】

＊莱辛今年 10 月 11 日以 88 岁高龄获得了 2007 年世界文学界的最高奖诺贝尔文学奖。令世人瞩目的同时，很多人也许会问她为什么获奖，为什么现在才获奖。是的，作为一个极为多产（共创作 50 多部作品）、创作生涯跨越半个多世纪、享有世界声誉的作家，这是一个并不多见的事情。这同她敢于蔑视权威、在作品中超越各种"主义"的窠臼、大胆创新的思维有着极为重要的关系。①

＊她的语言是简单而清晰的，仿佛一种通用的语言，没有掺杂任何怪异的性情和特别的说教。她想让自己的语言看起来纯净透明，传达起来事实就好像一个玻璃碗，一目了然，没有任何的阻碍物。②

＊多丽丝·莱辛或许是我们这代女作家中最早（叙写女性故事）的。她从不认为自己的性别会对人类灵魂的普遍特质有所误导……但她从不会把性别仅仅作为一种修辞的手段，她把看到的和想到的真实情况记录下来而不是去描述它们应该是怎样的……③

---

① 王丽丽：《多丽丝·莱辛获奖给我们的启示》，载《外国语言文学》，286 页，2007（4）。

② Ruth Perry. "Doris Lessing Out of Africa." in Sharon R. Gunton, Laurie Lanzen Harris ed.. *Contemporary Literature Criticism* Vol. 15. Michigan：Gale Research Company，1980. p. 331.

③ 王丽丽：《多丽丝·莱辛获奖给我们的启示》，载《外国语言文学》，286 页，2007（4）。

追寻传统母亲的记忆

——伍尔夫和莱辛比较研究

许多评论家从多种角度谈到了伍尔夫和莱辛这两位 20 世纪最伟大的女作家之间的相似，但很少从女性文学传统的角度谈论此话题。本文认为正是她们对缺失的女性文学传统母亲的追寻导致了她们的相似。她们在追忆传统和重构女性传统中的不同态度也导致了她们艺术形式的迥异和人生命运的完全不同。

许多评论家都注意到了伍尔夫和莱辛这两位 20 世纪最伟大的女作家之间的联系。有的谈到了影响，但更多的谈到了她们之间的相似。而他们对这两位女作家之间相似之处的描述却不尽相同。克莱尔·斯普雷格（Claire Sprague）认为："用影响这个词去描绘伍尔夫和莱辛之间相同的形式和感觉并不合适，而用接近，虽然并不令人满意，但更贴切。在这里我要特别说她们都深信通过……多角色方法和……对话的想象，世界能得到更好的观察和诠释。"① 罗伯塔·鲁本斯坦（Roberta Rubenstein）把"怀旧"作为她们作品的共同点。她说："怀旧的中心部分，也是莱辛和伍尔夫的联系中心点，是一种通过对过去饱含深情的回忆而保存下来的……理想而和谐世界的渴望。"②而琳达·斯各特（Lynda Scott）则把

---

① Claire Sprague. "Multipersonal and Dialogic Modes in Mrs. Dalloway and *The Golden Notebook*." in Ruth Saxton and Jean Tobin ed. . *Woolf and Lessing*：*Breaking the Mold*. London：Macmillan, 1994. p. 4.

② Roberta Rubenstein. "Fixing the Past Yearning and Nostagia in Woolf and Lessing." in Ruth Saxton and Jean Tobin ed. . *Woolf and Lessing* ：*Breaking the Mold*. London：Macmillan, 1994. p. 23.

它归结为这两位作家都想通过"把'自我表征'和'自传'的文本用作'自我'发现的疗伤方法来祛除过去的不快……同时又创造出一个意义非凡的个体现在并获得'真实'的感觉"①。然而,我们注意到,他们在论述这些相似之处时,都没有谈及女性文学传统的影响作用,而这一点却是她们相似的根本,也是她们的艺术观迥异的源泉,从而导致了她们命运的完全不同。本文试图从女性文学传统缺失的角度探讨这两位作家的异同及其原因。

一、追忆的痛苦

回忆在伍尔夫和莱辛的小说中都具有举足轻重的地位。在《达罗威夫人》中,达罗威夫人的回忆占据着很大部分篇幅。在《金色笔记》中,四个笔记本里所记全部是安娜的回忆。难怪罗伯塔·鲁本斯坦会把"怀旧"作为她们作品的共同点。而在对过去的怀念中,对母亲的回忆对她们来说又具有刻骨铭心的意义,许多评论家都对她们本人及其作品中的母女关系有过精彩的见解。② 然而,如果把这里的母亲仅仅看作是生物学上的母亲,那么我们对这两个位列 20 世纪最伟大作家之林的女作家的认识就过于肤浅了。

布鲁姆曾在《影响的焦虑》中说过,世代的延续实际上就是一场俄狄浦斯式的角斗:"一场父亲和儿子作为强劲对手的战斗。莱俄斯(Laius)和俄狄浦斯在十字路口。"③ 根据布鲁姆所说,男性作家一生的追求就是试图摆脱前辈的阴影,"修正"父辈的传统,这样才能在"歪曲"中"扶正"自己。然而,对于女性作家来说,事情却要复杂得多。在男性作家对自己父辈传统的重负感到烦恼

---

① Lynda Scott. "Similartities between Virginia Woolf and Doris Lessing." Deep South Vol. 3 (Winter 1997). http: //www. otago. ac. nz/Deep South/vol3no2/scott. html.

② 关于伍尔夫及其作品中的母女关系的评论,参见 Martine Stemerick . "Virginia Woolf and Julia Stephen: The Distaff Side of History" and Lisa Ticker. "Mediating Generation:the Mother-Daughter Plot";关于莱辛,参见 Rebecca J. Lukens. "Inevitable Ambivalence: Mother and Daughter in Doris Lessing's *Martha Quest*" and Katherine Fishburn. "The Nightmarish Repetition: The Mother – Daughter Conflict in Doris Lessing's *Children of Violence*"。

③ Harold Bloom. *The Anxiety of Influence: A Theory of Poetry*. Oxford: Oxford Press, 1997.

的时候，女作家们却根本没有母亲传统的庇护。而这正是她们相似的起点，但她们的表达方式却完全不同，因而结局也不尽相同。

伍尔夫在 13 岁就失去了疼爱自己的母亲。而对母亲追忆的痛苦一直延续到她的《到灯塔去》的完成。母亲在她的心目中，美丽、慈爱、勤劳、热情，是典型的贤妻良母，这在拉姆齐夫人的身上表现得淋漓尽致，在达罗威夫人同女儿的关系中也可见一斑。而作为女儿，她深知没有母亲保护的痛苦。她曾几次受到性侵害，曾因为自己的女儿之身而被拒绝进入大学学习。而所有这一切成了她日后女权主义思想的基础。

她在著名的《一间自己的房间》中说道："我们是通过我们的母亲来思考的。"① 正是失去母亲的痛苦使她开始思考妇女地位、思考写作问题的。在千百年父权主义统治的社会，妇女没有自己的历史，更没有文学传统母亲可寻，就像失去母亲的女儿。妇女作家们不得不在菲勒斯·逻各斯意识占主导地位的历史缝隙中寻找失落和被遮蔽的历史母亲的印迹，在人迹罕至的"洞穴"中搜寻文学母亲遗留的衣物碎片。② 在家庭中，男人是 create（创作）的，而女人是 procreate（生育）的，她们没有地位，任务就是伺候丈夫，养育孩子。我们看到在《到灯塔去》中，拉姆齐夫人操持家务，照料子女，服侍丈夫，款待朋友。"拉姆齐夫人觉得她几乎连一个自己能够加以辨认的躯壳也没留下"③。她把一切都贡献给了丈夫、孩子和朋友。她以别人的依赖为荣，在同别人的依赖关系中肯定自己的存在。这是过去所有家庭妇女的写照。伍尔夫在为母亲的奉献精神所感动的同时，也为她们命运的任人宰割而悲哀。"如果说拉姆齐夫人象征灯塔的话，那么这个灯塔照亮的正是许许多多像拉姆齐夫人一样的女性既可怜又可悲的生存

---

① 弗吉尼亚·伍尔夫：《论小说与小说家》，瞿世镜译，155 页，上海，上海译文出版社，2000。

② 参见 Sandra M. Gilbert and Susan Guhar *The Madwoman in the Attic* 中的 "The Parables of the Cave" 一章。

③ Virginia Woolf. *To the Lighthouse*. New York：Harcourt Brace & World Company，1927. p. 38.

状态和'房间里的安琪儿'形象"①。而处于这种状态下的妇女是怎样走上写作的道路的呢？写作对于她们又意味着什么呢？

伍尔夫在《妇女与小说》中分析四大女作家——简·奥斯丁、艾米莉·勃朗特、夏洛蒂·勃朗特和乔治·爱略特虽然性格不同，天赋各异，但都选择了写作时说："没有一位生育过子女，其中有两位没有结过婚，这一事实具有重大意义。"② 在选择写小说而不是其他文体时，伍尔夫把它归结为小说可以"时作时辍。乔治·爱略特丢下了她的工作，去护理她的父亲。夏洛蒂·勃朗特放下了她的笔，去削马铃薯"③。而她们写作的范围都局限在家庭和情感之中。"写作它们的妇女，由于她们的性别，而被排除在某些种类的人生经历之外。而人生经历对于小说有重大的影响，这是无可争辩的事实"④。在这方面，简·奥斯丁的写作的狭窄范围无疑提供了最具有说服力的证据。

然而更让伍尔夫感到悲哀的是，当她试图追寻文学母亲的传统时，她发现那里囤积了太多的"情感垃圾"⑤。毫无疑问，当简·爱因为自己的孤儿身份在舅母家备受欺凌而呼喊"我恨你"的时候，当她在罗伍德学校无端遭受惩罚、忍受饥饿而痛哭的时候，当她因为罗切斯特要同富小姐订婚而为自己争辩的时候，我们听到的是夏洛蒂·勃朗特对社会不公的愤懑之声，看到的是作者为争取自己的权利而扭曲的面孔。"她并不企图解决人生的问题，她甚至还意识不到这种问题的存在；她所有的一切力量，由于受到压抑而变得更加强烈，全部倾注到这个断然的声明之中：'我爱'，'我恨'，'我痛苦'"⑥。而艾米莉则更进了一步："她要通过她的人物来倾诉的不仅仅是'我爱'或'我恨'，而是'我们，整个

---

① 王丽丽：《时间的追问：重读〈到灯塔去〉》"，载《外国文学研究》，64、65 页，2003（4）。

② 弗吉尼亚·伍尔夫：《论小说与小说家》，瞿世镜译，52 页，上海，上海译文出版社，2000。

③ 同上，52 页。

④ 同上，52 页。

⑤ 同上，58 页。

⑥ 同上，31 页。

人类'和'你们，永恒的力量……'这句话并未说完。她言犹未尽"①。而那个因触犯了社会道德禁忌而蜷缩在斗室中，过着离群索居的隐身人生活的乔治·爱略特，则把自己人生的教训化作了作品中人物的道德教诲和逆来顺受的同情心。"她们的故事，就是乔治·爱略特本人经历的不完整的版本"②。就连伍尔夫最欣赏的简·奥斯丁，在她看来也"较少注意到事实而更多地注意到感情"③。她所描绘的世界是"女人的生存怎样和为什么取决于男性的赏识和庇护"④。说到底，这些女作家们还没有真正的自我。她们的一举一动和情感起伏都被男人的世界左右。而这就是摆在伍尔夫面前的文学传统母亲的"碎片"。透过对母亲的爱的描述，伍尔夫表达的是背离的迫切性。

多丽丝·莱辛的个人经历同伍尔夫完全不同，然而对母亲的记忆对莱辛来说却也是刻骨铭心的。在自传《在我的皮肤下面》中，莱辛开始就描绘了一幅充满火药味的家庭历史图。"她（莱辛的母亲）不爱她的父母。我的父亲也不爱他的父母"⑤。而当她自己 1919 年出生时，"半个欧洲由于战争已成为墓地"⑥。莱辛常常开玩笑说："是战争生了我。"⑦ 当她两岁半时，小弟弟的出生给她的记忆留下的是母亲对弟弟的爱和对她的不爱。她下定义说自己是一个总是"对爱感到饥渴的孩子"。虽然在自传里，莱辛试图用记忆的非可信性掩盖儿时自己充满不快的记忆，然而毫无疑问，她对母亲的回忆更多的是反抗权威的心态，而不是像伍尔夫回忆母亲时那样充满温馨。"多少年以来，我生活在对母亲的责备中，开始情绪非常激烈，然后心变冷、变硬。那种痛楚，不是悲哀，真切而深入肌肤"⑧。

---

① 弗吉尼亚·伍尔夫：《论小说与小说家》，瞿世镜译，34 页，上海，上海译文出版社，2000。

② 同上，48 页。

③ 同上，26 页。

④ Sandra M. Gilbert and Gubar. *The Madwoman in the Attic*. New Haven：Yale University Press，1979. p. 154.

⑤ Doris Lessing. *Under My Skin*. London：Harper Collins Publishers，1994. p. 4.

⑥ 同上，p. 8.

⑦ 同上，p. 10.

⑧ 同上，p. 5.

　　和伍尔夫由于爱和同情而在作品中塑造美丽善良的母亲形象不同，莱辛作品中的母亲形象要么死去，要么在叛逆的女儿眼里总是那样严厉而苛刻，那样不解人意。无论是《青草在歌唱》中的玛丽，还是《暴力的孩子们》中的玛莎，女主人公们无不憎恨自己的母亲，梦想着早一点逃离家庭。《简·萨默斯的日记》中的简甚至对母亲的死都无动于衷。许多评论家都说莱辛的小说中有很大的自传成分，然而如果说莱辛只是想在作品中表达自己的个人情绪的话，那么就太贬低了这位伟大作家的心胸和才能。而事实是，正是她自己经历的坎坷，使她对妇女的地位有着超乎常人的敏感。如果说伍尔夫是在用爱的笔触描绘母亲们任劳任怨、任人宰割的悲哀处境的话，那么莱辛就是在用恨的情绪诉说着母亲们这种年复一年，世世代代重复的悲剧。她们世世代代重复着一首歌，那就是"她谁也不是，她什么也不是"①。"妇女常常被记忆漏掉，然后被历史遗忘"②。在莱辛的作品里，在众多层面的主题意义里，女主人公抗争的无奈和结局的妥协是显而易见的。无论是《青草在歌唱》中的玛丽，还是《暴力的孩子们》中的玛莎，抑或是《金色笔记》中的"自由女性"安娜莫不如此。莱辛在《金色笔记》序言里说道："妇女们怯懦怕事，因为她们已经差不多做奴隶做的时间太久了。"③她的女主人公们虽然有母亲，但事实上却都没有母亲的庇护，她们在更深的层面上属于没有母亲的孩子。这是比失去母亲更深切的一种痛苦。回首过去，莱辛看到的是历史母亲的懦弱和无形，看到的是世代女儿们延续着母亲的悲剧。莱辛痛心疾首，心裂成了"碎片"。

　　如果说伍尔夫在追寻文学传统母亲时，痛苦地发现了撒落一地的情感碎片，那么，莱辛不仅仅看到了它们，更看到了这些碎片对于今天的价值。如果说莱辛感到的仍然是痛楚的话，那么这种痛楚恰恰是对今天人们对它们的忽视和漠然的痛心。莱辛在谈到《傲慢与偏见》时说："人们忽略了书中的一个事实，那就是当伊丽莎白拒绝了有地位、有财产的科林斯先生时，她的未来……她很可能就没

---

① Doris Lessing. *Under My Skin*. London：Harper Collins Publishers, 1994. p. 1.

② 同上，p. 12.

③ Doris Lessing. "Preface to *The Golden Notebook*". Paul Schlueter ed.. *A Small Personal Voice*. New York：Vintage Books, 1975. p. 26.

有了未来。但这是事实，即使今天当我们回首妇女的地位，回顾她们的选择的时候，我们的血液也会感到一阵寒意。……那些要求学生们读《傲慢与偏见》的老师汇报说今天许多年轻妇女对历史，对妇女的历史，对她们自己的好运几乎没有什么意识，居然会问这样的问题，如：为什么伊丽莎白和简不去找工作？为什么她们要不停地找丈夫？"①对文学传统母亲的态度，莱辛不是像伍尔夫那样指责，从而背离，而恰恰相反，她认为是我们对母亲的历史思考得太少。透过主人公的反叛，她讲述的是对母亲的依恋。

二、书写的困惑

追忆的痛苦使这两位作家都不约而同地想在自己的创作实践中改变现状，找到一条新的女性文学创作之路。然而在失去母亲的巨大痛苦中，她们发现虽然她们对父亲欺压母亲的历史深恶痛绝，但却不能像男性作家一样试图背离自己父辈的主流文学传统，因为她们没有自己的文学传统历史，甚至没有女性自己的语言。她们不得不依赖文学父亲表述自己、证明自己，在主流文学的缝隙中寻找自己的机会。

在回顾传统的路上，伍尔夫看到的是"米尔顿的怪物"，妇女们的视野必须越过它，才能看到美好的前景。② 根据桑德拉·M. 吉尔伯特和苏珊·古笆的分析，这里伍尔夫的"米尔顿的怪物"指的是男权的文学传统以及同此传统相关联的一整套菲勒斯·逻各斯社会经济、文化机构。③ 那么，越过它的前提就是妇女要拥有金钱和自己的"一间房间"。这种理论和当时伍尔夫积极支持妇女解放运动正好是相吻合的。可是在拥有了必要的物质条件之后，"朱丽叶·莎士比

---

① Doris Lessing. *Time Bites*：*Views and Reviews*. London：Harper Collins Publishers, 2004. p. 4.

② 弗吉尼亚·伍尔夫：《论小说与小说家》，瞿世镜译，173 页，上海，上海译文出版社，2000。

③ Sandra M. Gilbert and Gubar. *The Madwoman in the Attic*. New Haven：Yale University Press, 1979. pp. 187 – 207.

亚"就一定会出现么？

在《贝内特先生与布朗夫人》一文中，伍尔夫对传统的现实主义创作手法提出了尖锐的批评，并阐述了自己的小说要反映心灵的瞬间感受，追求内在的生活真实的创作主张。实际上，在对意识的流动性、生活的内在的真实性肯定的背后，隐含着伍尔夫对现实生活中消除性别界限的理想。这同她在《一间自己的房间》中所表达的"双性同体"的创作理念是完全一致的。伍尔夫在许多伟大男性作家的身上看到了女性所没有的才华和智慧，也看到了他们身上所缺乏的直达人心灵的女性气质。①在男女和谐的关系中，在伟大作家的人格中，伍尔夫读出了"双性同体"的"整体性"。"我们必须回到莎士比亚那儿，因为他是雌雄同体两性合一的；济慈、斯特恩、柯伯、兰姆、柯勒律治都是如此。雪莱或许是无性的。……任何作者只要考虑到他们自己的性别，就无可救药了。纯粹单性的男人和纯粹单性的女人，是无可救药的；一个人必须是男性化的女人，或女性化的男人。……男女两性因素必须有某种谐调配合，然后创作才能完成"②。

因此，意识流成为伍尔夫创作的主要手段。而这种意识流动中的男女主人公的心灵碰撞及融合的可能性也成为她作品探索的主题。然而，我们在她的作品中却读到了拉姆齐先生和拉姆齐夫人婚姻关系的不平等，拉姆齐夫人社会自我和真实自我的不一致及莉丽对婚姻的恐惧以及她画笔的犹豫（《到灯塔去》）；达罗威夫人同丈夫之间的貌合神离以及斯蒂芬的自杀。这个主题在《奥兰多》中通过奥兰多的变性以及对文学和生活关系的思考和绝望表现得更为明显。

莱辛和伍尔夫一样，在重构传统的道路上也经历了"父亲的暴力"和"作家的障碍"。我们知道，莱辛的父亲在第一次世界大战中失去了一条腿。在《在我的皮肤下面》这本自传中，莱辛谈到了战争对他父亲的巨大影响，更谈到了

---

① 弗吉尼亚·伍尔夫：《论小说与小说家》，瞿世镜译，160 页，上海，上海译文出版社，2000。

② 同上，162～163 页。

其通过父亲对她自己的影响。她最初的记忆是她两岁前被父亲带着骑马的经历："……它是一个巨大的极具危险的马，像塔一样很高很高，坐在上面的父亲更加高大，他的头和肩膀像是触到了天。他坐在上面，裤筒里是——他的木头腿，又大又硬，滑溜溜的，总是藏在里面。一双大手把我紧紧地抓住，提起来放到我父亲的身体前面，告诉我抓住前面的马鞍，我使劲伸出手才够着的一个突出来的硬邦邦的东西。我忍着不哭。我被包裹在马的热气、马以及我父亲的气味中。马一走，人颠簸摇晃得厉害，我把头和肩膀靠着父亲的肚子，能感到他硬邦邦的木腿的拉力。一下子离地这么高，我一阵眩晕。现在，这个记忆还非常真切、强烈，能闻到那种身体的气味。"① 父亲因为战争身心遭到重创。父亲在她眼里就是暴力的化身。在《青草在歌唱》中，玛丽因为年龄大没有结婚而遭到社会的排斥，这时，社会就是男权暴力的化身。当她不得不迅速结婚，从而逃避社会的指责，跟随丈夫来到农场后，又因为不会处理和黑人男仆的关系，同他们走得过近而遭到以查理为代表的白人社会的冷眼。这时，殖民主义意识又是主宰她的暴力。在《暴力的女儿们》这本自传体五部曲小说中，玛莎试图用各种方法逃避殖民主义家庭的控制。她先是辍学，远离家庭去工作，后来试图通过和受大家歧视的犹太青年恋爱抗争她所属的白人阶层。失败后又想通过结婚找到出路，最后还参加了激进的左翼运动。然而她的所有努力都失败了。通过玛莎反叛的成长经历，我们看到莱辛对社会中的男权意识以及其他与此相联系的社会文化体系禁锢人心灵具有清醒的认识。然而女人一定要通过所谓的女权运动才能获得解放吗？并且能通过女权主义运动获得解放吗？这是莱辛一直在苦苦思索的问题。

在《金色笔记》中，莱辛以"自由女性"作为框架小说的题目，通过主人公安娜和她的朋友莫莉作为"自由女性"的经历，透过独特的女性心理，更进一步深刻探讨了英国社会中的两性关系问题，包括不同种族之间的两性关系问题。同她的作品分割成几部分的形式一样，莱辛也在女性是否在经济上、情感上和心理上可以完全摆脱男性的控制，是否可以在生理上拥有和男性一样的主动权

---

① Doris Lessing. *Under My Skin*. London：Harper Collins Publishers，1994. p. 18.

等问题上因找不到明确的答案而经历着痛苦的"作家的障碍"和"精神的分裂"。值得注意的是，在《金色笔记》中，作家索尔给安娜的书写了第一个句子，这就是《金色笔记》的第一句话，而安娜也给索尔的书写了第一个句子。而这治好了安娜和索尔的"作家的障碍"。除了形式上的循环作用之外，实际上，莱辛非常明确地表明了男女双方的互相依赖性。在这一点上，莱辛和伍尔夫一样推崇"双性同体"的理念。然而，正是在这相同之中的不同，导致了她们两人最终得出不同的结论，从而导致了她们不同的结局。

结　语

如上所述，伍尔夫非常推崇"双性同体"的理念，她不仅在自己各种有关小说创作和小说理论的著述中践行这种理念，还大力在创作实践中探讨其可行性。莱辛虽然没有明确使用"双性同体"这个概念，但她在作品中，同样以各种方式说明了男女双方对彼此的依恋和依赖不仅是社会的需要、心理的需要，更是人性使然。然而在现实生活中，两性真的可以达到这种"双性同体"的理想境界吗？

伍尔夫把它作为自己创作的最高理想，试图在形式上通过意识流的手法，表达自己祛除两性界限，达到精神上融合的境界。然而表面形式的融合下面却涌动着不和谐的暗流。在乌托邦的幻象中，映现着死亡的阴影。同伍尔夫不一样的是，莱辛把它作为探索的主题，试图通过分裂的形式再现人们现实生活中渴望融合的心理真实。在现实的绝望中，映现着理想的光芒。

在寻找传统母亲的记忆中，伍尔夫和莱辛都看到了传统的缺失，看到了历史的阴暗。然而伍尔夫在重建传统的努力中，试图在爱的追忆中，抛开传统，创建独立的乌托邦。然而，她的乌托邦之梦在幻灭中结束，在大海中随着她的身体消失而去。而莱辛却在反叛的追忆中看到了传统的价值，在现实的绝望中看到了努力的方向。她用历史的教训和现实的绝望给人类以警示，为人类指明了前进的道路，那就是从我做起、从现在做起，全身心去投入社会，为了社会。每个人都离不开社会，社会依靠每个人而存在。这样，才能达到和谐的两性关系和和谐的社会。也许，这就是莱辛较之伍尔夫更能给今天的我们以启示的原因。

（原文刊登于《外国文学》2008 年第 1 期，第 39~44 页。）

（王丽丽）

女性人格的多棱镜

——论《简·萨默斯的日记》中的女性双人物

多丽丝·莱辛在小说《简·萨默斯的日记》中运用了双人物这一擅长表现人类意识二元性的古老文学手段，使小说中的几个颇具社会典型性的女性人物之间形成了超现实的关联，她们如同人格的多棱镜，映射出主人公简·萨默斯自我的各个层面，表现了女性普遍遭遇的心理矛盾，实现了简对自我的认知、悔改和整合，更使读者认识到人格成长的重要性。本文将借助荣格分析心理学中相关的理论阐释这些双人物对于女性人格整合的作用。

上世纪 80 年代，英国女作家多丽丝·莱辛（Doris Lessing）运用笔名简·萨默斯（Jane Somers）创作了小说《简·萨默斯的日记》（*The Diaries of Jane Somers*）①，这样做的目的据说是要跟出版商和读者开个玩笑，以检验她多变的风格能否被人识别。当人们发现了真相后，却评论莱辛是在用笔名的掩护表达自己尴尬的内容，更有人曾努力地在莱辛生活中寻找日记人物的原型。然而细读小说，我们可以发现，不必去探究原型的出处，这些人物本身就承载着日记的巨大意义。莱辛自青少年时期就深受陀思妥耶夫斯基（Dostoevsky）、罗伯特·路易斯·斯蒂文森（R. L. Stevenson）、鲁德亚德·吉卜林（Rudyard Kipling）、狄更斯

---

① Doris Lessing. *The Diaries of Jane Somers* . Beijing：Foreign Language Teaching and Research Press，2000. 后文引自同一文献，不再一一说明。

（Dickens）等双人物主题①代表作家的影响，她深谙人类意识的二元性，以文学家的直觉在日记中塑造的人物之间安排了重要的双人物关系，借以揭示各个主题。关于该小说的双人物设置，有人曾经讨论过男性形象中弗雷迪（Freddie）和理查德（Richard）的关系，以及通过他们所揭示的爱情婚姻主题。② 本文将借助荣格分析心理学的相关理论，探讨小说中的四位女性双人物：毛蒂·福勒（Maudie Fowler）是简·萨默斯的老年自我，吉尔（Jill）是简的过去，她们构成三位一体的形象；而乔伊斯（Joyce）则实现了简未付诸实践的想法，是构成简人格完整性的重要的第四元素。不容置疑，莱辛是剖析现代人心灵的高手，这些承载相似性、相对性甚至互补关系的女性双人物看似完全独立、性格迥异，实则如人格的多棱镜，能从彼此身上找到自己。她们的关系脉络清晰，相互交织，在小说中起到发掘自我、劝人悔改的效果，她们所体现出来的心灵层面，能够帮助人们了解人格的辩证本质，并警示现代女性要注重心灵的成长和完善。

一、析出的自我

双人物是在文学作品中析出主体自我的某些元素产生的人物个体。它通过人物内在心理冲突的可视化来探索人格画像。例如，当自我愿望受到外界的强烈压制时，对立的双人物就凸现展示出来，在文本中达成人格的整合。因此，双人物又被称作"另一个自我"（alter ego）。双人物主题常常涉及人格颠覆、角色篡夺、宿命、忏悔的可能等等。本文讨论的《简·萨默斯的日记》就包含多对特征完备的双人物。小说以日记形式表现了叙述者简·萨默斯这位典型的现代职业女性人到中年的一段感悟。有评论家发现小说中人物和情节有许多重复暗合的地

---

① 双人物主题指作品通过双人物表现的宿命、自我分裂、人格阴影或双重人格等主题。例如，在陀思妥耶夫斯基的双人物主题作品《双重人格》（*The Double*）中，格雷阿德金（Golyadkin）有一个能为其所不能为的双人物，这个双人物的存在游移于主观与客观之间，不仅反映了他受到的社会压迫，也体现了其虚荣、野心等心理弱点，这些主题由双人物做载体传达。

② 详见郭曼：《灵魂的影子——论〈简·萨默斯的日记〉中双人物的特征和功能》，载《山东外语教学》，98～101 页，2006（4）。

方，在一定程度上揭示了生活的普遍性和规律性。但莱辛绝不仅仅是在陈述这些人生轮回规律的表象，而是借助精心选取的一组女性人物和她们遭遇的具有社会普遍性的矛盾作为切入点，引导人们，尤其是女性，对"自我"进行剖析、反思、悔改和整合，其中的重复和暗合之处正是双人物关系的体现。

既然对"自我"进行剖析，必然涉及心理学理论。综观双人物主题的文学史，心理学与艺术总是携手并肩。① 著名分析心理学家荣格的部分理论与双人物主题最为契合。荣格把人的心理功能分为四种：思维、情感，感觉、直觉。其中，思维与情感都是理性功能，但是它们却相互冲突、相互干扰，换言之，思维发达的人则情感功能羸弱，怕被情感攫住，反之亦然。小说中的简·萨默斯作为一家高级时尚杂志的编辑，终日沉浸于繁忙的工作，工作使她感到愉悦，"在杂志社工作，我的思维方式是另一样的，快速的决策，令我如同身处浪尖，而我正是如鱼得水。这就是为什么我总把工作放在首位"（9）。然而她对丈夫非常冷漠，对母亲的离世也无动于衷。可见，简以思维功能见长，思维是支配她生命的激情，而作为价值判断功能的情感则令她感到困惑、恐惧，从而逃避或避免。虽然她已经模糊地意识到自己人格的缺陷，"决定学些别的东西"（11），"应该表现得像一个人，而不是一个小女孩"（11），但此时她对自己的情感世界是缺乏自知的。缺乏自知正是双人物出现的一个重要条件。"我们已经看到，对于那些产生双人物作为第二个自我的精神和心理分裂的人物，缺乏自知总是其致命的弱点，这个弱点产生于道德盲区，没有悔改的可能"②。因此，双人物便有必要凸现出来发挥作用，帮助叙述者实现自知和悔改。毛蒂作为析出主体的年老自我给了简情感启蒙，使简看到了自己的未来；简的外甥女吉尔，作为成长起来的新一代，崇拜简，模仿她，最后变成简年轻的自我。简通过她们展望未来，忏悔过去。三位命运暗合的女性构成了一个"自我"的同一体，表现了简的人格变化轨迹，但是简的人格完善尚未达成。

---

① John Herdman. *The Double in Nineteenth – Century Fiction*. London：The Macmillan Press，1990. p. 153.

② 同上，p. 65.

荣格主张，人类心理的发展以获得完整（wholeness）为最终目标，但由于人是复杂的矛盾体，总是存在许多似非而是的对立，因此"没有体验'对立'就没有体验'完整'"。荣格在《心理学与炼金术》（*Psychology and Alchemy*）一书中谈到"the dilemma of 3 + 1"现象，指出在宗教、炼金术等能够间接反映人类心理现象的神秘学领域，包含对立的完整和统一（unity）常由四个元素表现："一般有四个元素，但经常三个为一组，第四个处于特殊位置"①，而所谓的第四元素，与前三个元素对立，是"否定的、丑陋的、卑鄙的，是恐惧的对象（object of fear）"②。例如，圣父、圣子、圣灵和撒旦达成宗教的完整性，这种宗教意象正体现了实际存在于人类人格中的矛盾对立。小说中毛蒂、吉尔和简是同一性的一组，承载了其人格的发展变化过程，但这种不模糊、不矛盾的组合是片面的，并不适合表现人格的复杂性，因此乔伊斯充当对立人物、反叛角色，持与简相反的态度，做与简相反的选择，正外显了简的内心冲突，或者说是压抑的另一种可能，使简"在另一个人明显的异质（foreignness）中，找到自己愿望的特征轮廓"③，帮助达成了简的"自我"的完整性和立体感。可以说，这部现实主义小说对人格的把握的准确性、辩证性和深度恰恰体现在"the dilemma of 3 + 1"模式的双人物形象中。

二、三位一体

在《简·萨默斯的日记》中，毛蒂·福勒是简的老年自我，她寡居、孤独、自尊、自立、照顾自己力不从心、愤怒——这些老年人典型的生活和心理特征都印证在中年丧偶的简身上，"她（简）与毛蒂的关系使简意识到先前埋藏的自己

---

① Carl Gustav Jung. *Psychology and Alchemy* (*Collected Works*, *vol.* 12). Trans R. F. C. Hull. Princeton：Princeton University Press, 1968. p. 26.

② 同上，p. 225.

③ John David Pizer. *Ego – Alter Ego：Double and/as Other in the Age of German Poetic Realism*. Chapel Hill：The University of North Carolina Press, 1998. p. 2.

的许多方面"①。暗示毛蒂就是简的老年。

通常，年轻人会把老年人看作"别人"，不同情他们，也避讳谈及跟衰老有关的话题。但对于老年人，衰老已经成为残酷的现实，个中滋味，只有自身知晓。弥足珍贵的是，简对这种衰老做到了"感同身受"。起初，毛蒂混乱、肮脏的老年生活对简来说也是陌生的。渐渐地，简才理解了这种状态。她在日记中记录了"毛蒂的一天"（113），生动描述了衰老造成的生活混乱。"我（毛蒂）得去厕所，否则就得尿床了。可怕！我是不是已经尿了？她的手摸索着床，嘟囔着，可怕，可怕，可怕……"（113）年轻人易如反掌的事情却是毛蒂的大麻烦，因此毛蒂的混乱、肮脏在所难免，由于无助和无奈而形成的自尊和自立也可见一斑。但简仍不明白毛蒂为何终日愤怒和抱怨，理解这一点也成了简情感得到启蒙的关键。"我不理解在她嘟囔'糟糕，糟糕'的背后说明什么，也不理解让她的蓝眼睛闪着怒火的愤怒"（127）。然而双人物的命运总是息息相关的，很快，简通过自己的经历有了感悟——她犯了腰病。同样因寡居没人可以求助，"两周以来，我像极了毛蒂，……过度焦虑地想，我还能憋得住吗，不行，不能喝茶，护士可能不来，我可能会尿床……"（131）她也第一次嘟囔起"糟糕"（133）——这个毛蒂常说的词来。简通过病中的感受联想到毛蒂衰老的肌体与鲜活的灵魂之间无奈、"糟糕"的矛盾，找到了导致毛蒂终日愤怒的原因，两个人物内心达成了共情——"明了或察觉到当事人蕴涵着的个人意义的世界，就好像是你自己的世界"②。

简参透毛蒂不久，毛蒂便罹患癌症，不久于人世了。在文学作品中，"双人物是凶兆，预示死亡"③，但是双人物的死亡并不是彻底消失，其生命往往在对方身上得以延续或重生。毛蒂作为简老年的化身已经完成了启发简的使命，析出

---

① Nuria Soler Pérez. "The Diaries of Jane Somers". ［EB/OL］ http：//mural. uv. es/nusope/work10. html，2005 – 3 – 10.

② 贾晓明：现代精神分析与人本主义的融合——对共情的理解与应用。［EB/OL］ http：//www. suxb. com/jiaxiaomingwenzhang. htm，2008 – 8 – 30.

③ Karl Miller. *Doubles：Studies in Literary History*. New York：Oxford University Press，1985. p. 47.

的老年自我回归了主体，因此载体便死去。毛蒂病中洗澡的事情只让简经手，"现在，除了翟娜（简的昵称）这个真正的朋友，这个可以依靠的人（你的另一个自我），谁会总说'行'，有求必应呢"（207），小说在此处以文字形式明确了二者间的双人物关系。在毛蒂被确诊为癌症后，作为双人物的简也深刻体会到死亡的压抑感，她似乎看到了自己临死的样子——"我目睹自己，翟娜，依着高枕头坐在那里，非常老，身体正从里面开始衰败"（234）。毛蒂死后，简篡夺了她的角色，而不再仅限于共情，[①]"我大发雷霆。……我开始纳闷我到底跟谁生气"（251），"我回到家，很生气，在屋里摔摔打打，嘟嘟囔囔。像毛蒂一样"（252）。对于老年状态的认知，（使）简产生了强烈的情绪反应，标志着简拥有了毛蒂的人格特征。借助双人物之间常见的篡夺行为，简实现了人格的转变和丰满。转变后的简会回顾自己的过往，那么谁来替代简的过去呢？

简年轻的副本是她的外甥女吉尔，她也是篡夺型的双人物。"她（吉尔）实际上就是年轻时的我"（263）。吉尔聪明，事业心旺盛，崇拜简，在工作上刻意地模仿她，"很快，她变成了我，具有了我的性格、我的举止、我走路的样子，她的声音也是我这样的"（263）。这种机械的模仿令二者的同一性初见端倪，且这种同一性很快延伸到精神层面——思维功能发达，情感功能羸弱。

简年轻时逃避情感，吉尔同样"无情"。吉尔对爱人马克的冷漠态度触动了简的感慨。

"'有时我（吉尔）觉得窒息，你呢，有没有过？有时候我气得要炸了——只想跑。'我（简）没说什么，因为我的记忆很心酸……

'我不记得了……'

'总不得闲，我问他，我说，给我说实话，你老和别人待着不烦吗？他说，我不能说我烦。'她学着他的举动，幽默又任性。她的身体演示她是如何生气地从他怀抱里挣脱的。

---

① 因为共情在假设自己为对方进行思考时，"没有丧失这'好像'的特质"。（贾晓明，《共情在精神分析中的意义和作用》）

'噢，可能你太年轻了还不懂。'

'什么意思?'

突然，我泪流满面……"（322 – 323）

简后悔自己的过去，因此泪流满面。此外，吉尔婚后不愿产子，无限度地令马克失望，与简完全相同。简承认，吉尔已经变成了自己的副本。"'三年了，马上就四年了，我看着你变了。……你现在大不一样了!'我几乎要说，我看着你变成了简·萨默斯二世"（336）。吉尔成为情感麻痹的工作狂，篡夺了简先前的形象，但这个形象并不丰满，仅是简年轻自我整合后的镜像，她没能像简一样超越年龄的阻碍获得智慧。"翟娜，看着聪明有野心的吉尔对待伴侣好像他对她的权利仅限于此，十分想去劝告她，但当然不能……因为年轻人不知道……"①小说下半部题目为《假如老人能够》，而这个谚语的前一半内容正是"如果年轻人知道"。年轻人不知道的正是年长人知道的，这也正如荣格对人格发展规律所作的评价："对于我们已是什么，我们清楚得很，但对于我们将要成为什么，我们却不知道"②。

毛蒂、简和吉尔在年龄和心智上构成顺承关系，在逐一进行角色篡夺的过程中形成简的过去、现在和未来三个"自我"层面的鲜明对比，发人深省。但是，人的心灵复杂矛盾，通达心灵完整的道路也是曲折反复的，小说中的乔伊斯与简的双人物关系就体现了这种矛盾反复。

三、第四元素

简的同事乔伊斯起初也是典型的职业女性，内敛、理性，是简事业起步时的榜样，她帮助简成为一名合格的职业女性。此时两人是同一的女性形象，但是后

---

① Nuria Soler Pérez. "The Diaries of Jane Somers". ［EB/OL］http：//mural. uv. es/nu-sope/work10. html, 2005 – 3 – 10.

② 荣格:《分析心理学的理论与实践》，成穷、王作虹译，19 页，北京，生活·读书·新知三联书店，1991。

来分道扬镳，乔伊斯成了与简唱反调的人。"乔伊斯是简的双人物，是一种反面的可能性，在她身上上演错误的情节"①。

首先，对待衰老这个看似老生常谈却鲜有人认真思考的问题，两人的态度完全相反。简直面问题，勇敢接受；乔伊斯却逃避。简敏感地发现在杂志中唯独没有老年人的形象，乔伊斯拒绝谈论此事；简想与乔伊斯分享关于毛蒂的体验，乔伊斯却认为简是自找麻烦和浪费时间。"她（乔伊斯）对于毛蒂的态度是典型否定的：因为老年人是别人，他们不是我们，我们不必同情他们"②。简提醒乔伊斯她们都会变老，乔伊斯却答非所问地说"我不指望我的孩子照顾我"（135）。归根到底，乔伊斯逃避的是对一种情感性问题的思考。但是，认为乔伊斯冥顽不化的简若非有幸得到毛蒂的启迪，曾经对丈夫和母亲的死亡都无动于衷的她，就是乔伊斯。

其次，当家庭与事业发生矛盾时，乔伊斯做出了颠覆性的选择——放弃事业，选择家庭，"乔伊斯要去美国了。她将放弃她精彩的工作。……她没的选择"（69）。越是逃避害怕情感的人，越是容易被情感攫住。"最后她乔伊斯说：'你是如此自立的一个人……我无法面对独自一人'"（69）。简的"自立"来自于情感得到启蒙，能够理性地判断事业和家庭的价值，乔伊斯在此问题上则混沌不清，难以选择。"因为我发现我和乔伊斯距离很远了……我有些东西已经发生了深刻的变化"（69）。人到中年，不同的精神世界使她们走上不同的道路。"她（乔伊斯）沿着街走了，但我还站在那里，无法相信这一切。我们这样分别不可思议，像敌人，至少看起来也相互仇视"（342）。情感功能羸弱的乔伊斯无法换位思考简的想法，"乔伊斯不同情毛蒂，她同样也没有想象力：她无法把想象力延伸到毛蒂身上，就如同她无法设身处地地思考别人的选择"③。

然而，双人物的对立互补关系实则表现了对方压抑的方面。简的女性"自立"信条在家庭生活面前显得并不牢固。当简去探望乔伊斯，看到她可爱

---

① Gayle Greene. *Doris Lessing：The Poetic of Change*. Ann Arbor：University of Michigan Press，1994. p. 199.

② 同上，p. 200.

③ 同上，p. 200.

的孩子时，简的自信动摇了。"看着这些神圣的面孔，我知道如果不注意我就要投降了，但是我心里默念，我是对的，我是对的，我是对的……或许，我根本不对"（83）。在与乔伊斯的谈话中，简承认，虽然丈夫都已经过世，自己却从未真正体验过婚姻，体验过情感，"有些东西错过了"（215）。于是她思考婚姻的内核，想弄清女性在感情上飞蛾扑火的原因。当得知年轻职员菲莉斯（Phyllis）决定结婚时，"我想知道她是否清楚自己要承担的；因为那是它的本质，对吗？"（216）小说中简与菲莉斯的一段谈话恰恰能表现简内心的矛盾。

"你的女性会面怎么样？"

她（菲莉斯）转过她的眼睛，不经意地笑着说，"噢，他不介意我做什么，事实上，他还蛮感兴趣的"。

她的话离题万里，让我不自在地笑起来，好像一个笑话没达到预期的效果（216）。

简关心菲莉斯女性会面的情况，而菲莉斯却谈论爱人对女性会面这件事情的看法，显然，女性间的友谊在男女之爱的对比下显得好像是个"笑话"，这种尴尬、不自在表现了简对自己的选择的犹疑，也显示出她对情感不由自主的敬畏，这份敬畏就由放弃事业、投身家庭的乔伊斯外显出来。

但为何简自身没有执行投身情感这个意愿？因为它本身并非简完全的意愿，"命令未被完全服从的原因是它并非来自完全的意愿"[1]。"在我们身体里有两个意愿，因为每一个自身都不是完全的意愿，而且一个包含另一个缺乏的内容"[2]。Augustine 所表述的这种人物内心思想的二元性是符合现实的。一个行为决绝的人物，内心也可能存在与外在行为完全相反的想法，这是人格特点之一。因此，

---

[1] Saint Augustine. *The Confessions of Saint Augustine*. Trans E. B. Pusey. Seattle：Publishing Online，2001. p. 152.

[2] 同上，p. 152.

互补型双人物的存在对于塑造丰满立体的人物形象才显得尤其必要。作为对立互补的双人物，乔伊斯和简彼此缺乏对方拥有的东西，这一点两个当事人也看得很明白。

> "在你身上缺失了一些东西，我说过。"她（乔伊斯）说。
>
> 冷冷地，我很受打击。
>
> "或者，可能你也有缺失的东西。"（108）

在乔伊斯眼中，简缺失的是孩子、丈夫、真正的婚姻，即与别人共同生活的情感。而乔伊斯对于"别人""缺乏想象力"①，依附男人，放弃自己的事业。两人拥有的都正是对方身上缺少的，或者说是对方所寻求的。乔伊斯颠覆职业女性形象投身家庭，正说明思维与情感的矛盾对立，不可兼得，也使我们更深入地挖掘了简压抑、隐藏或许自身亦未曾意识到的真实的人格侧面，有助于达成以简·萨默斯为中心的完整的"自我"形象。

莱辛在《简·萨默斯的日记》这部小说中选取了具有一定社会普遍性和典型性的女性问题进行讨论，文中的四位女性双人物相互依存、相互呼应，在展示她们对待生活的不同态度时，也传达了心灵的共通和命运的暗合。毛蒂是简的未来，她使简触摸到活生生的老年自我；吉尔是简的过去，她使简清楚地审视到年轻时的缺憾；乔伊斯是简隐藏的另一种可能，她使简在保持自己的选择的同时，能够更加清楚地了解自己的内心。简在体验他人的生活时，通过观察别人身上的"自我"，实现了自知，看到了缺憾，实现了悔悟，获得了智慧。作者通过双人物这面多棱镜，映射出人格的层层面面，构建了一个完整的女性"自我"形象，也更为便利地揭示了女性一生复杂的事业、爱情和婚姻心理发展变化过程。由此可见莱辛对于人格的高超剖析能力。在小说中，还存在许多对双人物，包括毛蒂和简的母亲、简和西尔维亚、凯特（Kate）和凯思琳（Kathleen），毛蒂和乔伊

---

① Gayle Greene. *Doris Lessing：The Poetics of Change*. Ann Arbor：University of Michigan Press，1994. p. 201.

斯，她们更多的是为表达主题起辅助作用。可以说，双人物是这部小说最重要的人物关系，通过双人物的介入，这部小说成功地展开了一幅宽幅的女性人格画卷，警示繁忙麻木的现代女性注重心灵的复杂性，追求内心的成长，发人内省。

（郭　曼）

两世怨女魂，空有梦相随

——分析《又来了，爱情》的
后现代语境中的双重叙事

在《又来了，爱情》中，莱辛借助两条叙事线索在后现代语境中深化主题，她将形式与内容作为有机的统一体来共同延伸文学主题的意蕴。本文从叙事模式入手，就文本中的两条叙事线索进行了三方面的分析：戏内历史时间线索的互文性、戏外当代时间线索的话语次序颠倒性、这两条古今时间线索的相互渗透与烘托，这三方面内容分别揭示了作品的三个方面的后现代性：一是历史的虚构性，二是边缘身份的中心化，三是时间的无止境化。在文本所呈现的两种时空、两种社会文化的后现代语境中，莱辛通过利用"萨拉"这一主人公名字所隐含的嵌套法使其承担了在两种时空线索之间穿针引线的任务，昭示了隐形的"年龄等级制"。"萨拉"这个名字延伸行走于新旧两个时代之间，赋予作品以超越时空的意蕴。

多丽丝·莱辛（Doris Lessing）写于 1996 年的晚年代表作《又来了，爱情》（*Love，Again*）在国内尚未引起评论界的重视，而国外的研究主要集中在探讨作为"边缘弱势群体"的老年人尤其是老年妇女像年轻人一样也需要爱情和性这一主题性分析和精神研究分析方面。① 然而这部小说的叙述话语这一艺术特色则很少被论及，对于莱辛这样一位执著于小说形式的实验和创新的作家来说，这无疑是一大缺憾，这部小说需要更多的阐释空间。②

本文以该文本同二战后畅销名著《法国中尉的女人》（*The French Lieutenant's Woman*）的互文关系和此两部小说中女主人公的名字同为萨拉（Sarah）的人物姓名隐形嵌套法为突破口，对作品的写作特色和主题的有机结合进行整合性分析（即莱辛借助戏内戏外这两条叙事线索在后现代的语境中深化主题，将形式与内容作为有机的统一体来共同延伸文学的表达意蕴，烘托作品的主题）。在莱辛的笔下，故事围绕"青鸟"剧团的一场话剧排演展开。戏内，19 世纪音乐和绘画上的传奇美貌才女朱莉·韦龙（Julie Vairon）因其私生女的卑贱的社会地位，曾两度被富家子弟保罗和雷米始乱终弃，后遇 50 岁的绘画印刷铺的老板菲利普向她求婚，不料在婚礼的前一周，朱莉却在深潭中溺水身亡，留下了不解之谜。戏外，编剧萨拉年逾六旬、守寡多年，但其醇酒般的魅力在排练话剧《朱莉·韦龙》（*Julie Vairon*）的过程中醉倒了四位比她小二三十岁的男人，他们是两位男

---

① 虽然也有与之不同的观点，如 Carole Angier 认为《又来了，爱情》与"爱"无关，而是精神的抑郁（depression），遗憾曾经逝去的、年轻的自我，主人公不想成为老人，不想被年轻人取代，正如莱辛本人不想被年轻人取代她的写作一样（Angier, Carole. *Despising the Sham*, *LOVE*, *AGAIN by Doris Lessing*（Book Review）[J]，*Spectator*, 276：8753（1996：Apr. 20）p. 42）。此观点颇具闪光点，但是我们看到没有年老就无所谓逝去，不处在老年的状态就无法体会到年轻人所独享的权利的丧失，尤其是因年龄歧视而导致的爱情权利的丧失，这令老年人无法视而不见，这也是莱辛对此小说的重要的和独到的情节配置。因此年老、抑郁、遗憾，无不同"爱情"相关，并与"爱情"携手并肩，如果我们置"爱"于不顾，只谈论青春的失去和年老的问题，那么就是对莱辛独特谋篇布局的无视。此外，莱辛作为一名乐观的、重情义的人道主义小说家，她的小说的主题始终离不开她所肩负的社会责任，那就是追求个体身份的价值，为被社会所践踏的弱势群体（女性和黑人）呐喊。因此，在《又来了，爱情》中莱辛秉承她在小说中所一贯保持的人道主义主题的传统，使老年人的意识戏剧化，为被社会剥夺和践踏的老年人的情感问题与年龄歧视问题而呐喊，我认为这才是这部小说所昭示的人道主义之深意所在。正如莱辛在自传《影中漫步》（*Walking in the Shade*）中所言，很明显这部小说所涉及的是男人与女人，以及老年人的爱情问题。（Lessing, Doris. *Walking in the Shade*. Great Britain Harper Collins Publishes. 1997：309.）。

② Wang Lili. *A Study of Doris Lessing's Art and Philosophy*. Beijing：Social Sciences Academic Press, 2007. p. 225.

主演比尔（Bill）和安德鲁，导演亨利（Henry）和投资人本杰明。在这场不可思议的爱情的漩涡中，萨拉也在无形之中先后被青年演员比尔和中年导演亨利的爱情捕获，从而卷入其中无法自拔，陷入情感和生理上的无尽痛楚与挣扎之中。最终没有越轨之事发生，一切都在女主人公萨拉的大段的心理独白中激荡不休。作品结束了，而《朱莉·韦龙》中令人销魂的乐曲卷携着微妙的情愫回环萦绕、余音袅袅。本文从叙事模式入手，就文本中的两条叙事线索进行了三方面的分析：第一条是戏内的历史时间线索的互文性，第二条是戏外的当代时间线索的话语次序颠倒性，第三条是历史与当代这两条时间线索的相互渗透与烘托，而这三方面内容分别揭示了作品的三个方面的后现代性——一是历史的虚构性，二是边缘身份的中心化，三是时间的无止境化。在这两种时空、两种文化、一虚一实、一幻一真中，莱辛将当代女主人公编剧萨拉的名字嵌套入《法国中尉的女人》中女主人公萨拉的名字，使萨拉这个名字承担了戏内戏外、古今两条时空线索之间穿针引线的任务，揭示了发生在 19 世纪维多利亚时代法国中尉的女人萨拉的女性悲剧和朱莉·韦龙的女性悲剧。她们的悲剧又在一个世纪后发生在同样名为萨拉的当代女性身上，她们都是受过良好教育的知识女性，年逾六旬的编剧萨拉像是前一位萨拉的生命的延续，不同的是前者是社会等级制度的牺牲品，而后者的悲剧是更为隐形的年龄等级制，反映了莱辛卓越的超时代的敏锐的洞察力。"萨拉"这个名字穿梭于新旧两个时代之间，暗示了不同性质的女性悲剧的重演，赋予作品以超越时空的警醒世人之意蕴。

一、戏内《朱莉·韦龙》与《法国中尉的女人》
的互文性——历史的虚构性

第一条戏内历史时间线索中的一部历史剧《朱莉·韦龙》与英国后现代作家约翰·福尔斯的二战后的畅销名著《法国中尉的女人》具有互文关系，这种模仿和降格化的改写呈现出虚构性的历史，是对历史主义的批判。《又来了，爱情》初看是一部现实主义风格的作品，但其后现代文本印记使我们不得不重新审视它的风格，其中互文性是它的一大特点，不容小觑。作为后现代小说中一个不可忽视的文本策略，互文性指"文本利用交互指涉的方式，将前人的文本加以模仿、降格、讽刺和改写，利用文本交织和互相引用、互相书写，提出新的文本与世界观"①。《又来了，爱情》中的名为《朱莉·韦龙》（以下简称《朱》）的历史剧与《法国中尉的女人》（以下简称《法》）的互文性集中体现在前者模仿后者故事所发生的年代，以及四位主要男女人物的身份和个性特点方面。

首先，时间背景几乎相同。两部作品的背景都是19世纪，时间相差不过两年，《朱》于1865年发生在法国，《法》于1867年发生在英国。其次，女主人公的社会状况和个性特点相似。两部作品中女主人公的社会地位都很低下，处在社会的底层，她们由于卑微的出身都做过富家子女的家庭教师，她们都不被当地居民容纳而被称为"荡妇"。但她们都是聪明过人、容貌美丽的女才子，且都擅长绘画。《朱》中的朱莉擅长绘画兼作曲，死后其绘画作品受到世人瞩目，而《法》中的萨拉也喜爱并擅长绘画，并受到著名的前拉斐尔派画家们的影响。再次，两位女主人公先后所遇到的三位男子的特点也都很相似。第一位抛弃朱莉的男人是名叫保罗的法国军官，他是个年轻的中尉，他"英俊潇洒、性格冲动、喜怒无常"②；而在《法》中，萨拉也是被一名年轻的浪漫而又英俊的法国中尉抛弃。第二位抛弃朱莉的是米雷，他出身于贵族，"清醒稳重，严肃认真"③，代表成熟的爱情，已经与一位门当户对的姑娘订了婚；这同《法》中萨拉遇到的第二个男人查尔斯也如出一辙，查尔斯是一位严谨的考古学知识分子，成熟稳重，贵族出身，其祖父是一位准男爵，未婚妻蒂娜与他门当户对，是一位巨富的女儿。第三位她们遇到的男人都更加成熟且职业都与绘画有关，尽管各不相同，一位是绘画印刷铺老板，一位是先锋派艺术家、前期拉斐尔画派画家罗塞蒂。上述复制写法非常类似于故事层面的嵌套式结构，但被复制的故事也就是原文本出现在作品之中，必须依靠读者的想象才能出现，因此只能称其为互文策略。

---

① 廖炳惠：《关键词200：文学与批评研究的通用词汇编》，137页，南京，江苏教育出版社，2006。

② 多丽丝·莱辛：《又来了，爱情》，瞿世镜、杨晴译，23页，上海，上海译文出版社，2007。

　　③ 同上。

　　除了上述《朱》对《法》的模仿方面，还有对《法》的改写，集中体现在结尾情节的改写上。在《法》中，萨拉在结尾成为一名新女性，[①] 她自由地选择结婚或者拒婚，一切皆由她自己做主，让我们看到了些许希望。而朱莉在《朱》中却在结婚前夕溺水身亡，成为悲剧性人物，而戏剧在此戛然而止，作者在此没有提供任何解释和线索，而是把广阔的思考空间抛给了还在困惑中的读者或观众，打碎了朱莉从此过上美好生活的童话式的结局，把读者重新抛入社会等级制所造成的悲剧的深渊。如果说《法》具有典型的后现代特征的多重结尾结构是一大特色的话，那么《朱》的结尾更加出人意料，把读者抛入无限的未知的境地，给人留有更多的自由决定权，其后现代特征不言而喻。而最具有讽刺意味的是在《又来了，爱情》中，《朱》被描述为一部根据历史人物朱莉的真人真事而编写的历史剧，但实际上却成了对一部战后名著的大胆模仿与改写，成了元小说，使真实的历史落入虚构的窠臼，"从而否定了在历史与小说之间划出清晰的、可维持的界限的可能性"[②]。小说中的历史剧却不是在写历史，莱辛在此揭示了历史的虚构性和语言的虚构性，颇具新历史主义的特点。"从这个意义上

---

　　① 国内外不同研究者对结尾萨拉的解读呈现出多样化的不同阐释，关于萨拉是否成为新女性的问题，笔者还是认为萨拉在结尾毕竟成为一名与以往时代不同的新女性。有研究者认为小说结尾中萨拉与拉斐尔前派的画家在一起，表明萨拉重陷男权主义的窠臼（参见陈蓉：《萨拉是自由的吗？——解读〈法国中尉的女人〉的最后一个结尾》[J]，《外国文学评论》，2006：80～83），但是我们的问题是，萨拉真的是重陷男性主义的窠臼吗？答案显然也是否定的。其实对萨拉的解读只用女性主义解释是行不通的，萨拉并没有受控于任何异性。陈蓉在论文中对拉斐尔前派画家们尤其是对罗塞蒂的男权思想的分析固然透彻、富有创见、另辟蹊径，但只是一份文本之外的历史考证和作者联想的答卷，它脱离了《法国中尉的女人》的文本的内涵，因为文本中关于真实历史人物拉斐尔前派画家罗塞蒂的行为和思想全部是空白的，陈蓉所做的是对历史上真正罗塞蒂其人的考证，而非对作家福尔斯笔下的罗塞蒂的分析，是脱离了文本的想象。其实，萨拉与其关系暧昧的拉斐尔前派画家们同居，作者福尔斯暗示出一种新的人际关系格局，向传统家庭价值观念挑战，预示着一种"既非一夫一妻制也不是通奸活动的生活方式"，"性的表达跟着感觉走"，是一种人类新的生活方式，一种酷儿的生活观念。

　　② 史蒂文·康纳：《后现代主义文化》，周宪、许钧主编，184 页，北京，商务印书馆，2007。

讲，所有的历史都是一种文学"①。

总之，莱辛通过戏内线索中《朱》对《法》的模仿和改写颠覆了历史，嘲弄了历史的真实可靠性，戏谑了福尔斯在《法》中所宣扬的新女性主义时代的到来，打碎了读者和观众心中女性社会地位提高的幻想，给读者一针清醒剂，昭示了并未解决的女性社会问题。同时，戏内朱莉悲剧性的结尾和她溺水前痛苦的内心挣扎映照了戏外年老萨拉的内心和生理上的痛楚，朱莉在深潭中溺水悲惨地死去如同年老的萨拉在情感的漩涡中痛苦挣扎，生不如死。

二、戏外话语次序的颠倒性——边缘身份的中心化

在第二条戏外的当代时间线索中，讲话主体始终是女编剧萨拉，而追逐她的戏外的四位男性则走向边缘，女性的边缘身份和声音向中心靠拢。这样，莱辛通过女主人公的视角降格颠覆了男权话语的主导权，实现了女性边缘身份向中心的转化。珍妮·福特认为，话语依赖于将女性作为对象的构建，依赖于总是得以表达但却从未取得完全讲话主体地位的语言符号。这意味着女性处于不在场的空间。在女性后现代表演中，同时突出和拒绝这种对女性声音的压制，发现女性作为"讲话主体"的身份，并且以友好的方式展示出来。② 这种话语次序的逆转构成了对象征次序的挑战，从而直接对抗话语的父权结构。文本中充斥着大段的编剧萨拉的内心独白与叙述话语，读者都是通过编剧萨拉这个透视镜来得以了解整个事件的发展过程。因此编剧萨拉成为作品的中心人物，她以讲话主体的身份来直接对抗父权话语，使父权话语被击退到边缘位置。

同样，戏中的朱莉也变成戏剧中讲话的主体，成为真正的女主人公，文中大段引用她遗留下来的日记，而对她始乱终弃的男人们则在小说中走向了边缘。这是萨拉作为女性编剧的有意的安排，因为生活在朱莉那个时代的妇女还没有取得

---

① 史蒂文·康纳：《后现代主义文化》，周宪、许钧主编，184 页，北京，商务印书馆，2007。

② 同上，214 页。

选举权，女性的地位还很低下，女性在历史中不可能作为表达的主体出现，但是在这里，戏内戏外的两个女主人公都反客为主，颠倒了说话次序，实现了后现代语境中女性边缘身份的中心化。而被戏仿的《法》的女主人公萨拉的存在状况才是朱莉那个时代的真实写照，在福尔斯的《法》中女主人公萨拉的话语极少，几乎是无声的，萨拉的内心世界从未展示给读者，萨拉成了一个谜团、一个无限延异的符号、一个语言的代码和一个人物的代理符号。同时由于《法》的作者福尔斯是位男性作家，所以在作品中萨拉的角色也难逃被男性客体化、欲望化的命运，而在莱辛的小说中，在当代叙事话语下，女性角色的地位发生了改变。

莱辛的当代时间线索所反映的这种后现代语境下的女性主体化，对抗着父权结构，预示着新的女性困境的重演，但这次不是社会等级制度的悲剧，却是年龄等级制导致的悲剧，年龄的差距使年老的萨拉面对迟来的爱情只能压抑自己的情感，在痛苦中挣扎而无法跨越和解脱。同时，这种年龄差距的社会歧视也具有超时空性，也就是说，年龄等级制在历史中早已存在，在女性被符号化和边缘化的维多利亚时代同样具有年龄等级制，但只因当时的社会等级制和女性的边缘地位的凸显而被忽略了。由此可见，现代社会在给人自由和进步的同时，使人们看到了社会现实中新的不平等，当然，这不是倒退，而是时代进步自由扩大的显现。唯有站到以女性为主体的中心位置，女性才能觉察到这种新的歧视和不平等，也就是说，正是后现代语境中的女性边缘身份的中心化，才使当代社会中女性年龄的等级制凸显出来，从而烘托了作品的主题。

三、萨拉穿梭于历史和当代时空之间——时间的无止境化

"萨拉"是戏外当代主人公女编剧的名字，同时"萨拉"既是对福尔斯的小说《法》的嵌套，也是对戏内女主人公朱莉名字的隐形嵌套，这样"萨拉"作为一个具有多层内涵的代码符号，横穿并连接了历史和当代的时空。在这令人眼花缭乱的时空之维中，不变的仍是关于女性平等的社会问题，只不过莱辛在此昭示的是女性年龄等级制的不平等，年老女性同样拥有获得爱情的平等权利。

小说女主人公——戏外《朱》的老年编剧取名萨拉，是对《法》的年轻女

主人公名字萨拉的嵌套，但是因为年轻萨拉的名字并没有复制本身，也就是说，没有真正出现在文本中，所以这种名字的嵌套是隐形的嵌套。而同《法》有互文关系的《朱》的女主角的名字却不是萨拉，而是做了名字嵌套的调整而改名为朱莉·韦龙。这种人物名字的嵌套和调整激活了维多利亚时代年轻萨拉的生命，她仿佛转入了本世纪，成为"青鸟"剧团的老年编剧萨拉：年轻的萨拉步入老年魅力依旧，所不同的是，年老的萨拉面对的皆是小她二三十岁的男性而不是适合她年龄的男性。这同强势的既定社会成规形成了巨大的张力，仿佛年轻萨拉所遭受的不平等的社会问题在重演，但是老年萨拉陷入比年轻萨拉更痛苦的情感漩涡之中，因为当代的萨拉遇到了比维多利亚时代的严格的女性社会等级制还要难以跨越的女性年龄的等级障碍的鸿沟，而这是当代社会的人们还未曾觉察或依旧引以为耻、被人嘲笑的现象。在西方后现代社会中，随着全球化在人们"生活世界"（哈贝马斯语）的渗透，人与人之间的交往关系呈现出前所未有的复杂性、多层次性和空间性，这使得人与人之间的交往呈现出更多的可能性和民主性的景观。但是，女性年龄的等级障碍成为横亘在当代年老女性面前阻碍她们获得自由平等权利的新的鸿沟，这种不可翻越的壁垒在以往时代则是被人忽视的，而在后现代状况下则凸显出来。莱辛站在人的性角度敏锐洞察这一老龄化歧视的状况，其预见力可见一斑。

就这样，萨拉这个名字行走在历史和当代的时空之中，穿针引线，把超越时空的女性悲剧连接起来，延伸了时间，拓展了故事的内容，深化了主题。《又来了，爱情》的主题正是通过女主人公萨拉的名字的嵌套得到充分体现，名字的嵌套拉伸了时间之维，使时间在历史和当代的时空维度中跨越与绵延，变化的是时间，而不变的仍是女性的社会性问题，年老女性同样拥有爱与被爱的权利，正如老年男性、年轻男女一样。

四、结语

正如耐尔斯（William Nells）所言，对于叙述结构层次的分类、辨识不是最终目的，它实际上应该是为文学主题的阐释服务的。① 上述分析中的写作特点和技巧是与作品所蕴含的深层意义相关联的，从而揭示了莱辛对于双重叙事线索的选择和互文策略的运用就是文本主题意义产生的一个重要源泉。而且，莱辛的写作技巧的运用源于并服务于对人物心灵的视觉再现，戏仿是推动读者想象力发展的重要手段，正是莱辛的双重叙事线索、戏仿和名字的隐形嵌套才使我们得以洞悉当代老年女性弱势群体的状况，窥探到被忽略的社会群体的"心灵景观"和隐形的"年龄等级制"，最终成为我们得以认识自身所处的社会问题的空间。莱辛作为一名人道主义小说家，她的小说的主题常常集中反映被社会践踏的弱势群体，为追求人物个体身份的价值而呼吁和改革。同样在《又来了，爱情》中，莱辛秉承她在小说中所一贯保持的人道主义传统，使老年人的个人意识与情感戏剧化，为被社会剥夺的、践踏的老年人的情感问题与年龄歧视问题而呐喊。正如 Mercy Famila 所言，莱辛的小说充满了人道主义。② 人道主义与小说家的关系极为密切，二者"不是偶然"的。③ 莱辛作为一名肩负社会责任感的目光敏锐的作家，以她先知先觉的问题意识对抗着具有失望意识的现代人们，试图重建已残缺破碎的人道主义碎片，不遗余力地致力于人类意志的恢复与重构，让人类社会更加自由与繁荣。④ 文学阅读的伦理学在于充分意识到其特意的他者性，使读者产生负罪感、责任感和使命感，因此作为读者如果能够感受到社会上隐形的"年龄等级制"对老年人的精神压迫，并为老年人的这种不平等而鸣不平，这就是多丽丝·莱辛的作品蕴含的积极文化意义。

（庞燕宁）

---

① William Nells. "Stories within Stories: Narrative Levels and Embedded Narrative." in Brian Richardson ed.. *Narrative Dynamics*. Columbus: The Ohio State University Press, 2003. p. 345.

② Mercy Famila. "Humanisim in Dorris Lessing's Novels: An Overview." in *IRWLE* vol. 7 No. 1 January 2011. p. 1.

③ Peter Faulkner. *Humanism in the English Novel*. London: Pemberton, 1975. p. 3.

④ Mercy Famila. "Humanisim in Dorris Lessing's Novels: An Overview." in *IRWLE* vol. 7 No. 1 January 2011. p. 2.

表象的背后

——《喷泉池中的宝物》的叙事策略

　　短篇小说是莱辛创作的一大景观，她的创作技巧及贯穿她创作之路的主题思想在其短篇小说中得到淋漓尽致的体现。短篇小说《喷泉池中的宝物》通过现实和虚构的转换、物质与精神的对峙与冲突，体现了作者对人的终极存在价值的思考。本文通过对小说巧妙的叙述结构的分析，对其象征意象以及不断置换的叙述空间的解读，剖析其隐藏在表面文本之下的深层意义。

　　2007 年诺贝尔文学奖获得者多丽丝·莱辛是英国战后最具独创精神的女作家。在长达半个多世纪的创作生涯中，莱辛始终如一地关注人类社会生存状况及其未来的命运。在创作长篇小说的同时，莱辛也十分关注短篇小说的创作，她自称为"短篇小说创作的瘾君子"，并声称虽然短篇小说没有市场，但她还是会一如既往地坚持短篇小说写作，就算它们最后的归宿是书房的抽屉。① 莱辛的短篇小说更能体现其创作技巧上独辟蹊径的实验精神。《喷泉池中的宝物》（*Out of the Fountain*）收入莱辛的短篇故事集《另外那个女人》（*The Other Woman*）。近几年，莱辛的作品备受关注，但遗憾的是人们却很少把批判的眼光投向这篇堪称经典的短篇小说。从已有的一些讨论来看，大多都只是对小说的主题意义进行阐释，对小说的艺术技巧都有不同程度的忽略。本文将焦点聚集在小说的叙事策略上，通过对其独特的叙述结构、特殊的象征意象以及置换的叙述空间的分析，解读作者如何将艺术技巧与主题意蕴结合在一起，进而挖掘潜藏在表面文本之下的

---

　　① Doris Lessing. *African Stories*；*Preface*. New York：Simon and Schuster, 1981. p. 8.

深层意义及其主题蕴涵。

一、套中套结构

《喷泉池中的宝物》以一个陌生人的角度，用轻松诙谐的语气讲述了一个有关理想和追求的沉重深邃的话题。年近四十的钻石打磨匠伊甫瑞姆到亚历山大港为一个富商之女打造钻石，完工后他应邀到富商家里参加晚宴，期间邂逅了富商家的千金米润，并对她戴假珍珠的事耿耿于怀。他用自己的积蓄买了颗美轮美奂的珍珠送给米润，而这颗珍珠也从此改变了两个人的人生轨迹。米润解除了同保罗的婚约，甘愿放弃养尊处优的生活，嫁给了一个"在正常情况下，她绝对不会认识"的意大利工程师，成了一个贫穷的家庭主妇。而偶然的相遇使伊甫瑞姆内心深处从此揣了一个美好的梦想，他辗转多年收集了许许多多的宝石，一心想要打造一盘由各色珠宝拼成的玫瑰送给米润。两个只有两面之缘的人四年后在街头重逢：如今米润已成了穷困潦倒的妇人，她饥肠辘辘却不肯把缝在衣裙里的那颗曾经给过她勇气、价值不菲的珍珠卖掉。这篇小说虽然只有寥寥数千字，但它的叙述结构却是独特的、耐人寻味的。小说采用故事套故事的框架式结构，在故事开始时，作者提引了一个总的框架，导出故事。她放弃了上帝式全知全能的叙述视角，始终在自己和故事之间隔开一段距离，以一个旁观者的身份聆听他人讲述故事，对整个故事进行客观冷静的审视。早在19世纪就有很多文学大师采用这种独特的叙述结构来反映小说的深刻主题，如马克·吐温（Mark Twain）发表于1865年的《加拉维拉县驰名的跳蛙》（*The Celebrated Jumping Frog of Calaveras County*）以及约瑟夫·康拉德（Joseph Conrad）发表于1897年的《礁湖》（*The Lagoon*）。在这种故事套故事的叙述结构中，作者始终躲在故事叙述者的身后，其实作者"从叙述中隐藏起来，其目的只是为了更好地'显露'，对叙述视角进行限制，其目的是为了让叙事获得更大的自由"[①]。莱辛在该小说中采用的客观化叙事完全放弃作者对读者进行"引导"的权利，而是留给读者想象和思

[①] 格非：《小说叙事研究》，184页，北京，清华大学出版社，2002。

考的空间，让读者自己进行是非评价。小说框架中的时间结构是想象和现实交混的两种序列。作者在故事开始及结束时提到的巴黎机场把读者从想象的虚构世界带到现实社会中。在这个现实的框架结构中，叙述者获得了讲述故事的空间与时间，他讲述的故事就更加凸显出其虚构性。整个故事从开始到结束都像是被一团浓雾笼罩着，作者到处设暗语，处处有玄机，其目的都是为了提醒读者这只是个虚构的故事。读完整篇小说，读者恍如坠入虚构与现实的叙述迷宫中，游走在虚构与现实之间。作者借用这种特殊的叙事结构向读者传递了这样的一个信息：现实再也不是一个充满戏剧性的圆满的线性结构（在这样一个结构之中，世界似乎于每一秒钟都在上演着一出出因果相承、悲欢离合的戏剧），而是充满偶然性的松散事实的总和。[①] 这样的现实总是给人们一种虚幻的想象，现实与虚构的界限变得越来越模糊。小说采用套中套的结构使真实和虚构交替出现、互相交叉，以虚构的故事来揭露现实社会的不完美。

除了故事的虚实给读者设置了阅读的障碍外，讲述者的身份也犹如笼罩在机场上空的浓雾，给读者一种扑朔迷离、云里雾里的感觉。对于他的身份作者并没有做明确的交代，讲故事的人一开始出场时，作者是这样介绍他的："旅客中有一个迄今还没有讲过话的人这时开口说"[②]。这样的介绍并没有向读者透露任何关于叙述者的信息。当他讲完故事后，乘客中有人质疑他会不会就是故事的主人公伊甫瑞姆，然而这个猜疑被作者否认了："不是，他绝对不是伊甫瑞姆。"[③] 那么他怎么会了解发生在主人公身上的事情？当伊甫瑞姆向广场上的人群撒落珠宝时，他是在场的。叙述者承认他认识伊甫瑞姆，他们认识"已经接近五十年了"。故事接近尾声时，作者又提到了罗森博士，罗森博士是故事讲述者吗？看完全文读者仍对故事讲述者的身份感到疑云重重。作者为什么要安排这样一个身份不明确的人物向大家讲述故事呢？这样一个虚构人物所讲述的故事可信度高吗？其实这样的安排主要是为主题的表达服务的。这种若即若离的讲述就像半山

---

① 格非：《小说叙事研究》，7 页，北京，清华大学出版社，2002。

② 多丽丝·莱辛：《另外那个女人》，傅惟慈译，103 页，杭州，浙江文艺出版社，2003。

③ 后文出自《喷水池中的宝物》一文的引文，将随文标明出处页码，不再另行作注。

腰的云雾，时不时把主峰挡住，使小说的主题若隐若现，增强了作品结构的流动性和开放性，是对传统小说叙述形式的一种突破。传统小说经常采用全知视角，叙述者是无所不知的"上帝"。而在《喷水池中的宝物》一文中，作者采用的是有限视角，人物的言行、外表、背景只能通过某一在场人物传递给机场上听故事的乘客以及小说的读者。作者主要是想通过这样一个故事反映二战后英国的社会状况和人们的精神状态。第二次世界大战持续时间之长久、破坏程度之强烈都是前所未有的，给英国人民带来沉重的精神创伤，人们的精神信仰出现了空前的危机感，对传统价值的信念都流于幻灭，各种权威也都受到不同程度的挑战。随着尼采"上帝之死"的提出，罗兰·巴特也发出了"作者已死"的言论，在文学写作中作者的权威也受到了挑战。作者不再是全知全能的"上帝"，而只是一个不介入故事，不作道德、是非判断的局外人。作者采用一个不可靠的叙述声音来为我们讲述故事，是想提醒读者时刻牢记这只是个故事，它是虚构的，进而引导读者对社会现实进行思考。通过这种特殊的叙述视角，现实和想象的对立矛盾得到了深刻的揭露。

战争使"一切都在解体"，战后的社会是一个四分五裂的社会。社会主体不再是稳定的、统一的主体，人们不再拥有统一的世界观及人格，而是变得分裂、破碎和不稳定。作者对传统叙述形式进行革新，叙述结构很好地表达了分裂的社会现状。其开放式的结尾更是给读者留下想象的空间，启发读者对人生意义进行思索。在使用独特的叙述结构来表现小说主题的同时，作者还采用了具有象征意义的特殊意象，使小说的主题得到了进一步深化。

二、象征诗艺

象征是文学创作中的一种艺术手法，它借助具体可以感知的事物或形象来揭示某种抽象的概念、思想和情感，化抽象为具体，从而诱发读者的想象力和联想力。美国学者劳伦斯·坡林指出："象征的定义可以粗略地说成是某种东西的含义大于其本身""象征意味着既是它所说的，同时也超过它所说的"。① 小说的象征描写，使小说具有一种暗示意识，使小说搭建起超越于表层之上的审美空间，从而使小说诗意化、哲理化和形象化。② 莱辛善于运用象征性的事物来揭示具体事物背后的深层含义。在短篇小说《喷泉池中的宝物》中，莱辛通过对雾、月亮和珍珠等象征意象的形象化叙事，赋予了这些事物丰富多样的深层寓意。象征手法的有效运用增加了小说叙事的跌宕起伏感，对小说的主题起了很好的烘托作用。

1. 雾

在《喷泉池中的宝物》中，雾的意象贯穿于整部作品，对小说的内容起了一种象征性黏合的作用。由雾创造出来的喻象氛围极大地增加了作品的艺术感染力。对于作者来说，这个故事是"从一场大雾开始的"（102）。因为大雾延误了航班，素不相识的乘客才有机会围坐在一起聊天，叙述者也才有机会向大家讲述这个发人深省的故事。故事一开始，乘客们就分享着跟金钱有关的趣事，作者强调"这段开场白告诉读者故事发生的时间，至少叫我们知道那时正大雾笼罩"（102）。当故事讲述者在犹豫有没有时间跟其他乘客分享这个他"极其珍爱"的故事时，"餐厅的大玻璃窗外又出现了像大块绸缎一样闪亮的雾团"（104），飞机起飞的时间又要延迟，为旅客赢得了讲述故事的宝贵时间。故事开始时，叙述者假设了故事的两种开场，但随即又被他否认了，因为"如果是这种情况，这个故事就不会这样开头了，不会跟下雾发生任何关系"（104）。当故事讲完时，作者乘坐的班机也即将起飞，"机场的起飞跑道上仍然留着一些透明的薄雾"（121）。雾的意象一再被提及，小说中无所不在的雾已超出其本身的含义，而被当作一种意象。作者借助雾的意象到底向读者传递一个怎样的信息呢？小说中的故事发生于二战期间。当伊甫瑞姆与米润再次在一个小广场上相遇时，二战刚好结束。经过战争的洗礼，英国从一个"日不落"帝国最终衰弱成在欧洲只能屈

---

① 劳·坡林：《谈诗的象征》，载《世界文学》，56～59 页，1981（5）。
② 参见施军：《叙事的诗意：中国现代小说与象征》，279 页，北京，人民出版社，2007。

居第二的国家。整个社会显得萎靡不振，人们消沉的情绪弥漫在整个空气中。作者借助雾的意象渲染笼罩在人们精神世界的愁云。战争动摇了人们的传统信仰，对现有社会秩序的安全感和传统价值的信念都流于幻灭，人们的精神世界被战争的浓雾笼罩着，大家都感到迷惘，看不到出路在何方。同时，作者采用迷雾的意象是有意混淆现实和虚构的区分。雾掩盖了真实的世界，使真实不再真实，它象征着隔在幻想与现实世界之间的一道屏障。战争使人们的人生观发生极大的变化，人们对金钱的崇拜已经达到了顶礼膜拜的程度。在物欲横流的社会里，伊甫瑞姆用自己积攒下来舍不得花的钱为米润买了一颗极其完美的珍珠，并"毫无索取回报之心"（108）。珍珠唤醒了米润的自我意识，即使在"丈夫战火中身亡，第二个孩子再过几个月就要分娩"（113）的最困难的情况下，她也珍藏着那颗珍珠，舍不得把它卖掉。尽管如果卖掉它，自己就可以舒舒服服地过日子了。这样一种对美和和谐的崇高的精神追求与纸醉金迷的社会现实互相映衬，引起了读者的震撼。这个贯穿始终，并得到反复渲染的雾的意象，给作品涂上了一层浓重的象征色彩，一切都变得虚虚实实。在虚实的置换中，人们对于个人存在的价值感到迷茫、困惑，陷入了苦闷和彷徨。

2. 月亮

月亮作为一种充满诗意的文学意象，深得中外作家的厚爱，屡屡出现在文学作品中，作家常被其恬淡、纯洁之美吸引，但也为其残缺无光而感叹。在文学作品中，作家常常借助月亮的永恒不变来衬托人世的变迁和离别。在小说《喷泉池中的宝物》中，虽然只有两个地方对月亮进行描述，但作为一种象征性意象，月亮已超出了其自身的含义，它感应着人物的特定情绪和瞬间感受，从而有机地嵌入到人物的心理过程。小说中的月亮意象暗含了某种不可见的意蕴，留给读者无尽的启示。作者第一次对月亮进行描述是在伊甫瑞姆第二次参加富商的家宴后，他们坐在露台上喝咖啡，当他把一颗美轮美奂的珍珠送给了米润时，那时"月亮已经升到露台上的顶空，再过两天就要全圆了"（109）。此时的月色是温馨、浪漫的。这样的月色容易引起人的遐想，它象征着年轻美丽的米润。那时的米润只有20岁，她"一直生活在一个得天独厚的豪华环境里"（106），从来不知忧愁的滋味。再过三个星期她就要结婚了，婚后"她的生活方式不会有什么 155

变化"，仍将继续过着富裕、奢华的上流社会生活。此时的米润正如那将要全圆的月亮，她身着一袭纱衣，纯洁而清新，如同出水芙蓉，闪烁着熠熠光辉。通过美丽的月色，我们可以领略到米润那份让伊甫瑞姆无法抗拒的美。伊甫瑞姆不再有初次见到戴着假珍珠的米润时的那种如坐针毡的感觉。这种美好的月色象征着美与和谐的情愫。然而，人有悲欢离合，月有阴晴圆缺。月有圆亦会亏。作者再次描写月亮是在伊甫瑞姆与米润在小广场上重逢时："小广场上空升起一轮瘦瘠、惨淡的月亮。"（118）当两人再次重逢时，早已物是人非。米润"已经从原来的生活模式中剥离出来"（121），成了一位贫穷的寡妇，"穿着一件不知洗了多少次的印花旧衣服"（117），正怀着孕，生活过得窘迫不堪，与伊甫瑞姆初次见到的那个无忧无虑、年轻漂亮的少女判若两人。此时的月亮是瘦瘠的，月色是惨淡的。月色的晦暗使人联想到人世的不完美，浸透了生命中种种苍凉的情绪，这种月色增添了现实社会冰冷、残酷和感伤的氛围。米润当初因为被唤醒的自我意识，怀揣着梦想，毅然从精神的荒原出发，追求更加美好的人生，希冀取得精神的升华。然而残酷的现实却把她的梦想撞击得粉碎，一切对她来说都已变得无关紧要了。两处不同的月色描述象征着米润两种不同的人生境遇，她的命运起伏引起了读者关于存在的终极价值的深思。

　　3. 珍珠

　　珍珠是大自然的璀璨奇迹，它具有瑰丽的色彩和高雅的气质，象征着富贵和幸福，自古以来就为人们所喜爱。在《喷泉池中的宝物》中，珍珠对整个故事的转折起着举足轻重的作用。因为到亚历山大港为一富商的女儿打磨钻石，伊甫瑞姆才有幸邂逅富商的女儿米润。米润身上戴的假珍珠让伊甫瑞姆看到了完美背后的瑕疵，他用自己辛苦积攒下来的钱为米润买了颗"极其完美"的珍珠。而正是这颗"极其完美"的珍珠使两个人的人生都有了转向。珍珠唤醒了米润的自我意识，并坚定了她的决心，她毅然拒绝了三周后就要举行的婚礼，嫁给了一个"除了工薪收入以外别无资产，也没有特殊发展前途"（111）的意大利工程师。放弃了荣华富贵的生活后，米润成了一名贫穷的家庭主妇，珍珠并没有像传说中的那样给她带来幸福。米润的生活极其艰辛，关于这颗珍珠的回忆却成了她唯一的精神支撑。无论现实如何残酷，丈夫战死，孩子夭折，她依然可以坚强地活下来，因为她想象着自己的价值也有如这颗珍珠般熠熠生辉。即使在最困难的时候，她也舍不得把珍珠卖掉。一颗珍珠带给了米润无限的遐想，她借此熬过了人生最艰难的日子。珍珠成了米润走向成熟和获取人生知识的象征。珍珠给了米润出行的勇气，米润的出走虽然使她失去了物质的乐园，但她的精神却因为有了珍珠的滋润而获得升华和救赎，进入了崇高的境界。伊甫瑞姆带着苦苦搜集的一盒宝石度过了战火纷飞的四年，他也不知道是否要把它们献给米润，因为他的记忆已经变得越来越像一份陈旧的月份牌了，只是时常在梦幻中出现一个穿着月光纱衣的美丽少女。两条没有交点的平行线却因为一颗珍珠的种种想象而变得曲曲折折。他们不约而同地始终执拗地坚持着什么。当两人最终偶然相遇时，钻石匠所有美丽的幻想顷刻间都破灭了，米润也突然觉得一切都无关紧要了。象征美好的珍珠在小说中带给两人的似乎更多的是悲剧和厄运。通过珍珠这个象征意象，莱辛究竟想传递给读者一个怎样的信息呢？珍珠在唤醒米润的自我意识的同时也使伊甫瑞姆的生命因为有了追求而变得更加充实，他们都感受到生命的价值和生存的意义。虽然现实社会中的"珍珠"并没有想象中的美好，但作者主要是借助伊甫瑞姆和米润梦想的幻灭来揭露现实社会的真实面貌。他们的生活越是不尽如人意，在他们对立面的那个无声而残酷的社会现实的面貌就越是清晰。作者对这些象征符号独具匠心的运用不仅加深了文章的内涵，而且使之更具艺术感染力，使整部作品有了更加精深、恒久的艺术生命。在使用象征意象深化小说主题的同时，莱辛也借助了空间意象的变化从另一个侧面对小说的人物进行塑造。

三、空间置换

空间是故事得以发生与进行的场所，人物的性格在此成长与展现。空间方位的变化往往蕴含着深意。小说家们早已发现空间的意义，在空间的变换中寻找与思索人生意义。[①] 空间及其意义一直是莱辛创作中所关注的主题。创作初始，莱

---

① 参见何岳球、乐婵：《〈喧哗与骚动〉的时空观》，载《文学教育》，94～97 页，2008 (2)。

辛就关注人物内心的精神空间,到后来创作的科幻小说,莱辛将注意力转移到外部的宇宙空间,她借助于空间的变换表达了对人类命运的关切和对世界未来的忧虑。在莱辛的小说中,小说空间场景的选择、人物活动的场所都被赋予了特殊的含义。作家有意的空间描述与主人公在精神取向上的契合,使读者有可能通过寻求一种空间格局与作家价值寻求之间的关涉,进而切入和把握作家创作意图和表现主题,揭示出那种非纯粹科学的、经验的和知识化的空间背后所指涉的社会意义。① 在短篇小说《喷泉池中的宝物》中,叙述空间被赋予了特殊而强大的社会意义。小说的情节是随着空间的改变而不断地展开的,叙事空间被赋予了象征意义,更好地为主题的表达服务。故事主人公伊甫瑞姆住在约翰内斯堡,这是个"建造在金子上面的粗犷的城市",整个城市是"由于有了黄金的力量才有了生命,它的繁荣与衰弱都与黄金的涨落息息相关"(107)。作者通过这个城市指代物欲横流的现实社会。伊甫瑞姆成长在这样一个与金钱息息相关的城市里,天天浸染在拜金主义的毒液里却不为周围的环境所影响。他倾囊为一个只有一面之缘的富商之女买了颗价值不菲的钻石,却不图任何回报,只为那和谐的完美。伊甫瑞姆的追求显然与这个物质追求至上的城市格格不入,但他的立场绝不会轻易为世俗观念所左右。正如他四十未婚却依然我行我素,努力将自己置身于世俗的道德规范之外。伊甫瑞姆是一个被城市边缘化的人。以富商为代表的亚历山大港则是一个充满神秘感的城市,它与约翰内斯堡完全不同,这个城市有着悠久的历史,它可以藏匿任何东西,令人充满幻想。富商所属的阶层是"遵循传统、平凡、庸俗的阶层"(106)。他们非常有钱,追求时尚的生活,但他们的精神生活却是一片空白。亚历山大港象征米润的精神荒原。20年来,她虽然一直生活在一个"得天独厚的豪华环境里",但她却毫无主见,在收到珍珠之前,她"大概从来没有遇到过需要自己决定的事"(109)。对于亚历山大港而言,伊甫瑞姆是一个异乡人,当应邀参加富商的家宴时,他便以一个旁观者的身份审视这个充满神秘感的城市,有了很多不同寻常的感受。对米润戴假珍珠的行为,伊甫瑞姆作

---

① 参见赵晶辉:《殖民话语的隐形书写——多丽丝·莱辛作品中的"空间"释读》,载《当代外国文学》,31~37页,2009(3)。

为上层社会的闯入者一眼便看出了那看似完美的表象背后所隐藏的瑕疵。上层社会的虚伪与不和谐使他有"如坐针毡"的感觉。而作为当事者的米润对此事并不以为然，她周围的人也对之熟视无睹。"当时风尚，这个季节妇女只戴'化装'的珠子，而把真正的珠宝首饰放在梳妆台上的盒子里"（107）。那么来自一个"毫无神秘感"城市的伊甫瑞姆在以富商为代表的上层社会中又是一个怎样的形象呢？米润的父亲——一个"脑子灵活，精明机敏"的人，最早就是被伊甫瑞姆认真的工作态度打动才会破例邀请他参加家宴，因为"只有少数人迈进这位富商家与世隔绝的门槛"（106）。当他得知伊甫瑞姆要送她女儿一颗价值不菲的珍珠并毫无索取回报之心时，他的反应倒有些"奇特"。伊甫瑞姆诚恳的态度与富商周围那些"被利益驱动"的人们形成了强烈的反差，深深地打动了他。伊甫瑞姆初次见到米润就粗鲁地连问两次为什么她戴假珍珠，听惯了阿谀奉承的恭维话的米润当然无法接受这种赤裸裸的真话，她认为伊甫瑞姆是个粗人，并"很快就把他抛到脑后了"。而对伊甫瑞姆赠送珍珠一事，米润的家人更是议论纷纷，都认为"那个犹太小疯子叫米润迷上了……""米润对那个可怜的小老头太善心了……"（110）在看与被看的过程中，约翰内斯堡与亚历山大港互为镜像，约翰内斯堡的开放性与亚历山大港的神秘性互相映衬，这两个物质追求至上的城市被赋予了不同的内涵。

珍珠唤起了米润的自我意识，她毅然逃离了亚历山大港这个物质的伊甸园，离开富裕却空洞的生活，在伊斯坦布尔寻找到自己的精神家园。米润与意大利工程师卡洛斯之间具有"浪漫主义情调的爱情"却被家里人认为是在"自暴自弃"。在一个追求门当户对的社会，一个"除了工薪收入以外别无资产"的年轻人是无论如何也不会被上流社会接受的。但是这一联姻在卡洛斯的朋友看来"有些屈就的不是米润，而是卡洛斯"（112）。亚历山大港与伊斯坦布尔的交锋象征着物质与精神的对峙。卡洛斯是个有着崇高精神追求的年轻人，他关心国家的前途命运，战争爆发后，他积极投身革命，成了一名革命者。卡洛斯的热情也给了米润极大的精神启发，即使生活再艰辛她也"绝不同父母言和"，除非他们"依从她自己的条件"（113）。在这场物质与精神对峙的战役中，精神的力量似乎占了上风，强大的精神支柱给了米润生活的勇气。叙述空间的转换隐含了深刻

159

的社会意义。

伊甫瑞姆跟米润各自辗转多年后在意大利一个以"V"字起头的城镇广场上再次重逢，一切都已时过境迁，物是人非。这是一个"被战争破坏"的城市，粮食极度匮乏，酒就是人们的食物，人们纷纷"以酒果腹"。在这样一座饥饿的城镇里，两个曾经给过对方梦想的人再次碰面时感受最多的是"窘迫不安"。在残酷的现实面前，那些曾经美好的情愫都消失得无影无踪。想象中的情感，搁在心里的时候美好而强大，呈现于空气中时却会化为乌有。以"V"字起头的城镇象征着现实的强大。在残酷的现实面前，个人的力量是渺小的，梦想最终还是被严峻的现实打垮。伊甫瑞姆把他辛苦积累下来的，比生命还重要的宝石撒向了饥饿的人群，而对于米润来讲"呆在意大利也好，回到她出生、成长的圈子里也好，对她已经无关紧要了"（121）。战争彻底摧毁人们的梦想，珍珠曾带给伊甫瑞姆和米润积极探索生命意义的勇气，但面对现实，他们的内心都经历了困惑与失望。对于战争给人们内心投下阴影的消极影响，莱辛在小说中提出拷问，让读者去思考。美国学者爱德华·索亚（Edward W. Soja）认为：从根本上来说，人类是空间性的存在者，总是忙于进行空间与场所、疆域与区域、环境和居所的生产，人类主体自身就是一种独特的空间性单元。人类的空间性则是人类动机和环境或语境构成的产物。所以，在空间的生产过程中，起着极为重要作用的因素仍然是型塑我们思想的文化观念。[①] 在不断置换的空间叙述中，米润的自我生命意识逐渐被唤醒，追求自我的生命意识又赋予空间丰富多彩的文化意义。通过挖掘空间转换所蕴含的深刻意义，有助于读者更好地了解隐藏在表面文本之下的真正意义。

个体，尤其是女性的社会化过程，是一个不断地与外在的社会力量抗衡或顺应的过程。[②] 在《喷泉池中的宝物》中，米润通过与父权社会的决裂和毅然出走完成了她的社会化过程。米润的出走看似没有给她带来完美的结局，但她已走出

---

① 参见包亚明：《后大都市与文化研究》，1 页，上海，上海教育出版社，2005。

② Lili Wang. *A Study of Doris Lessing's Art and Philosophy*. Beijing：Social and Sciences Academic Press, 2007. p. 67 .

了生命的漩涡，走出了一片新的天地。根据皮尔瑞凯斯的观点：与漩涡相对立的是喷泉。喷泉象征走出封闭的自我，观察世界；它自然与那种净化心灵的超然（超越自我）力的获得相联系。而所谓超然，就是能摆脱各种对人产生控制的（社会的、文化的、心理的）结构的无意识的服从，进而接受其他的知识来源。在喷泉形象的背后，还可以看出另外一种运动，那就是：喷涌出的水会流回泉源。这种倒流象征着一种新的向内退隐，但它不是（漩涡所象征的）放纵的热衷自我，而是一种高度克制、超然的关注，这种关注产生新的对世界的感悟和理解。[①] 米润把自己从原来的生活模式中剥离开来，新的生活犹如喷泉的水花有了无限多的可能性。虽然最后对米润来说，一切都看似无关紧要，但是米润对生活已经有了全新的体验和理解。故事的最后伊甫瑞姆也回到约翰内斯堡继续琢磨钻石，但是这种回归并不是单纯意义上的回归，而是带着一种对生命新的感悟。这也就是皮尔瑞凯斯所提到的：虽然喷泉之水也有流回泉源的可能性，但是这种相反的走向并不是简单意义上的回流，而是带着对世界的全新的感悟和理解。《喷泉池中的宝物》以独特创新的艺术技巧揭示了一个时代的特征、一个时代人的精神面貌，"缩微"地体现了莱辛高超的创作技巧和她对人类所面临的整体性生存境遇的思考。

（张桂珍）

---

① Phyllis Sternberg Perrakis. *Spiritual Exploration in the Works of Doris Lessing.* West：Greenwood Press，1999. p.84.

试论多丽丝·莱辛《老妇与猫》的
象征叙事

莱辛的短篇小说《老妇与猫》的艺术手法是目前研究的薄弱环节。该篇小说具有丰富的象征意义：房子象征、色彩象征以及动物象征。在小说中，房子意象体现的矛盾情感、色彩象征对生命的诠释以及猫与老妇的镜像映衬都很好地体现了作者对资本主义国家社会现状的鞭笞。

2007年诺贝尔文学奖得主多丽丝·莱辛是英国文学史上继弗吉尼亚·伍尔夫之后最著名的女性作家。莱辛善于刻画社会边缘人，她的作品努力传达的一个重要信息是：一个人的言行举止要是异于常人，往往会受到社会和家庭的排斥。她对社会边缘人物的生存状况表现出深切的同情，并在小说中为这些人所遭受的不平等待遇发出愤怒的呐喊。短篇小说《老妇与猫》选自莱辛的短篇故事集《另外那个女人》[①]。小说以朴实的手法描写了一个卑微的社会边缘人在福利国家中的挣扎颤动。小说的主题思想吸引了许多评论者的眼光，大家纷纷对小说所揭露的资本主义福利社会的现状进行批判，但遗憾的是小说中所采用的叙事手法却没有引起评论者足够的重视。本文将关注的焦点聚集在小说的象征手法上，对小说中的房子意象、动物意象，以及色彩象征进行解读，分析作者如何以高超的写作技巧赋予具体事物深刻的内涵。通过对这些象征意象的解读有助于读者更好地把握文章的深层内涵。

---

① 文中所引文字全部引自多丽丝·莱辛《另外那个女人》，傅惟慈译，浙江文艺出版社，2003年版。以下但凡有援引，只在文中标明页码，不再另外具体标注。

一、房子象征

房子作为象征独立的意象空间一直以来都是作家关注和书写的焦点。伍尔夫在1929年发表的长篇论述文集《一间自己的屋子》中就已经强调：女性独立的生存空间——一间属于自己的屋子以及独立的经济基础——每年五百磅的收入，是女性进行独立创作的基础。多丽丝·莱辛在其漫长的创作道路上也一直关注房子这个具有特殊意义的意象，王丽丽在论文《后"房子里的安琪儿时代"：从房子意象看莱辛作品的跨文化意义》中写到：实际上房间意象的研究是通往莱辛思想房门的钥匙。①房子是传统家庭妇女主要的活动场所，在家庭的舞台上，妇女扮演着妻子、母亲的他者角色，都在努力成为"房子里的安琪儿"。家是人们心灵的港湾，单纯意义上的房子并不等于家。家不是用物质财富简单堆砌起来的空间，而是爱的聚合体、灵魂的栖息地和精神的乐园。在莱辛内心深处，家并不是简单意义上的房子。从1936年到1956年的20年间，莱辛住过60多所不同的房子，也有公寓和出租房；但是自从离开小山顶上那座最初的房子以后，她再也找不到在家的感觉了。②在莱辛的短篇小说《老妇与猫》中，房子意象起着举足轻重的作用，可以说整篇小说的故事情节是以房子为线索而逐步展开和发展的。小说中所描述的房子已不是传统意义上人们的避风港湾，而是一个矛盾的综合体。一方面，小说的主人公赫蒂继承了母亲的吉普赛血统，她跟母亲一样向往着自由，小说中的房子成了束缚老妇身心自由的"笼子"，因此她的一生都在努力逃离那使她无法自由呼吸的"牢笼"。另外一方面，赫蒂的父亲是与她母亲完全相反的"定居在房子里的人"，受父亲家庭观念的影响，赫蒂在追求自由生活的同时又迷恋温馨的家庭生活。从这个意义上看，房子象征着老妇一生苦苦追寻又无法真正拥有的自由灵魂的栖身之地。

---

①　王丽丽：《"后房子里的安琪儿时代"：从房子意象看莱辛作品的跨文化意义》，载《当代外国文学》，21~27页，2010（1）。

②　诺贝尔文学奖得主莱辛的非洲童年［N］：太行日报．（2009.8.30）http：//press. idoican. com. cn/detail/articles/20090830ll232/

如果说在丈夫还活着，孩子们还小的时候，老妇所住的便宜公寓还算得上是一个有点温情的家的话，那么在"丈夫去世，孩子们陆续结婚离家"（136）以后，赫蒂所住的公寓小套间充其量只能算是一个挡风遮雨的旅馆，无法给老妇的心灵带来任何的慰藉。小说中很少用家（home）来指代老妇生活的地方，而是用公寓（flat）、房屋（house）甚至是巢（nest）这些不带任何感情色彩的物质名词来为老妇那冷清的住所命名。既然缺少爱的房子无法给赫蒂的心灵带来温暖，象征心灵休憩地的家在小说中就成了她极力逃离的地方。小说中的房子成了束缚赫蒂身心自由的壁垒，它象征着传统社会道德规范对人的规训及约束。

早在丈夫还健在的时候，赫蒂就经常溜到火车站的月台上，而且常常一待就是个把小时。"她喜欢那里的气氛，爱看人们来来往往"（135）。虽然赫蒂也尽量做到相夫教子，而且不失为一位好妻子、好母亲，但相比家庭生活的沉闷乏味，她更热衷于融入那熙熙攘攘的人群去感受生命的活力。在丈夫离世，儿女们陆续结婚离家独立生活后，赫蒂作为"房间里的安琪儿"彻底地失去了其服务的对象，她"一生中忙碌而负有责任的时期"也随之结束。如果说之前的公寓因为家人的陪伴让她还有所留恋的话，现在的住所随着家人的相继离开而愈发显得冷清。这时的赫蒂很少待在狭小冷清的公寓房间，而是"尽可能到热闹的街上去"（137）。那种"走街串巷、漫无边际的闲扯"的吉普赛民族游牧式的生活方式让她兴奋不已。这样的生活使她重新呼吸到自由的空气，虽然要冒着成为不体面人的风险，但赫蒂完全不在乎。她走出了禁锢她灵魂的房屋，走到外面的街道上，感受着生命的多姿多彩，呼吸着自由的空气。冷清的房子里唯一能给赫蒂带来温暖的是她在路边捡到的野猫蒂贝，赫蒂的住所也因为这个新成员的加入而多了点温情。为了保护这只跟她相依为命的野猫，在当局执行有关禁养动物的规定时，赫蒂毅然搬到等着拆建的贫民窟的一间房子里——这是被"当局宣布为不宜居住的房子"（139）。虽然房子的条件很简陋，但是赫蒂和猫在这里过了五年逍遥自在的幸福日子，她甚至还和住在顶层的寡妇成了朋友——"爱拌嘴，又彼此感到满足"（139）。赫蒂漂泊无依的日子在这里得到一点精神的慰藉，但是当她在这个地方感受到一点点家的温暖的时候，当局的一个决策又使她成了无家可归的流浪汉。为了改变这条街上清一色贫民窟的现状，当局决定对这条街上的房子进行翻修。在满 70 岁的那个礼拜，赫蒂收到了"标志这个小小群体末日的通知。他们有四个星期的时间去另找住处"（140）。由于市里选举在即，赫蒂他们的处境引起了大家的关注，他们"有幸"被安排到市政当局盖的养老院里。但对于这样的安排，赫蒂并不领情，她不想放弃与她相依为命的猫，再次选择逃离。她清楚地了解，当房子搬空翻修的时候，经常要空上一段时间，于是她打算在这栋房子里继续住下去，等工人来了再说。"这是个温暖的秋天。这辈子她第一次像她的吉普赛祖先一样生活，不像有身份的人那样在一所房子的一间屋子里上床睡觉"（142）。这样的"家"只是她栖身的一个场所，它连基本的挡风遮雨的功能都不具备。此时的赫蒂也已经身心俱疲，她的身体状况已经不允许她再次逃离冷清的家重新融入充满活力的人群中去。但是这个风雨飘摇的贫民窟最终也无法为赫蒂提供容身之处，在一个寒冷阴暗的黄昏，她被迫逃离到她生命中的最后一个"家"，那个所谓的"家"充其量只是一个"窝"。那是一栋等待拆迁的房子，楼梯"摇摇欲坠"，地板很不结实——那里实在"太破旧太危险了。连流浪汉都不去住，更不用说伦敦那支浩浩荡荡的无家可归的穷人大军了"（144）。在一个风雨打不到的角落，赫蒂安了个窝——这是她最后的安身之处。

随着赫蒂的生存空间的不断缩小，她对社会的不满也最终达到高峰。纵观赫蒂的一生，她从来没有"在一间烧得暖暖和和的房间里住过，从来不曾有过一个温暖的家"（145）。"她现在老了，需要一间自己的房间"（149）。而这个简单的愿望却无法实现，她漂泊一生的灵魂最终只能在与大自然融为一体的"窝"里找到休憩地与归宿。赫蒂对家充满了矛盾的感情，她不喜欢家庭的约束，一直努力在逃离房子对她身心的禁锢。然而，赫蒂又十分渴望家庭的温暖。在小说的最后，她首次也是最后一次对抛弃她的代表中产阶级体面人的子女发出愤恨的呐喊声："我是你们的好妈妈，我从来没让你们缺过任何东西，从来没有！你们小时候我总是把最好的东西给你们！你们可以随便问任何一个人，问呀！问他们呀！"（150）通过对小说文本的细读，我们发现老妇努力想逃离的只是冰冷的房子，但对于充满爱意的家，她还是十分眷念的。每到圣诞节，她总会因为缺少亲人的陪伴而在内心深处涌起强烈的酸楚。赫蒂渴望人间的温情，但最后却只能带着愤懑离开了这个不宽容的冷酷无情的社会。通过不断变换的房子意象，莱辛对资本主义社会中淡漠的人情进行了痛斥。她呼吁人们更多地关注工业化社会里的独居老人问题，给孤寡老人更多的关爱。

房子意象在小说中被赋予了深刻的内涵。作品中赫蒂房子的变迁，已经从物质的演变转化为对工业化社会鞭挞的象征，使得房子意象既成脉络，又与全文有机地融为一体，有力地深化了作品的主题。

二、色彩象征

莱辛的童年大部分都是在非洲的南罗德西亚（现津巴布韦）度过的，非洲广袤的土地滋养了她的心灵，丰富了她的想象力。她在非洲的茅草屋坐落在一座小山丘的山顶上，从小山上俯瞰下去，巨大的穹顶下，四周都是密布的山峦、河流和峡谷。那里的热带红土、湛蓝的天空和繁茂的森林绿洲都深深地刺激着莱辛的视觉神经。早期的非洲生活使莱辛对色彩有着一种超乎常人的敏感性。那些明亮的色彩象征着自然生命的生机与活力，让莱辛时刻感受着一种生机勃勃的生命力。莱辛的早期生活都是在色彩鲜艳的广袤的非洲土地上度过的，以至于刚到伦敦时，城市里灰蒙蒙的天空和空气让她感到无所适从。"与非洲明亮的光线和强烈的色彩相比，伦敦城显得特别的灰暗"[1]。在莱辛的笔下，亮丽的色彩象征着勃勃的生机，而灰暗的颜色则比喻呆板和毫无生机的人生。莱辛对于色彩的独特见解在短篇小说《老妇与猫》中得到很好的诠释。小说中已过花甲之年的老妇赫蒂是个有着鲜明个性的吉普赛女人。她听从自己内心对自由的呼唤过着绚丽多姿的生活，这种生活与灰暗的社会现实形成强烈的反差，当然也不为现实社会所包容。小说中明与暗的对照象征着生与死的对立。赫蒂以异于常人的勇气书写着对生命孜孜不倦的追求，而现实社会却不给这种与主流社会格格不入的人任何生存的机会。

赫蒂与她周围的女人有所不同，她"烈性十足，爱穿色彩鲜艳的衣服"（136），是一个高傲而漂亮的吉普赛女人。她用这种醒目的穿着打扮述说着与常

---

① Klein Carole. *Doris Lessing*: *A Biography*. London: Duckworth, 2000. p. 126.

人不同的个性特征。在"丈夫去世，儿女们陆续结婚离家以后"（136），赫蒂作为"妻子""母亲""女主人"这样的他者角色也相继失去了存在的意义。在她的一生中，她首次可以不用扮演传统的男性价值观为女性安排的角色，而是由着自己的兴趣爱好自由选择自己喜欢的"行当"。她迷上了旧衣服买卖，"房间里总是堆满了鲜艳的旧衣裳"（136）。这些颜色鲜艳的衣服反映出赫蒂丰富多彩的内心世界，它们与"冰冷、灰暗、丑陋"的公寓楼形成了鲜明的反差。这些整齐划一的灰色高楼给人一种沉闷、单一和呆板的僵硬感觉，它是严肃的。在阶级文化中，诙谐与笑是同自由联系在一起的，而严肃性则是同官方的、专横的，是与暴力、禁令、限制结合在一起的。① 统治者试图用同一的建筑来对不同阶级的臣民进行整合，以便进行统一的管理。这种统一的规划抹杀了个体的身份特征，必将导致个体反抗。当市政当局执行有关动物饲养的规定后，赫蒂只好带着她收留的流浪猫蒂贝搬到等着拆建的贫民窟的一间屋子里，"那个小房间很快就像她以前住的那间一样，摊满了五颜六色的不同质地的衣服、花边和装饰衣服的金属小圆片"（138）。在这种贫苦的环境下，赫蒂对未来还是充满乐观的期待。她用独特的方式将自己的世界装点得五彩缤纷。迫于民众的压力，地方当局的官员访问了那些拆迁在即的居民们，并充当说客劝服他们搬到市政当局盖的养老院。当政府说客访问赫蒂时，她穿着"一套大红毛料服，头戴一个黑色毛织茶壶保暖套"（140）。她虽然瘦削，却是一个健壮的老人。她以异于常人的穿着打扮与当局统治者的安排做无声的抗议。那醒目的红色象征着热烈、冲动、强有力的反抗力量，它使人联想到自然和生命，是赫蒂不屈不挠的顽强生命力的最好注解。而那血红的颜色在那些政府说客看来却是刺眼的，它代表着一种危险的警告。赫蒂身上所体现出的那股强劲的反抗力量让他们不寒而栗。当分配住房的年轻官员来对这些"重建计划的牺牲者"的去处做最后安排时，赫蒂穿着一件用"一块印着大红和粉红色玫瑰花的提花窗帘"（141）围成的裙子，这样的打扮犹如那突然从"一堆五颜六色的破布"（141）中蹿出来的野猫一样，着实让毫无思想准备的官员吓了一跳。赫蒂邋遢的穿着和身上的臭味与这个"干净整洁"的年轻

---

① 程正民：《巴赫金的文化诗学》，116 页，北京，北京师范大学出版社，2001。

人形成了强烈的反差。这种大胆的穿着打扮和行为举止必定不为这个大一统的"体面"社会所兼容。经过一连串的逃亡,赫蒂终于挡不住饥饿和寒冷的威胁,她的生命已经岌岌可危,"她的头垂在胸前,密密的白发从大红色的毛线帽子下露了出来,遮住了那张由于充血而带上具有欺骗性红晕的脸——这是冻昏过去以后的充血"(150)。在那寒冷的冬夜,赫蒂结束了她凄美的勇于反抗的一生。赫蒂以绚丽的色彩为这个灰暗的社会增添了一道亮丽的风景线。她顶住世俗的压力,以特立独行的方式书写着自己丰富多彩的人生。通过对颜色的聚焦,莱辛在作品中以高超的技巧反映了赫蒂丰富的内心世界,色彩的象征蕴含赋予了主题深邃的意义。莱辛是在大自然亮丽的色彩中长大的,因此,象征着勃勃生机的鲜丽色彩,无疑成为她生命的烙印渗透到作品肌体的每一根血管里,渗入到作品人物的内心,成为深化作品主题思想的有力支撑,从而又折射出作品的绚丽多彩。

三、动物象征

猫一直都是莱辛所钟爱的动物,是她生命中不可或缺的亲密伙伴,它见证了莱辛生活中的所有喜怒哀乐。猫的形象在莱辛的作品中也经常出现,莱辛是一名猫痴,她曾推出过《特别的猫》和《猫语录》等以猫为中心的作品。在带插图的小说《特别的猫》中爱猫成痴的文学大师用优雅的笔触讲述了人与猫之间的动人故事。"猫不会像人一样把她惹火或令她感到失望"[1],同时猫又是自强自立的动物,这些都是莱辛钟爱猫的缘由。在短篇小说《老妇与猫》中,作者将笔触聚焦在一个处于社会边缘地位的老年妇女以及与她相依为命的流浪猫身上。老妇与猫的命运休戚相关,可以说猫的出现从某种意义上改变了老妇的人生轨迹。这只猫与老妇的内心世界互为镜像,两者相互衬托,它在外貌、个性及遭遇方面都作为一个镜像衬托了赫蒂的人生。通过赫蒂与猫的对话,小说从侧面刻画了老妇的悲惨命运,猫的意象聚焦深化了文章的主题。

蒂贝是老妇赫蒂收留的一只流浪猫。"它是只杂色猫,黄色的眼睛很小,比

---

[1] 程正民:《巴赫金的文化诗学》,116 页,北京,北京师范大学出版社,2001。

起那些毛色柔和、体态优美的良种猫来，蒂贝可以说是等而下之了"（137）。赫蒂的吉普赛血统与野猫的杂色形成呼应，她们都是被主流社会抛弃，处在社会边缘地位的他者。老妇居无定所的流浪状态与流浪猫的流浪困境相互映衬，有力地控诉了所谓主流社会对社会边缘人的排斥。这种"同是天涯漂泊者"的生存状态激起了老妇对流浪猫的怜悯之情，在流浪猫的身上，赫蒂看到自己不为社会所接受的窘境。就像赫蒂对蒂贝的自言自语："你真脏，你这个老脏货，吃那只老脏鸽子。你是什么，一只野猫吗？体面的猫是不吃脏鸟儿的，只有那帮老吉普赛人才吃野鸟。"这时老妇与猫已混为一体，老妇与猫的血统以及她们违背常规的生活方式使她们无法成为体面人，因此都被排斥在主流社会之外。虽然她们不体面的生活方式受到所谓体面社会的排斥，但赫蒂与蒂贝都是自食其力的独立个体，她们在个性上都是顽强不屈的。老妇赫蒂靠着自己做买卖的微薄收入过着独立的生活，由于欠着房租和那台"偷来"的电视机，赫蒂"不敢走近'他们'去恢复她领养老金的权利和她的身份"（138），只能自食其力。而野猫蒂贝更是个无本万利的东西，"它自己找食吃，还不断叼来鸽子给她（老妇）煮着吃，只要给它牛奶喝作为报答"（139）。她们靠着顽强的毅力在这个不兼容的社会中苦苦挣扎着。但个体的力量毕竟是渺小的，她们最终都逃脱不了悲惨的命运。在寒冷的冬夜，老妇终于挡不住寒冷、饥饿和病痛的折磨，离开了这个不宽容的社会。当她的主人去世后，野猫蒂贝欲给自己寻觅一个新的家园。但是这个简单的愿望却无法得到满足。蒂贝实在是太老了，最终还是被市政官员抓住，他们给了它一针，"让它去安睡了"（151）。老妇赫蒂与野猫蒂贝的命运是紧密相连的。老妇的几次搬家都是为了保护蒂贝不受市政当局的"迫害"，而蒂贝的出现也为老妇的生活添了许多亮色。当"赫蒂感到寂寞的时候就把它抱在胸口，而它就满足地呜呜叫着，依偎着她"（137），蒂贝填补了老妇人生中亲情的空白。由于蒂贝经常在各栋大楼之间四处活动，"自从有了这只猫，赫蒂和邻居的来往也多了"（137）。猫的出现使老妇与外界的对话成为可能而且必要。巴赫金认为，人的独特性的一面即是：我就是我，我不是他人。但我周围是他人的世界，我不能离开他人而存在。我的一切行为、思想、话语等，无不在与他人的行为、思想、话语的交锋中得以真正实现。① 在赫蒂看来,蒂贝不仅仅是一只宠物,它成了她与外界沟通交流的桥梁,通过与他人的对话交流,赫蒂存在的价值被重新确立。蒂贝同时也象征着老妇苦苦追寻的自由精神,老妇为蒂贝所做的选择和放弃是她不断拒绝妥协、坚持自我的努力。②

老妇作为社会零余人,她热切地渴望社会的包容与理解,但现实社会给她更多的是疏离感。在与现实社会交流无果的情况下,老妇只好从她收养的流浪猫那里得到些许的慰藉。她们相依为命,用自己的行动控诉这个冷漠的社会。

老妇居无定所的流浪状态、鲜艳醒目的穿着打扮以及与流浪猫惺惺相惜的生活述说着自己不寻常的一生。虽然失去了物质的家园,但她悲壮地守着自己最后的家园——心灵的家园,老妇的遭遇让我们欷歔。小说中的象征物在突出主题和深化结构方面起了重要的作用。通过对文中富有哲理意义的象征意象的分析,我们可以更加深刻地感受到莱辛所披露的福利国家的社会现状,并对卑微的个体在所谓的福利国家中的生存困境进行深思。小说显示了作者缜密的艺术构思,象征手法的运用极大地扩大和深化了作品的内涵,留给读者无尽的联想空间。

（原文刊登于《福建论坛（社科教育版）》2011 年第 2 期,第 48～50 页）

（张桂珍）

---

① Mikhail Bakhkin. *Problems in Dostoevsky's Poetics*. Cary Emerson ed. & Trans. Minneapolis: University of Minnesota, 1984. p. 6.

② 沈洁:《多丽丝·莱辛的〈老妇与猫〉中的赫蒂形象分析》,载《忻州师范学院学报》, 54～55 页, 2010 (1)。

《三四五区间的联姻》:
苏菲主义关照下的婚姻母题

  《三四五区间的联姻》(以下简称《联姻》)是多丽丝·莱辛的第二部外太空小说。该作品所表现的婚姻母题在苏菲主义视域下得到鲜明的呈现:在超越的婚姻空间和跨越的联姻意识中彰显了莱辛对异质文化互动的深度关怀。

  在《南船星座中的老人星座:档案记载》 (*Canopus in Argos*:*Archives*, 1979—1983) 五部曲的第二部《联姻》中,莱辛描绘了迥异的三四五区间在婚姻联结下历经的冲突、发展和融合。这是莱辛自 70 年代大胆涉足科幻小说领域以来的又一部力作。莱辛曾将《联姻》定为她最喜欢的小说之一,说"从来没有一本书让我如此畅享其间"[①]。

  《联姻》继续探讨莱辛熟悉的主题——"育儿本质;两性关系,人类与自然的和谐,社会角色与自身人格的关系;英才的脱颖;艺术家的责任"[②]。盖伊·费斯认为"多丽丝·莱辛在一个特别的领域,全神贯注于展现两性之间彼此支配的平衡性和相互需要"[③];凯莱·格林指出它"展现了性别的社会建构论,各

[①] Cayle Greene. *Doris Lessing*:*The Poetics of Change*. The University of Michigan Press, 1994. p. 177.

[②] Jean Pickering. *Understanding Doris Lessing*. University of South Carolina Press, 1990. p. 53.

[③] Doris Lessing Society. *Doris Lessing Newsletter*, Volumes 1 - 4. Brooklyn College Press, 1976. p. 138.

个区的传统决定了各自情爱、友谊和养育的方式"①；格罗夫认为它展现了乌托邦向反乌托邦的转变；② 贝齐·德雷恩将它读作"一部心灵成长的寓言"，认为"（它）以中古传奇的模式公开呈现与圣杯神话、亚瑟王故事的相似性——国王与王后，宫殿与庭院，魔法护盾，高贵的战马，披挂盔甲的战士，以及身着飘逸长袍的女性"③。国内对《联姻》的研究也在不断深化：李福祥指出它是"一部具有乌托邦式倾向的政治小说"④；胡勤分析其反乌托邦的叙事结构；⑤ 黄梅品评其是莱辛谱写的一部殖民变奏曲。⑥ 但鲜有人关注《联姻》的婚姻母题，而这恰是莱辛在苏菲主义启发下的精妙之处。因此，本文借助苏菲主义的视域，围绕婚姻母题的两个层面：超越的婚姻空间和跨越的联姻意识，展现出莱辛对跨文化的呼吁。

一、超越的婚姻空间

对莱辛来说，苏菲主义并不是一种强调禁欲、浸染神秘色彩的宗教，而是超越性的思考模式，即在思维上倡导"超越惯常的局限"⑦。带着这样的视域运思《联姻》，别样的婚姻融合展露于前。婚姻被认为是引导人类进入夫妻共同体的契约，一种私下空间里"私下的妥协，一种两个家长之间的协商事务，其中，

① Cayle Greene. *Doris Lessing：The Poetics of Change*. The University of Michigan Press，1994．p. 181.

② Jane Ashleigh Glover. "A Complex and Delicate Web." *A Comparative Study of Selected Speculative Novels by Margaret Atwood，Ursula K. Le Guin，Doris Lessing and Marge Piercy*. Rhodes University，2007．p. 111.

③ Betsy Draine. *Substance under Pressure：Artistic Coherence and Evolving Form in the Novels of Doris Lessing*. Madison：University of Wisconsin Press，1983．p. 162.

④ 李福祥：《多丽丝·莱辛笔下的政治与妇女主题》，载《外国文学评论》，42 页，1993（4）。

⑤ 胡勤：《反思乌托邦：析多丽丝·莱辛的〈异族婚姻〉》，载《贵州社会科学》，43 页，2007（12）。

⑥ 陆建德：《现代主义之后：写实与实验》，163 页，北京，中国社会科学出版社，1997。

⑦ Idries Shah. *The Way of the Sufi*. New York：E. P. Dutton，1970．p. 14.

一个是现实的家长，他是女儿的父亲，另一个是潜在的，他是未来的丈夫"①。在《联姻》中，莱辛匠心独具地经营了两段破天荒的婚姻：源自天启者的谕令，伴随着神秘的鼓声、口信，三区女王爱丽·伊斯远嫁四区国王本恩·艾塔，随后四区国王本恩·艾塔迎娶五区女王瓦西。但婚姻并不囿于传统个体的私密空间，而是在集体前彰显："从他们相遇，一直到他们分开……每个人都能知道他们在一起，都能分享这段婚姻。"②。对婚姻当事人而言，他们的一举一动超脱了行动者自身的意义，妻离子散的场面并未过多勾起牛郎织女般痛彻心扉的悲壮，而是广源的蝴蝶效应——区域整体的流变。正如小说题目所暗示的，联姻的立足点是区域之间，而非个体之间。

二三四五区是依次递降的地域景观：二区"比三区高出许多"③，三区"坐落着许多城镇的中心高地"④，四区"海拔较低，地势平坦"⑤，五区则是低洼之地。类似她早中期小说复现的房间意象，莱辛在《联姻》中演绎了空间上三区女王的"低就"与四区国王的"高攀"，以及四区国王的"低就"与五区女王的"高攀"。四区国王成了东方古奥的曼荼罗，即区域相通的枢纽，消除了三区和五区空间的分离，建构了沉溺与升华叠合的婚姻空间。苏菲谚语说，"活在世间，但不属于它"⑥。究其实质这是定位的问题：跳脱习得的身份感，加强真实的自我探寻。交织的婚姻空间造就了各自不同程度的流散身份，引起了国王和女王主体间性的沉思，构成了跨越的联姻意识。

---

① 米歇尔·福柯：《性经验史》，佘碧平译，353 页，上海，上海人民出版社，2005。

② 多丽丝·莱辛：《三四五区间的联姻》，俞婷译，95 页，南京，南京大学出版社，2008。

③ 同上，81 页。

④ 同上，31 页。

⑤ 同上，13 页。

⑥ 同上，135 页。

二、跨越的联姻意识

达尔文的进化理论推演了动物至人类层面的流变。莱辛在《联姻》中以二三四五区间的意识差体现了对达尔文进化理论的演绎。五区尚无主体意识，是动物本性；四区有主体意识，能明辨善恶是非，属于人类精神的范畴；三区是充分发展的人类精神；二区则是脱离肉体束缚的天使精神，这契合了苏菲主义对人类灵魂的层级划分：感官的、心灵的和精神的。但是空间上的分割划分导致各区意识上的禁闭阻滞、静止无为，其客观对应物便是动植物的萎靡不振。国王和女王的联姻则暗合各区意识的跨越联姻，浓墨重彩地体现于三区女王爱丽·伊斯和四区国王本恩·艾塔的婚姻上。

三区百姓福乐，是明静安宁的乌托邦，而四区战事不断，是动荡混乱的恶托邦。在天堂福地与地狱深渊的张力中，两区各自的狭隘意识也浮出水面。三区患有意识上的优越论，傲视他者、自鸣得意，如三区打油诗所言"三区优于四区／我们（三区）的生活祥和富足／他们（四区）的世界充满战争"[①]。四区则患有意识上的单向度："个人的意志可以完全服从于军队可怕的集体意志。"[②] 四区的建筑群便是与四区均化效应相融相契，那是一片"整齐划一、枯燥沉闷的土地，它由运河和改造过的小溪分隔开来，这里规则地遍布着军事化生活方式统驭下井然有序的军营"[③]。

苏菲主义认为"心智的启蒙只能通过参与、体验才能获得，而不是理智的方式"[④]。婚姻的本质就在于全身心地走进对方的心灵，由此通向完善的自我。三区女王和四区国王而后相互体悟而亲密美满的婚姻隐喻着意识上的超越。对三

---

① 多丽丝·莱辛：《三四五区间的联姻》。俞婷译。南京：南京大学出版社，2008 年，第 2 页。

② 同上，第 330 页。

③ 同上，第 31 页。

④ Nancy Shields Hardin. "Doris Lessing and the Sufi Way." in *Contemporary Literature*, Vol. 14，1973. p. 567.

区女王而言，通过抵至四区使得自我的封闭意识被扯落，"她的美丽王国……从前是范围有限而泾渭分明的……然而现在它如波浪般起伏、荡漾，一直向上延伸"①。对四区国王而言，是全新的意识，不同的视域风貌："他深深明白，在特定的常规中，他在理解力上有相当大的缺陷，并且确实各种知识储备都很不足。"② 正如他们的婚姻在"性爱（中）带着尊重和承诺，并不是他的自我延伸，也不是她的，却是对他们双方的致敬"③，莱辛凸显了意识的跨越性而非优越性。不仅如此，空间的杂交、错位承载着更为宏大的异质文化通融现象。

三、通融的异质文化

在莱辛笔下，婚姻母题在具象层面上是强大的性结合能力，维系着命脉的传承，所以区域的生机衰竭因联姻而迎刃而解。在抽象层面上，它亦是个体相互的施与、获取，暗喻文化领域所进行的严肃对话，由此传达了一种行动的哲学，呼吁异质文化间的互相审视、质疑和对峙。如三区和四区分别举行的民谣俚曲聚会。三区女王号召对古远歌谣的追忆，在苏菲式的超个体记忆中，三区遗忘或者说是压抑的文化层面在四区的歌谣中得以浮现。难能可贵的是，三、四、五区间的联姻倡导的不是二元交流，而是新形势下多元文化的沟通。

婚姻母题以世界的胸怀、世纪的伦理消融了封闭的空间格局、阻滞的意识形态、闭塞的文化群体，并在文末向读者呈现了联姻努力的成功曙光："各区之间的走动很频繁了，从五区到四区，四区到三区，还有三区到二区。"④ 而这正是莱辛对惠特曼跨世纪的应和："种族、邻里需要联姻/在联姻中获得/有待横渡的海洋，有待缩短的距离/有待焊连的大地……让各个国家、各个地区，如手拉手

---

① 多丽丝·莱辛：《三四五区间的联姻》，俞婷译，84 页，南京，南京大学出版社，2008。

② 同上，92 页。

③ 同上，204 页。

④ 同上，340 页。

的新郎新娘，在你面前翩翩起舞"①。

（原文刊登于《鸡西大学学报》2011 年第 12 期，第 108～109 页）

（郑锦菁）

---

① Bradley Sculley. Harold W. Blodgett, Arthur Golden, etc.. *Leaves of Grass*: *A Textual Variorum of the Printed Poems*. New York University Press, 1980. pp. 565－569.

安东尼亚·苏珊·拜厄特

（Antonia Susan Byatt，1936—　）

【生平简介】

安东尼亚·苏珊·拜厄特出生于英国的谢菲尔德市，父母均为剑桥大学毕业生，她是家中长女，与妹妹玛格丽特·德拉布尔同为英国当代著名的女性作家。由于患上哮喘，拜厄特的童年过得并不十分开心。后来因父母宗教信仰的缘故，她被送到约克的教友派学校接受教育，那时她就已经开始尝试写作了。1957 年拜厄特以优异的成绩从剑桥大学毕业，随后获得奖学金前往布林莫尔学院攻读研究生学位，毕业后回到英国继续博士课程的学习。学业尚未完成，拜厄特就结婚生子并出版了第一部小说《太阳的影子》，同时也开始了文学评论的写作。作为一名小说家、评论家、编辑和演讲家，拜厄特的作品提供了观察当代社会的万花筒。

（以上内容选自 Jay R. Gunton ed.. *Dictionary of Literary Biography*, Vol. 14. Michigan：Gale Research Company, 1983. pp. 194 – 205；Roger Matuz ed.. *Contemporary Literary Criticism*, Vol. 65. Michigan：Gale Research Company, 1991. p. 121.）

【主要作品】

《太阳的影子》（*The Shadow of the Sun*, 1964）

《游戏》（*The Game*, 1967）

《花园里的处女》（*The Virgin in the Garden*，1978）

《占有：一部罗曼史》（*Possession*：*A Romance*，1990）

【评论】

＊她一位非常女性化的作家，认真地向我们展现仿佛可见的细节（这是她擅长的），而且传递出人物对话后所隐含的情感纠葛……她着重用一些假设性的比喻和旁白来支撑起对话……拜厄特对人物的角色有着深刻的感悟，并且她有一种充满思想的、不急不躁的方式精确地告诉我们为什么他们值得关注。①

＊《占有：一部罗曼史》充满了学术讽刺，表现了多变的文风，无论在评论界还是出版界都广受好评。杰伊·帕里尼称："《占有》是一部精心之作。它将英国小说的叙事策略展露得淋漓尽致，每时每刻都让人感到愉悦。"②。

＊这部熔文化寻根、历史悬疑、学术计谋、凄美爱情于一炉的巨著，甫一出版立刻引起巨大轰动，一扫欧美文坛多年的沉寂与呆板，迅速在全球获得如潮好评："一部完美的作品，从头到尾都是大师手笔""一个时代最激荡心灵的作品"。半年之后，荣获英语小说世界最高荣誉——布克奖。③

---

① "Living with a Genius."*The Time Literary Supplement*. Shaton R. Gunton ed.. *Contemporary Literature Criticism*Vol. 19. Michigan：Gale Research Company，1981. p. 75.

② Roger Matuz ed.. *Contemporary Literary Criticism*Vol. 65. Michigan：Gale Research Company，1991. p. 121.

③ 摘自《占有：一部罗曼史》中文译本《隐之书》封面。海口：南海出版公司，2010年。

《隐之书》之为"隐"

——谈拜厄特叙述技巧下的女性声音

20 多年来，国内外对拜厄特《隐之书》的研究大多集中在女性主义研究、叙事学研究和神话原型研究上，本文把叙述技巧和女性声音主题相结合探究《隐之书》中的"隐"字主题，从叙述角度、叙述话语、叙事时间等角度解读女性曾经喑哑的声音，抒发女性自己的声音，让世界倾听穿越古今的女性的嘹亮歌声，并借此对女性的生存意义、主体价值进行确认。

声音，作为文化诗学和叙事学的概念，早已超出这一词语的物理学意义，进入文化研究的理论范畴中。在性别文化研究中，没有哪个词如同"声音"那样如雷贯耳了。"它出现在历史、哲学、社会学、文学和心理学中，贯通不同学科和理论的不同观念"，"尽管有人对'声音'这一说法提出尖锐的质疑，认为这不过是人文主义的虚妄之说，但是对于那些一直被压抑而寂静无声的群体和个人来说，这个术语已经成为身份和权利的代称"①。而拥有发声权利在一定程度上代表拥有话语权。对于女性主义者来说，在男性占有着话语权的语境中，话语更是一种有意义的声音，声音的发出与否有时关系到女性个体的生死存亡，是她们生存意义的符号和代码。而从叙事学的角度来讲，声音是指叙事中讲叙者的话语，以区别于叙事中的作者和非叙述人物，专指文本实践中的具体形式。苏珊·S. 兰瑟把女性主义概念下的女性声音与叙事学很好地结合起来，曾在其女

---

① 苏珊·S. 兰瑟：《虚构的权威——女性作家与叙述声音》，黄必康译，4 页，北京，北京大学出版社，2007。

性叙事著作《虚构的权威》中说："女性主义者所谓的'声音'通常是指那些现实或虚拟的个人或群体的行为，这些人表达了以女性为中心的观点和见解。"①

拜厄特是一个表达女性声音的高手，她的很多作品无不以各式腔调吟唱女性之歌。拜厄特在 1990 年出版了长篇小说《占有：一段罗曼史》，也叫做《隐之书》。作者因此书荣获当年英文小说奖的最高荣誉"布克奖"。《隐之书》本身也是一部隐藏着女性声音的书。书中出现的十几个女性人物分别代表着不同时代、虚幻与现实中的女性声音，声音弥漫在古今两个故事里面，娓娓道来，波澜不惊。细致读来，在文化寻根、历史悬疑、学术计谋、雅致古典的爱情情节里面，在多种叙述技巧、多种体裁叙述下的复调结构中，小说呈现出汹涌澎湃、触击心灵的众声喧哗：她所思，她所想，她的热爱，她的忧伤。跟着拜厄特巧妙的叙述，我们可以倾听到隐藏在维多利亚诗歌、远古神话、书信、日记背后失落的喑哑之声，体会到隐藏在叙述话语背后自己的声音，欣赏到隐藏在双重叙述结构背后的嘹亮之声，聆听不同时代的众多女性由衷地发出抑扬顿挫、高低起伏的声音。

一、多体裁叙述中所隐藏的喑哑的声音

诗歌、书信、日记、神话与童话，以其多样的文体代替小说中的人物成为变化莫测的叙述者，共同创造了拜厄特颇富个性的"声音"文本。诗，可以以假乱真的维多利亚诗歌；日记，琐碎细小却吐露着真情；通信，充满了思辨和心智的对话；神话与童话，神秘而隐喻。《隐之书》中的诗歌、童话、书信、日记、文学评论等以多元状分散陈列在诸多文本之间，形成了错综复杂的互文关系。各种文体纷乱杂陈，"大量的文中文形成错综复杂的文本碎片"和拜厄特的"诡异

---

① 苏珊·S. 兰瑟：《虚构的权威——女性作家与叙述声音》，黄必康译，255 页，北京，北京大学出版社，2007。

文本迷宫"①，构成了叙事的"模糊性"②。就这样，情不自禁地跟着作者的笔触慢慢走进一个时代里，对远古时代的世界初始历史进行追忆，在作者的牵引之下，细细聆听躲在多种叙述体裁背后的喑哑的歌声。生活在男性话语权里的不同时代的女性用不同的形式抒发着自己压抑已久的声音。随意翻动《隐之书》，这些体裁跃然纸上，仿佛一个个能说会道的精灵，七嘴八舌地为读者讲述着为人知和不为人知的故事；又好像一个个乐手，用多种乐器合奏出一曲压抑已久的呜咽之曲。在女性声音备受压抑的维多利亚时代和貌似众声喧哗的当代社会，克里斯塔贝尔·兰蒙特和莫德·贝利一样压抑着自己的声音。兰蒙特依靠隐喻，把一段愁肠百结的爱情深藏于瑰丽奇绝的诗句之中；艾伦·艾许（艾许的妻子）依靠删除，把一段痛楚隐匿在乏味枯燥的日记之中；莫德也会用头巾包起自己金黄色的头发，用无言的桌椅板凳和兰蒙特的作品默默维护女性研究中心里仅存的女性声音；还有那些被艾许带入坟墓的信件、热情洋溢的情书，在另一个世界叙述着真实。

拜厄特借维多利亚诗人艾许和兰蒙特之手仿写了大量的维多利亚诗歌。诗歌文字精巧、语句饱满、严谨而清新，犹如《隐之书》封皮上古典、厚重的维多利亚书房，幽暗、静谧，引人探究。这些诗歌隐喻、神秘、幽深，特别是兰蒙特富有韧度和质感的细腻手笔，感性、直觉而又充满浪漫气息，隐隐透露着这个想爱又不能爱的女性备受压抑的微弱声音。

> 达儿娃守着个秘密
> 严密胜过朋友
> 达儿娃无言的相惜
> 恒久没有尽头
> ……

---

① 程倩：《回归历史之途——析拜厄特〈占有〉的历史叙述策略》，载《外国文学》，74 页，2003（1）。

② 赵杰：《〈占有〉的后现代叙事技巧分析》，载《辽宁科技大学学报》，84 页，2009（1）。

达儿娃不眠不休

高高在上凝神俯瞰

残害与碎片

原是我俩遗落的爱恋

她的小小指尖

自始未曾事爱转变

……①

当100多年后的莫德吟诵起兰蒙特写下的《达儿娃的秘密》时，就像在念咒一样。在诗歌的牵引下，莫德从思尔庄园（兰蒙特故居）的娃娃床里面找到了这些尘封的书信。"她探进娃娃床里，拦腰拎起了那只金发娃娃……莫德把枕头拿出来，掀开床单，又翻折了三条漂亮的羊毛毯子、一件针织的披肩，然后拉开一床羽毛床垫，接着再掀一床，然后是一张草席。她伸手探进草席底下，摸到了一只木盒子，撬开盒子上的链锁之后，取出了一包东西。那东西就包在细致的白色亚麻里，外面缠绕着线带，一层又一层，一层又一层……带子松脱了，一层又一层的亚麻布摊开来。里头有两包小东西，都包在浸过油的绸布里，外头则绑着黑色的缎带，老旧的丝布发出一阵吱吱嘎嘎的声响……"（77～78）②那掩藏在重重包裹里的书信和蕴涵着古典韵律的诗篇里的爱情像洋娃娃压着的床单、羊毛毯子、羽毛床垫、草席一样，层层揭开，一点点展露出来。兰蒙特的生活与爱情都让她以隐忍坚强的方式将自己封藏起来，而这些"干巴巴的纸页"却低低地吟唱着她隐之深深的压抑的声音。"手套相依偎，柔弱安详；手指对手指，手心对手心，以最白的质料，永久保存……"（300）兰蒙特的诗歌，以清新典雅的气质低吟浅唱着她不为人知的内心世界。这种无声的呐喊应该是兰蒙特大胆冲破禁锢、以血作墨，对自我身份和话语权利的一次确认。

在罗兰和莫德追踪历史的同时，书信与日记以"见字如面"的亲切感逐渐

---

① A. S. 拜雅特：《隐之书》，于冬梅、宋瑛堂译，76页，海口，南海出版公司，2008。

② 后文出自《隐之书》的引文，将随文标明出处页码，不再另行作注。

将所有的悬疑和隐秘揭开，表达出人物的内心情感，真实而透彻。艾许和兰蒙特的通信、艾许和夫人艾伦的通信、艾许与自己未知的亲生女儿的通信、兰蒙特的日记、兰蒙特表侄女莎宾的日记等等，无不透露着人物的点滴心声。艾许和兰蒙特的通信部分，尤其是兰蒙特大段的自我描述充分地展现了一个坚强隐忍的女性细腻的情感之声。"在最后那个阴暗的日子——要离开，离开彼此，一刻也不回头……我坐在这里，一个住在角楼里的老巫婆……这三十年来，我一直都是卢梅西娜。我在这城堡的垛口四处飞翔，对风哭喊着我盼望的事……如今尽头将至，'热情消磨殆尽，心境祥和'，我再度想起你，心中带有清澈的爱意……"（465～468）该是什么样的女人才写得出这样的文字？她该有多聪慧，她的心思该有多敏感细密！然而正是如此聪慧的她，竭尽全力用理性来捍卫自己的独立与完整，却仍痛苦又甜蜜地融化在艾许的激情里；也正是如此敏感的她，带着"清澈的爱意"把自己所有的心声隐藏在无法昭示的书信和日记里。那些渐渐远去的情感，如今静静地封存在故纸里，岁月老去，却抹不掉泛黄纸页里的幽幽回忆。这些隐匿的语言不仅在兰蒙特自己的书信和日记中有所展现，在莎宾的私人日记中更是大量存在。"她说：'自从我来到这里，就没想过动笔写东西，因为我不知道该用哪种语言来思考。我就像仙怪卢梅西娜，美声海妖，美人鱼一样，半英半法，在英文和法文的后面，是布列塔尼语和凯尔特语……我想写作的欲望遗传自我父亲……但是，我写作的语言——其实是我母亲的语言——并不是他的语言，而是我母亲的语言。我母亲并不信教，她的语言属于柴米油盐酱醋茶的小事，属于女性风格……'"（336）这仿佛是对世界的一个正式宣言，宣告"我"的作品的语言是"母亲的语言"，"并不是他的语言"，"我"用的是"女性风格"。可是这种宣言没有出现在任何公开的作品中，却出现在一个初学写作的表侄女的私人日记中，形式隐秘却语气笃定、斩钉截铁地宣布自己的语言立场。作者选择以书信和日记的形式表达兰蒙特的真实声音，是因为在男性话语权的时代里，这些不会言语的东西是兰蒙特有限的能够发出内心声音的一个途径。

大量改编的童话与神话故事又给小说蒙上了一层神秘的面纱，增添了悬疑的色彩。妖灵、仙怪、魔兽，在拜厄特的笔下，兼具《天方夜谭》的神秘奇异和《格林童话》的朴素优雅，有着自成一派天马行空的诡异气质。艾许的诗歌里难得有女性出现，但是兰蒙特的仙怪神话里却到处充斥着女性的呜咽、呐喊和歌唱。"一切就像魔法师说的那样，当我张开我的嘴想说出这件事情时，我的嘴唇就好像被紧紧地缝在肉里，而我口中的舌头，也是丝毫动弹不得。可是我却可以开口要求他们把盐递过来，或是谈谈恶劣的气候，这让我非常懊恼……"（60）在《玻璃棺材》的故事里，黑袍魔法师向公主求婚遭拒，于是残酷地将公主变成哑巴囚禁在水晶棺内长达百年，这无疑象征着在男性强势话语的压制下无声无息的女性群体和她们悠长无际的沉默历史。叙述声音被拒绝而陷入沉默的女性要么遭遇死亡，要么虽生犹死，被剥夺了话语权的世代女性莫不如此。再如，兰蒙特笔下的女性先祖卢梅西娜是一位半人半蛇的迷人女神，每逢礼拜六就得化作龙蛇，只有与凡人的婚姻才能使她解除诅咒，赎清罪孽，永获美丽女身。卢梅西娜用"细小清晰的金嗓子"歌唱，但一遇到雷蒙丁，她便停止了快乐的吟唱，"四周顿时清静无声，他隐约感到，在这无声之中，所有喃喃耳语尽皆不在"（291）。拜厄特借此暗示，拥有自由之声的女性一旦遭遇男性便不可避免地失去了话语权，仙女变妖怪，遭受命运的戏弄，原本嘹亮的歌者失声了，成了喑哑的乐手，承受无言的痛苦。

　　拜厄特在书中借用了另外一个女性人物莉奥诺拉·斯特恩写的文学评论《兰蒙特诗中的母题与母体》来表达对兰蒙特的《卢梅西娜》的观点："卢梅西娜的母亲依凭在泉水之旁，有人发现她正在那儿高声歌唱，'那声音的和美，在所有美声海妖、所有仙怪、所有女神的歌声当中，实在是前所未见'。……迷了路的骑士和马……然后靠向卢梅西娜'低微而清朗'的声音，听她'兀自鸣唱'，当这名男子和他的畜生无奈地下滑并迸起一块石头时，这个声音便'自此停住不再唱歌'……这或可解读为专属女性语言的一种象征，女性语言一来十足压抑，一来极度自省，面对闯入的男性，往往哑口无言、无法发声……卢梅西娜，她在这座神秘的泉边兀自对着自己鸣唱，显然意味着一股无比强大的权利足以知悉万物的起源与终结……"①

---

　　① 苏珊·S. 兰瑟：《虚构的权威——女性作家与叙述声音》，黄必康译，241页，北京，北京大学出版社，2007。

A. S. 拜厄特是神话与童话的读者、搜罗者、编撰者，通过这些改编了的仙怪妖魔的故事一如既往地抒发着她的女性主义声音。大时代滚滚而过，她拾得沧浪里的一枚遗珠，虚虚实实，纵览全观，态度却仍旧怡然。她直面女性的历史失声之创伤，力求用女性自己的眼光重新解读西方传统文学中的原始意象，用女性自己的声音讲述鲜为人知的历史叙事的另一面，改变女性形象缺失、声音失落的历史局面，以揭示自古以来被西方失真的男性眼光篡改的女性历史真相，填补西方男性中心话语蓄意制造的女性历史的"空白之页"。她从历史文化传统中的心理积淀切入，用传统叙事的诸多实证来破除男性历史叙事之神话，揭示男性视角的失真和歪曲，剥去男性话语的谎言和假象，从文化历史的层面说明女人之为女人的后天性和人为性，从而找回失落已久的女性自我，展现女性被历史的尘埃掩盖的生命本真和自我之声。

二、叙述角度转换中隐藏的自己的声音

伽达默尔说"他者永远是彻头彻尾的他者"，非女性的他者永远不可能在缺少女性的情况下解决任何问题，所以女性有自己的声音才是最重要的。①

多体裁叙事的同时，拜厄特还用变幻的叙述技巧从多种角度向读者呈现隐藏在这些人物与体裁叙述里的女性的声音。申丹在《叙述学与小说文体学研究》中对叙述声音和叙述眼光进行了区分，② 根据她的说法，《隐之书》属于典型的"第三人称人物有限视角"，叙述声音是叙述者的，而叙述角度却是人物的，叙述视角得以在多个人物之间不断地流转而不着痕迹，形成了多角度叙事。叙述者放弃了自己的视角，总是尽量通过某个人物的视觉、听觉和想法来观察事件和其他人物。而且叙述者采用了多个人物的视角来叙述，没有固定的聚焦人物，叙述者若隐若现，与人物话语交叉融合，二者的状态在形式上是混沌不明的，它们时

---

① J·希利斯·米勒：《解读叙事》，申丹译，18 页，北京，北京大学出版社，2002。
② 申丹：《叙述学与小说文体学研究（第二版）》，187 页，北京，北京大学出版社，2001。

而并行不悖、平分秋色，时而融合为一、不分你我，时而又交错重叠、错落有致。权威的叙述者话语与自由的人物话语混在一起，彼此相辅相成，呈现出节制而平衡的文本效果，奏出丰富多彩的话语交响。叙述话语与人物话语在语气、修辞、造句、风格上完全保持一致，令读者难以辨明二者的界限，无法分清究竟谁在说话。当人物话语自由流动的时候，有时在场的叙述者会对人物话语流露出肯定与赞赏，于是就追随人物话语，模仿其口吻说话，并夹杂着作者的感悟与评论，但又无任何的身份说明，就造成了人物话语与叙述话语的混淆。在这种人物话语和叙述话语的双声交合中，拜厄特逐渐清晰了女性"自己的声音"，让自己的声音更具力量，愈唱愈亮。

书中用这样一个故事唱响了女性自己的声音：

> 年轻水手爱上了磨坊主的女儿，水手出海了很长时间，磨坊主女儿在海边等了很久很久，等到"苍白细瘦""容貌已经改变"。终于等到水手归来。
>
> 他说："跟我一起下山去。"
>
> 她说："你有没有听到小小的脚，赤着脚跳舞的声音？"
>
> 他说："我听到海水打在岸上的声音，听到空气奔驰在干草上的声音，听见风向机在风中吱嘎转动的声音。"
>
> ……
>
> 她说："听不见跳舞的声音，我怎么跟你走？"
>
> 他说："那你就留下来陪你的小脚跳舞好了，如果你喜欢跳舞的声音胜过喜欢我。"
>
> 她不发一语，只聆听海水、空气与风向机的声音，他就此离开了她。（346）

你一定要像我一样听得到"跳舞的声音"我才跟你走，这是男女对共同声音、共同语言的追寻；如果你和我听不到同一种声音，我宁愿离开、死掉也不会屈从于没有共同声音的爱情。这声音清晰明了，仿佛是哪个女性在呼喊自我的爱情主张，如此细腻，如此隐喻至深。表面上看这声音出自拜厄特这位隐喻大师，仔细读来，这原来出自正在学习用自己的语言写作的兰蒙特的表侄女莎宾的日记，怪不得这么直接却又充满隐喻。可是再次倾听，这却是出自一个男性之口——莎宾的父亲为莎宾讲的故事，真是难以置信。拜厄特借用男性来表达"自己的声音"，罗兰、艾许、莎宾的父亲等，这些尊重却又牵制着女性表达的男性们也时常被作者用来为女性呼喊一番。故事牵动着阅读者的思绪，此时，读者并不在乎哪个是人物话语哪个是叙述话语，早已沉醉在作者的隐喻里无法自拔了。

这位隐喻大师对语言的驾驭真是让人膜拜不已。色彩、物体等意象的大量使用从更深层面上回响女性内心的声音。这些视觉系的词语堆积在一起，似乎貌不惊人，但仔细聆听这些视觉词语，你会听到拜厄特笔下的女性人物更隐秘的内心声音。白色、玻璃、冰雪……在如此冷酷严寒的生存环境中，女性就像被冰封在"玻璃棺材"中的睡美人，被魔法师施了魔法而无法言语。莫德独居的房间以玻璃为墙，在白色床单的映衬下，恰如一具冰封的玻璃棺材。瓦尔蜗居的地下室冰凉潮湿，暗无天日，与地狱无异。远离生活沸点的女性世界阴幽寂静，冰冻雪封，寒冷刺骨。然而，玻璃和冰雪是一种暧昧的关系，既寒冷刺骨又富有生机，既施以拯救又形成威胁。拜厄特不会让读者停留在黑袍魔法师的魔咒之下，冰封冷冻状态是女性冷藏生命的自卫策略，她们在隐身自处的封闭状态中以暂时的休眠换取永久的生存机会，用暂时的无言换取高歌的权利。观冰雪而心境寒，心境寒而抒真情，情为寒之声，寒慰心之境。

正是这些隐喻的使用使叙述话语融入了人物的生命，也正是叙述话语与人物话语的融合让读者在感受人物命运的同时却寻不见隐藏在故事背后的神秘作者。小说最核心层次的两位主人公——艾许与兰蒙特，都是诗人，都有著作。频频出现在他们诗作里的远古神话人物，尽管缺乏完整统一的脉络，但仍保留了许多存于人类集体无意识中模糊不确定的记忆。而作者本人也像隐于云层之后偷偷窥探人间的妖女，不时探出头来，发出自己的声响，读者不知不觉间就掉进了作者叙事的圈套。拜厄特熟练地运用各种文体：书信、日记、神话、民间故事，让文本自己展开叙述，并由此将小说的情节一步步引向高潮，而她所做的，似乎只是躲在各种文体背后，将现成的文本像串珠子一样串起来。那么作者这样费尽心思地将自己隐藏起来是在玩弄技巧、故弄玄虚吗？这正如小说中主人公莫德和罗兰进行着"一场追寻之旅"，读者也在与作者进行着一场智慧的角逐。就像拜厄特借玻璃棺材中的公主之口为女性争取自己发声的权利："我绝不屈服于这种卑鄙的行径，我希望听到自己不被打断的声音，而且充满自信，因为我害怕自己的嘴唇会再度被封锁而无言。"（60）被黑袍魔法师施了喑哑的魔咒之后，公主内心的呼喊依然铿锵有声，言为心声，叙述话语如此严实地躲在人物话语背后不过为了突出人物自己的声音罢了。

三、双重叙事时间里穿越的嘹亮歌声

拜厄特在《隐之书》中以多体裁叙述呈现了女性声音的五彩斑斓，以多角度叙述展现了女性自我的多重性。同时，作者娴熟地使用双重叙事结构把 19 世纪两位诗人的爱情之旅与 20 世纪两位当代学者探究历史真相之旅并置，双管合奏，使得历史层面和现实层面的两条线索相互映衬，相互和鸣，构成了"历史与现实的对话"和"今人和古人的想象性对话"① 拜厄特是个驾驭时间的高手，她像一位手持指挥棒的音乐大师，为听众演奏跨越古今的交响乐曲一样，让读者跟随她的指挥棒在历史与现实的乐章之间来回穿越，聆听古今女性内心的高歌，体会人物的记忆与遗忘。

先看历史叙事下的神话、童话与维多利亚诗体中的女性。作者给我们描绘出一幅维多利亚时代处于"男性话语权"中的女性形象组图，以女性血脉历史为线索来组织小说叙事。从远古神话里的仙怪卢梅西娜到维多利亚时代的布兰奇和兰蒙特，直至当代女学者莉奥诺拉和莫德，三个不同时代的女性组成祖辈、母辈及女儿辈大致完整的母系家族系列，单个女性人物的个体经验折射出女性历史的整体经验，生动地展示女性群体的历史形象和现实形象，女性生命在这种独特的

---

① 程倩：《"历史的回声"——拜厄特〈占有〉之多重对话关系》，载《当代外国文学》，20 页，2006（1）。

历史叙述中滋生出新的意义和价值。"这名少女开怀地笑了起来，在那可想而知已有多年的沉静之后，她的声音更加洪亮，整个怪异的地底世界都回响着她的笑声，玻璃碎片就像破裂的铃铛一样响起"（59），被囚禁在玻璃棺材中的公主历经许久的暗哑沉睡之后终于可以放声大笑，黑袍魔法师的咒语在小裁缝的亲吻下开始失效，女性话语权在历经百年之后重新获得，女性声音得以解放，"声音更加洪亮"。

兰蒙特是个睿智博学、才情兼备，具有丰沛的艺术创造力的维多利亚女性。她温文尔雅，恬静隐忍，拒绝婚姻以回避男性伴侣的扭曲目光，却大胆地支配自己的身体。她与画家布兰奇以隐居的方式过着同性、幽静却自由的日子。当她遇见自己深爱的男人艾许时，也用违背那个时代婚姻道德的方式勇敢地宣泄自己的生命欲望，体现了女性鲜活的生命力。甚至在宣泄之后唱起歌来，"她唱起歌来，活像歌德笔下的美声海妖，也像荷马笔下的海妖"（277），"那声音是那么洪亮——穿越了永恒——大声地说着……每一个字都声如洪钟，满是信仰和真理……"（159~160）。兰蒙特谈起自己的信仰用这样掷地有声的铿锵之声来描述，之后也断然不肯放弃自由。怀孕后，她远走他乡寄居表哥家中，不仅不让艾许找到自己，也不肯把怀孕之事告诉表哥，甚至肚子一天天隆起，她依然倔强。生孩子那天，她选择独自面对，孩子是生是死，还是被弃，所有人都无从知晓。她情愿让孩子以外甥女的身份活在自己身边，默默承受感情折磨，将余生奉献给诗歌创作，把深情深藏于瑰丽的诗句，将情愫用诗集《卢梅西娜》来倾吐，孤傲地，带着"清澈的爱意"地向生活宣言："我宁可一辈子单独生活。然而，既然不可能——而且几乎没有人有这种福分——我感谢上帝把你给了我。"（469）这样的女子，一面有着决绝的独立，一面有着温暖的柔情，用自己独特的方式，用日记、书信、童话为维多利亚时代的女性隐忍着唱歌，歌声的表达乃生命的需要、身体的快乐。在经历了爱情的宣泄之后，她也会用像海妖一样嘹亮的歌声歌唱自己的欢愉、祭奠即将失去的爱情。就像艾许在与兰蒙特的通信中这样评价她："你同时造就了——天空的声音——造就了哀声哭号——造就了妖妇惑人的歌声——造就了经年累月沿街哭诉惨无人道的悲痛"（168）。

这些独特、传奇甚至有些怪诞的女性用自己独特的声音吟咏着那个时代特有的女性体验，所有的个体女性声音就组成了一个多重的女性合唱，在经历"被封口"的暗哑之后，她们在矛盾挣扎中歌唱，超越时空、生机盎然地为读者歌唱灿烂的远古歌声。

目光从远古、维多利亚时代回到现实叙事下的新世纪。专门研究兰蒙特的莫德是兰蒙特寄养给他人的私生女儿梅娅的后裔，历史上人为的母女隔离终被打破，失散已久的女儿得以认祖归宗。这是作者所设的一则巧妙的隐喻，暗示着当代女性与女性先辈在血缘上相互认同，在精神上彼此呼应。男权社会的夹缝里隐性相传的女性生命纽带终于连接起人为中断的女性传统，当代女性终于寻回了被放逐的女性先祖。莫德的返祖归宗之举终于使当代女性寻回了失落已久的女性叙事主体，找回了卢梅西娜"清朗""黄金般的音嗓"，从先辈那里获得了发自女性之喉的真正的女性之声。虽然生活在两个截然不同的时代，莫德和兰蒙特在态度和命运上却有着惊人的相似。在追新猎奇、玩世不恭、急功近利、沽名钓誉的当代，世界被那些男性文化动物误读成女人的身体。艾许手稿的潜在商业价值使校园内外和大西洋两岸的众多"文人学者"闻风而至，文史真相的查证成了一场你争我夺、钩心斗角的史料大战，学术竞争演变成你追我逐、惊心动魄的环欧历险。在这样局促狭小的生存空间里，在冷淡隔膜的人际关系和阴暗猥琐、真情匮乏的放浪情欲社会中，莫德选择像兰蒙特一样把自己武装起来，将自己美丽的金发束在绿色的头巾里，以免自己的美貌吸引男性的目光。她和兰蒙特一样在爱情的追逐中首先选择了同性的奥利诺拉。在和罗兰历经文化追踪的过程中，莫德逐渐在罗兰面前卸下武装，终于打开头巾，垂下自己金黄色的头发，"两个头靠得很近，黑发加金发，可以嗅到对方的头发还充满了暴风雨的味道，充满雨水、翻动的黏土、被压扁与随风飘零的树叶的味道""就这样，他们脱下不合身的衣服……终于进入并占有她一切白色冷淡。依偎在他身边，她温暖起来。如此一来，似乎两人之间没有了界限，在接近破晓时分，他听见了从远方传来的莫德嗓音清晰的呼叫，肆无忌惮，毫无羞赧之情，带有欢娱和凯旋之意"（470～473）。

《隐之书》中一连串迥异于世俗的女性形象构成数对镜像人物，各自都有相似的境遇，无论她们曾经遭遇过什么，都决绝地追求自我、守卫理想。历史与今日两条线平行，两线之间互相暗示。相距遥远的不同历史时期在文本的有限时空里交错并置，循环延绵，历史与现实并行不悖，互为参照，层层递进，赋予作品以时代的纵深感和历史的厚重感。

在穿越古今的过程中，拜厄特已成为一位女性之声的抒发者，她利用《隐之书》以互文的效果达到隐喻女性生存状态的目的，力求用女性自己的眼光重新解读西方传统文学中的原始意象，用女性自己的声音讲述鲜为人知的历史叙事的另一面，改变女性形象缺失、声音失落的历史局面，填补西方男性中心话语蓄意制造的女性声音的"喑哑呜咽"，破除男性历史叙事之神话，揭示男性视角的失真和歪曲，剥去男性话语的谎言和假象，从文化历史的层面找回失落已久的女性意识，展现女性为历史的尘埃所掩盖的生命本真和自我之声。

如此看来，拜厄特使用了多种技巧，费尽心机，将一切都安排得十分巧妙，用宏阔的架构、奇绝的情节、精巧的文字慢慢展露出文字、情节里隐藏的东西。作者想要表达的，又何止于爱情，《隐之书》隐藏了太多东西，如谜语一般呼唤着你全部的思绪和人生体验。一个"隐"字，是小说贯穿始终的线索，伴随着揭秘，余韵千回百转。隐晦的是表达、隐秘的是故事、隐匿的是爱情、隐忍的是女性的坚强与挣扎，隐不住的是女性自己的声音，故而放歌远行。多重叙述体裁、叙述角度的转换、叙述话语的融合和叙述时间的跨越无不一层层透露出女性内心的声音与呐喊，呐喊过后，一如这静谧的书房，一切归于无声，只留读者倾听绕梁的歌声，回味歌声背后的无奈与坚强。由此看来，《隐之书》乃是一步展露女性之声的音乐与歌唱巨著，只是这些可以让人回味无穷的老唱片被拜厄特藏在了那厚重典雅的维多利亚书房背后罢了，需要读者慢慢寻找，慢慢聆听。

（王叶娜）

"阁楼上的疯女人"

——《游戏》中的三重人物原型

作为英国当代女作家 A. S. 拜厄特的第二部小说,《游戏》自发表以来一直未曾得到评论界应有的关注。小说中反复使用的叙事策略和主题元素在拜厄特的后期作品中都可以得到印证,因此凸显了该小说的研究价值。本文联系作者本人的创作理念和相关论述,从神话原型人物卡珊德拉、"疯女人"原型伯莎·梅森和被禁闭的原型人物夏洛特女士三重视角对小说中的主要人物卡珊德拉·考伯特进行分析,从全新视角解读拜厄特在早期作品中运用多重原型塑造小说人物的艺术才能。

《游戏》(The Game)是英国当代小说家和文学评论家 A. S. 拜厄特的早期作品。作为"一部理应更为人所知的优秀小说"①,它在发表之初却遭到了读者和文学评论家的冷遇。直到拜厄特的《占有》(Possession,1990)获得布克奖之后,《游戏》才引起少数西方评论家们的关注,而国内学者对该作品的研究更为罕见。尽管它是拜厄特的第二部长篇小说,但是,同她的第一部小说《太阳的影子》(The Shadow of the Sun,1964)一样,《游戏》包含了拜厄特此后作品中反复使用的叙事策略和主题元素,因此,该小说颇具研究价值。小说中"阁楼上的疯女人"卡珊德拉·考伯特堪称是拜厄特在其巅峰之作《占有》和其他作

---

① Elaine Showalter. *A Literature of Their Own*: *British Women Novelists from Bronte to Lessing* (Expanded Edition). Princeton University Press, 1999. Beijing: Foreign Language Teaching and Research Press, 2004. p. 301.

品中运用多重原型塑造小说人物手法的初步体现。

一、神话原型人物卡珊德拉

在文本建构和人物塑造中，《游戏》所影射的最主要的神话是古希腊神话中关于特洛伊女预言家卡珊德拉的记述。依据荷马的《伊利亚特》，卡珊德拉是特洛伊国王普里阿摩斯和王后赫卡柏的女儿，也就是特洛伊的公主。她是太阳神殿的女祭司，其美貌深深地吸引着太阳之神阿波罗，她也因此被阿波罗赋予预知命运的能力。不幸的是，当她拒绝了阿波罗的垂爱时，他气恼地向她施以诅咒。这个魔咒就是，卡珊德拉的预言会百发百中，但是没有人会愿意相信，卡珊德拉因而成为一个被诅咒的女预言家。阿波罗所施的魔咒令卡珊德拉说出的预言全是不吉利的：背叛、过失、人类的死亡和国家的沦落，她也因此遭到人们的嘲笑和憎恨。面对注定一生只讲真话而从不会被人相信的爱女，普里阿摩斯国王一筹莫展，只好把她关起来，使其远离参战的特洛伊士兵。特洛伊城沦陷后，卡珊德拉惨遭希腊士兵的凌辱，并最终被赐予人间法律、维护社会秩序的雅典娜女神所惩罚。当卡珊德拉作为希腊英雄阿伽门农的情人随其返回家乡后，两人均被阿伽门农的妻子杀害。

阿波罗所施的魔咒使卡珊德拉的神力成为无限痛苦的根源。由于她自己的家人和特洛伊的臣民把她错认为是胡言乱语的疯子，卡珊德拉总是被视作疯女人或世界末日的预言者。研究表明，在莎士比亚的戏剧《特洛埃勒斯与克雷雪达》和艺术家的绘画中，卡珊德拉都被描绘成披头散发、失望无助的疯女人。然而，这位貌似疯癫的女预言家却令人倍感同情：她是一位智慧女性，只是因为没有按照神的游戏规则行事才遭诅咒。卡珊德拉此后便成为一个原型意象。在现实生活和文学作品中，"卡珊德拉"这个名字已经成为那些所说真话被人忽视的人的代名词，因为卡珊德拉命中注定要预测别人拒绝相信的预言。

受该古希腊神话的启发，拜厄特把两位姐妹女主角中的姐姐叫作卡珊德拉·考伯特——一位牛津大学的教师和文学学者。如神话中的女预言家一样，小说中的卡珊德拉也非常聪慧，但是，她生活在由她自己的想象建构的虚拟世界里，备受幻想与现实之间的不平衡所带来的折磨，终日恐惧于他人对她的猜测和评判中。"卡珊德拉是个牺牲品，陷入物质的、精神的和创造力的困境中"①。作为一名38岁的未婚女教师，她时而认为自己比实际年龄要老得多，时而认为年轻得多：在实际生活中老得多，而在梦魇里则年轻得多。

小说中的卡珊德拉·考伯特与古希腊神话中的女预言家最明显的相似之处在于，她们都洞悉无人相信的事实。从7岁到17岁长达10年的时间里，妹妹朱丽叶煞费苦心地偷偷阅读卡珊德拉的日记。虽然姐姐锁上了所有装日记的抽屉和盒子，但是朱丽叶总是能够想办法打开而且从未被姐姐发现。卡珊德拉的想象力令朱丽叶感到震惊。当朱丽叶窃取了卡珊德拉日记中的灵感并在国家级短篇小说竞赛中获得大奖时，卡珊德拉虽然内心伤痛至深但却无以辩解，因为故事的源版本是人所共知的，而朱丽叶的版本比她本人的结构更为严谨，也更具创新性。这件事加剧了姐妹间的隔阂并最终成为一切悲剧的根源。

拜厄特发现，在神话中，"富有想象力的女性都被看做是疯女巫或女预言家，而富有想象力的男性则被看做先知和诗人"②。拜厄特把卡珊德拉同希腊神话中的同名原型相联系，实际上是把她同失败联系在了一起——此处是指女性的想象力和作为幻想家的女艺术家的失败。正如有的学者所评论的那样，"在拜厄特的写作生涯中，作为幻想家的艺术家的概念一直萦绕在她的脑际。在这部小说（《游戏》）中，这些概念与性别和神话文本的契合尤为有趣"③。在《太阳的影子》前言中，拜厄特回忆了在创作头两部小说时，具有远见卓识的女性和卡珊德拉神话是如何在其脑海中挥之不去的："我在剑桥大学写的另一样东西，反反复复的，是被太阳之神，也即艺术众神之王阿波罗所爱的卡珊德拉的故事。她不愿意屈从于阿波罗，因此无法开口说话，或者无法被任何人所相信。"④

---

① Celia M. Wallhead. *The Old, the New and the Metaphor: A Critical Study of the Novels of A. S. Byatt*. London: Minerva Press, 1999. p. 202.

② A. S. Byatt. "Introduction." in *The Shadow of the Sun*. New York: Harvest, 1993. p. ix.

③ Christien Franken. *A. S. Byatt: Art, Authorship, Creativity*. New York: Palgrave, 2001. p. 69.

④ A. S. Byatt. "Introduction." in *The Shadow of the Sun*. New York: Harvest, 1993, p. ix.

在小说中，卡珊德拉·考伯特曾直接提及古希腊的卡珊德拉神话。在明确地把自己同神话中与她同名的女预言家相提并论时，学者卡珊德拉同时也承认了自己是一名失败的女幻想家："身为阿波罗的女祭司的卡珊德拉，因为她拒绝与文艺之神交往，因此也便成不了艺术家——无法交流，无法与她周围的物质世界建立联系。……卡珊德拉，就像我自己，就像我自己，一个拥有无用的知识的专家。"[①] 这种无法与外部世界融为一体的感受深深地折磨着卡珊德拉。她认为镜子只能反映部分事实，因此被各种玻璃器皿和各种视觉上的错觉困扰。游离于幻想与现实之间的卡珊德拉把自己定义为生活在两个世界里：一个是冷酷、残忍和富有威胁性的，包含有暴虐的物体；另一个正好相反，是无限的，是天堂。她认为，生活在幻想的世界里将是一种解脱："她知道幻觉会导致疯狂，正如凡·高一样，但是没有它便没有真正的艺术。"[②] 她清楚地懂得，在真实世界和纯虚幻世界之间的那层玻璃无论如何都不可以打破。对她而言，两个世界相互融合渗透似乎更为理想；但是，她同时也明白这将是毁灭性的，所以她最终选择了与世隔绝。

虽然本质上稍有不同，但是同其神话中的原型一样，卡珊德拉·考伯特也被一段没有结果的爱情禁锢。在去牛津之前，卡珊德拉与年轻的西蒙·毛菲特彼此倾心、交往甚密。但是，当她上了大学之后，从她日记中早已熟知西蒙的朱丽叶主动与他开始了浪漫的交往。卡珊德拉在一年以后返乡时发现妹妹再次背叛了自己，于是她决然断绝了姐妹情谊和与西蒙的恋情。被卡珊德拉拒绝后的西蒙不久便前往巴西的热带丛林。当卡珊德拉独自呆坐在她牛津大学的公寓时，她就"像一个蜘蛛，在一个网中，等待"[③]，寄托对西蒙无尽的遐思。她在自己的脑海里和画作中勾勒着他的世界、他的生活。

---

① A. S. Byatt. *The Game*. London：Chatto and Windus，1967. London：Vintage，1992. p. 141.

② Celia M Wallhead. *the Old，the New and the Metaphor：A Critical Study of the Novels of A. S. Byatt*. London：Minerva Press，1999. p. 200.

③ A. S. Byatt. *The Game*. London：Chatto and Windus，1967. London：Vintage，1992. p. 110.

　　古希腊神话中的卡珊德拉在特洛伊城沦陷后深陷困境，是阿伽门农把她带入现实世界，并被视其为情敌的阿伽门农之妻杀害。在深陷两个世界的困境时，小说中的卡珊德拉倍加渴望西蒙的安慰，期盼她的阿伽门农前来拯救她。她认为，只有西蒙的拥抱才能化解掉她在现实世界所遭遇的一切，才能消除人们对她的误解。"恐惧"成为卡珊德拉生活的常态，她也因此彻夜难眠。正当她的精神分裂症愈加严重时，西蒙回到了她的世界。正如卡珊德拉所期待的那样，西蒙的归来的确对她的世界产生了巨大的影响。他们重拾旧情，谈论着他们所经历的创伤。西蒙把卡珊德拉从暴虐的物体世界解救出来，而卡珊德拉则通过倾听把西蒙从好友的死亡阴影中解救出来，正如她年少时帮西蒙从失去父亲的梦魇中解救出来一样。他们频繁约会，发现彼此仍然可以像老朋友一样交谈，而卡珊德拉也发现自己的世界已焕然一新。一旦与真实的世界再次建立联系，卡珊德拉便放弃了自己编织的想象中的世界——日记和绘画。

　　神话中的卡珊德拉因阿伽门农妻子的嫉妒而被害，小说中的卡珊德拉则因妹妹朱丽叶的嫉妒而无辜自杀。朱丽叶新出版的小说《自豪感》将卡珊德拉再次逐回到她以前的世界，令其无法区分朱丽叶的虚构和她自己的生活现实。小说暴露了卡珊德拉的隐私，甚至连她和西蒙的再次相见和约会都已经在小说中预先设计好了。小说中的含沙射影和不真实的描述令卡珊德拉感到疯狂。在这里，读者再次看到了 A. S. 拜厄特的讽刺：几乎没有什么想象力的朱丽叶会是一个小说家，而极富想象力的卡珊德拉则把自己仅仅局限在日记写作中。对朱丽叶背叛的震怒和对众人评论的恐惧迫使卡珊德拉为了自尊而选择自杀。然而，"在她自杀的同时，她失去了对西蒙的真实情况和她自己的真实情况做出公平解释的机会——因此，小说最后的讽刺反射了朱丽叶创造力和爱情的失败"[①]。

　　因此，正如神话中失败的女预言家一样，小说中的女学者卡珊德拉被塑造成了一位愿望无法实现的失败的女艺术家。A. S. 拜厄特在《游戏》中对卡珊德拉悲剧性神话的引用表明她在 20 世纪五六十年代对知识女性命运的担忧和对女

---

　　① Jane Campbell. *A. S. Byatt and the Heliotropic Imagination*. Waterloo：Wilfrid Laurier UP, 2004. p. 52.

艺术家才华与能力的困惑。

二、"疯女人"原型伯莎·梅森

标题中"阁楼上的疯女人"得启于迄今为止整个西方女权主义文学批评史上最重要的代表作之一《阁楼上的疯女人：妇女作家与十九世纪文学想象》中对《简·爱》里罗切斯特的疯妻伯莎·梅森所做的分析。在这部文学论著中，桑德拉·吉尔伯特和苏珊·古巴两位美国女学者认为，夏洛蒂·勃朗特似乎"提供了很多典型的女性焦虑和女性才能的范式"[1]。在另一部重要的女权主义著作《她们自己的文学——从勃朗特到莱辛的英国女性小说家》中，作者伊莱恩·肖瓦尔特认为，由于受历史、文学以及维多利亚时期精神病学理论最新发展成果的影响，"勃朗特对'疯妻'神话的处理非常全面，反响强烈，并且富有历史的、医学的和社会学的暗示以及心理学上的影响力"[2]。事实上，这种处理手法已然成为一种文学资源并且影响着此后乃至当下的文学创作。作为维多利亚文学的热衷者和继承者，A. S. 拜厄特在其小说中多次明确展示了夏洛蒂·勃朗特对其创作的影响。众多封闭的意象和被禁闭的女性不仅体现在她对维多利亚时期的描述中，而且表现在她对二战后和后现代时期英国社会的描述中。这种影响的一个自然结果之一便是她把《游戏》中的女主人公卡珊德拉·考伯特塑造成了一位长期遭受各种禁锢的"疯女人"。

在展示导致卡珊德拉精神疾病的众多因素时，拜厄特暗示了一种最根本的原因，那就是"陌生环境恐怖症"——一种在女性作品中与"禁闭和逃脱"主题模式密切相关的明显的女性疾病。卡珊德拉自上学起便患有这种恐惧症，直到妹妹朱丽叶和她上了同一所学校，她那种毫无理性的、无法抵抗的恐惧感才逐渐消

---

[1] Sandra M. Gilbert & Susan Gubar. *The Madwoman in the Attic*：*The Woman Writer and the Nineteenth - Century Literary Imagination*. New Haven：Yale UP, 1980. p. xii.

[2] Elaine Showalter. *A Literature of Their Own*：*British Women Novelists from Bronte to Lessing* (Expanded Edition). Princeton University Press, 1999. Beijing：Foreign Language Teaching and Research Press, 2004. pp. 118 – 119.

失。当她在牛津大学求学和执教时，这种恐惧感再次袭来，她带着不信任与人交往，时刻担心别人对自己的评价，从而最终丧失了理性。卡珊德拉与妹妹的关系并没有像开始时那样一直维持下去。姐妹俩小时候一直玩一种游戏，并幸福地度过了她们的童年时光。小说题目所指的游戏始于卡珊德拉九岁和朱丽叶七岁时，是两姐妹凭借各自的想象力设计的，游戏规则也由两人交替制定。因此，这个游戏成为姐妹俩共同合作和相互依赖的象征——"姐妹俩体现了一个具有创造性的女性统一体"①。但是，正如某些评论家所说，"在大多数家庭里可能极为正常的兄弟姐妹间的竞争（比如勃朗特姐妹间）对于考伯特姐妹来说却是致命的"②，当更具想象力的卡珊德拉越来越多地主宰着游戏规则时，姐妹关系开始破裂。她们由游戏伙伴变成了竞争对手：阴谋和迷失了的爱导致了永久的仇恨。

在与空间或精神相关的封闭意象中，儿时的这个游戏成了最为致命的一个，其阴影一直影响着姐妹俩成年后各自身份和独立创作兴趣的形成。拜厄特显然是把卡珊德拉曾经沉溺其中寻求安宁而现在却布满阴谋的"游戏"暗喻为禁锢了两姐妹的一张无形的网。读者几乎不知不觉地被拉进一个紧张、不安和恐怖的世界。卡珊德拉和朱丽叶儿时的游戏令人想起失去的乐园和夏洛蒂·勃朗特笔下的安格里拉（Angria）王国。③ 朱丽叶对以卡珊德拉为主宰者的儿时游戏的暗中破坏使姐妹俩的关系构成一张相互占有对方的网，而这张网的禁锢令人窒息。

同伯莎·梅森一样，卡珊德拉也因为自己所爱的人的背叛而变得愤怒和疯狂。朱丽叶对姐姐的感情是嫉妒和敬畏。她崇拜并模仿姐姐，但是，她在创作和感情上对姐姐的严重背叛对卡珊德拉的内心造成了极大的创伤，最终导致游戏终结和姐妹关系的长期恶化。与伯莎·梅森不同的是，卡珊德拉所遭受的是朱丽叶的背叛，而西蒙却始终在她虚构的和现实的世界里给予她无尽的安慰。她所不能忍受的是朱丽叶把她与西蒙的关系向他人提及，更不能忍受朱丽叶把他们的关系写进书里，混淆虚构与真实。她意识到，她一直以来都是朱丽叶用于思考和讲故

① Pamela E. St. Clair. "Du (e) I Personalities: A Rhetorical Analysis of the Split Female Vision in A. S. Byatt's *the Game*." MA thesis Southern Connecticut State University, 2001. p. iii.

② Kathleen Coyne Kelly. *A. S. Byatt*. New York: Twayne, 1996. p. 25.

③ Richard Todd. *A. S. Byatt*. Plymouth, UK: Northcote House, 1997. p. 10.

事的对象。她甚至认为西蒙对朱丽叶谈起她都是一种耻辱。

卡珊德拉身患宗教强迫症。对她而言，考伯特家族严谨而谦逊的教友派信仰传统也是一种禁锢。于是，在 18 岁时，她决然地皈依盎格鲁天主教（Anglo - Catholicism），并使家族蒙羞。卡珊德拉的皈依意味着对原有家庭的放弃——放弃了积极参加教友派活动的双亲和以自我为中心的朱丽叶；同时，她的皈依还意味着对另外两个家庭的接纳——盎格鲁天主教和牛津大学学术团体。"但是，没有一个家庭，正如她原来的家庭那样，能够帮助卡珊德拉消除意气消沉和精神日渐错乱的状况"①。

出于对中世纪的宗教和粗犷的世俗文学的浪漫专注，卡珊德拉选择了中世纪文学作为其学习研究的方向，并为之倾力付出，但是，这一选择却成为对她精神的另一种禁锢。拜厄特在牛津大学攻读博士学位时，其导师海伦·伽德纳曾提出过一个如修道士般做学问的建议："一位女性只有像尼姑一样的专注，才能取得成就，成为有才智的人。"② 很显然，在这部当时就已经酝酿成型的小说中，卡珊德拉·考伯特正是在这样的建议启发下被塑造而成。卡珊德拉怀着对中世纪文学的渴望来到牛津求学，但是她的学术研究之路并非一帆风顺，她对完美的感受和追求完全背叛了她。因此，她不得不按照一条并非由她自己选择的道路生活下去，而深奥的学术研究也成了她终日冥思苦想的生活的一部分。"她培养了搭建带围墙的花园的能力，牺牲了她可能拥有的其他的一切"③。卡珊德拉发现文学世界并非如她所想，有时甚至认为这个世界已经对她关闭。而朱丽叶对她私人生活的侵入则进一步加剧了她的文学理想的幻灭。

拜厄特把卡珊德拉·考伯特完全塑造成了一个把肉体和灵魂都锁进封闭空间的女性。幼时的她同朱丽叶一起缩进自己编织的游戏世界里，把日记锁进抽屉和盒子里，并将这一习惯保留到生命的结束。即便当她在牛津大学拥有自己独立的

---

① Kathleen Coyne Kelly. *A. S. Byatt*. New York：Twayne，1996. p. 28.

② A. S. Byatt. "Introduction." in *The Shadow of the Sun*. New York：Harvest，1993. p. viii.

③ A. S. Byatt. *The Game*. London：Chatto and Windus，1967. London：Vintage，1992. p. 18.

住所时，她仍然把一本本日记锁起来，把钥匙随时带在身上。她把自己的灵魂锁进盒子里的同时，也把自己的肉体锁在了牛津的房间里，周围环绕着她为写日记而收集的各种实物。卡珊德拉确信，要使灵魂得以幸存，必须在她自己周围建立一座墙，当然这也意味着使她进一步与世隔绝。很显然，卡珊德拉已然成为桑德拉·吉尔伯特和苏珊·古巴所列举的惧怕公共场所和开放空间的女性中的一员。

然而，与伯莎·梅森不同的是，卡珊德拉自愿地把自己封闭在一个物理的空间里，从而享受着所谓的精神上的自由和愉悦。从她身上，读者不难发现拜厄特中后期小说中很多女性艺术家的影子。在父亲病危时，卡珊德拉和朱丽叶回家乡纽卡斯尔小住。家乡灰色的街道令姐妹俩渴望伦敦生机勃勃的生活。这一短暂居住重新燃起了姐妹俩对未知世界探索的愿望。在这里，一个在拜厄特后来的成长小说四部曲中反复出现的主题第一次被清晰地表述：乡村和北方小镇被视作封闭的空间，而胸怀大志的年轻的女艺术家们急切地渴望从这种封闭空间的禁锢中逃离出来。但是，卡珊德拉只不过是从一个封闭的空间逃离，又进入另一种意义上的封闭空间。当父亲的葬礼结束之后，她很高兴又回到了牛津，把自己关在屋子里，精力充沛、轻松愉快。住在牛津古老的校舍里似乎令她有一种强烈的与世隔绝的感觉，尽享一种逃避和离群索居的生活。

由此可见，卡珊德拉在姐妹关系、情爱纠结、艺术失败等方面所遭受的精神上的禁锢远大于其身体上的禁锢。肖瓦尔特认为，"伯莎失去人性很大程度上……是受禁闭的结果而非被禁闭的原因。经过十年的禁锢，伯莎成了关在笼子里的困兽"[1]。正如伯莎·梅森一样，卡珊德拉·考伯特也以各种各样的方式遭遇禁闭——不是10年，而是长达20多年。她自愿或不自愿地被禁锢着，有意或无意地试图逃离各种禁锢，但是最终只是发现她被禁锢得越来越深。当她无法摆脱各种纠结时，精神完全崩溃的卡珊德拉不得不结束自己的悲剧人生。

---

① Elaine Showalter. *A Literature of Their Own*: *British Women Novelists from Bronte to Lessing* (Expanded Edition). Princeton University Press, 1999. Beijing: Foreign Language Teaching and Research Press, 2004. pp. 118 – 119.

三、被禁闭的原型人物夏洛特女士

封闭的空间意象在维多利亚和新维多利亚小说中起着重要的作用。"这种空间，物理的或者心理的，或者兼具两者，通常是一种被性别化了的空间；女性生存于其中，而男性则自由地游离于其外"①。桑德拉·吉尔伯特和苏珊·古巴对19世纪女性作家的写作所做的研究表明，这种围绕封闭空间写作的传统源于女性的焦虑，因为当时的女性文学艺术家无论在生活还是艺术创作中都遭遇了限制。她们惊奇地发现了女性写作中的连贯性："一个共同的，力图通过对自我、艺术和社会重新定义以便从社会和文学的禁锢中获得自由的女性冲动。"②

20世纪的女性艺术家继承了这种女性书写传统，并在她们的创作中使用了大量的象征封闭空间的意象，来表达她们被禁锢的感受和对逃离禁闭的渴望。两个世纪以来，在写作、绘画和艺术批评领域对女性艺术家影响颇深的艺术作品便是阿尔弗雷德·丁尼生的诗《夏洛特女士》。拜厄特对这首诗的迷恋不可谓不惊人，她在很多场合表达了该诗对其女性主题表达的重要影响。丁尼生的诗讲述的是居住在小岛夏洛特上一个城堡里的神秘女子的故事。故事的原意是，在夏洛特这个地方有一位美丽女子，她被一种可怕的法术困在阁楼上，只能从镜子里看到城堡外的世界，如果她从窗口直视外面的世界她就会死去。但她并不在意，每天快乐地纺织一匹精美的锦缎，一边唱歌一边纺织，把镜子里的世界都织进去。为了消磨时光，她每天纺织不止，只是从镜子里欣赏着普通人、恋人和三三两两的骑士自由自在地生活。直到有一天，镜子里映现了她所钟爱的骑士兰斯洛特独自骑马经过城堡的身影。尽管她知道不可以，但是她还是情不自禁地跑到窗前看着兰斯洛特，爱慕之情难以自抑。与此同时，镜子破碎，织锦随风飘走，夏洛特女

---

① Marta Cobb. "The Enclosed Space in the Neo – Victorian Works of Swift, Byatt and Carey". http://www. usp. nus. edu. sg/post/ uk/byatt/cobbspace5. html. Accessed 19 April 2002.

② Sandra M. Gilbert & Susan Gubar. *The Madwoman in the Attic*: *The Woman Writer and the Nineteenth – Century Literary Imagination*. New Haven: Yale UP, 1980. p. xii.

士立刻感到了魔咒的法力。她冲出城堡，独自乘上一叶扁舟追随兰斯洛特而去，最后为爱而死。

夏洛特女士是一个孤凄的自恋形象，她集感伤、神秘、疏离、飘逸于一身，体现了维多利亚时期女性受压抑的情感，空蒙而悲凉。透过这个故事，拜厄特看到了女性艺术家身体所遭受的禁锢和才华所遭受的限制："她被封闭在塔中，甚至不能透过窗子看外面的世界，而只是在镜子里。镜子映射了外面的生活，于是她——一位艺术家——把它织进'带有艳丽色彩的魔网'。她不是邪恶的女王；她没有表现她自己。她'非常厌恶影子'……"① "非常厌恶影子"是丁尼生《夏洛特女士》中的诗句，揭示了被禁闭的女性的觉醒。

拜厄特最早的两部小说《太阳的影子》和《游戏》充分地反映了作者在20世纪50年代对女性艺术家艺术命运的思考。这种思考的结果就是，在其第一部小说中，男性作家亨利·西乌瑞尔通过其幻觉来应对对写作困境的恐惧，进而将幻觉变成艺术。而他的女儿安娜，以及《游戏》中的卡珊德拉，只能透过玻璃看到影射的世界，正如丁尼生笔下的原型人物夏洛特女士一样。卡珊德拉这一人物的塑造进一步体现了年轻时的拜厄特对当时男性艺术家和女性艺术家在创造力上所表现的差异而产生的困惑。正如克瑞斯汀·弗兰肯所评述的那样："亨利·西乌瑞尔通过其超群的幻觉来消除对崩溃的恐惧并把幻觉变成艺术，而卡珊德拉极富想象力的憧憬则变成了神经错乱，并以自杀作为终结。她无法把艺术作为彻底弄清真实与想象之间差异的方法，也缺乏一种女性扶持，正是这种扶持使那种像亨利·西乌瑞尔这样的男性天才维持着让现实超越艺术的幻觉。"②

卡珊德拉不仅把自己比作神话中的同名女预言家以映射自己作为一位女艺术家的失败，而且还把自己想象成了夏洛特女士，进一步承认自己作为女幻想家的失败。一些评论家认为，《游戏》是半自传体的，反映了现实生活中拜厄特与其胞妹、英国作家玛格丽特·德拉布尔之间不和谐的姐妹关系，是对后者《夏日

---

① A. S. Byatt. *On Histories and Stories*: *Selected Essays.* London：Chatto and Windus，2000. p. 57.

② Christien Franken. *A. S. Byatt*：*Art*，*Authorship*，*Creativity*. New York：Palgrave，2001. p. 73.

鸟笼》所做的回应。但是笔者更赞同克瑞斯汀·弗兰肯的观点，即应该从性别视角而不是从自传似的姐妹关系范式去阅读对卡珊德拉这一人物的塑造。这种观点是十分具有说服力的，因为这不仅与拜厄特本人在塑造该人物时的性别思想相吻合，而且有卡珊德拉在日记中的自我形象定位作为支持，而这一定位越来越成为她辨别真实与幻觉的必然方式。

拜厄特认为，是重重的禁锢束缚和限制了女性的才华。在把自己想象成夏洛特女士时，卡珊德拉想到了织锦、镜子和被织进锦缎中的头顶太阳之光的骑士兰斯洛特，以及与这种映象所对应的卡珊德拉的寂寞与孤独。然而，卡珊德拉的想象是危险而不健康的。拜厄特似乎在暗示，正如夏洛特女士一样，卡珊德拉也一直在用她的想象甚至幻想编织着一幅织锦，这幅织锦（日记等）便成了她的世界。

小说反复提及夏洛特女士这一传说中的人物形象，这就更加映射了卡珊德拉作为女艺术家的失败。同夏洛特女士一样，卡珊德拉也力图在幻想的世界和真实的世界之间建立起一座桥梁，但是她的希望再次破灭，并为之付出了生命的代价。临近小说的结尾，当卡珊德拉看着躺在她床上的西蒙——她的兰斯洛特骑士时，她意识到一切都已改变。她对丁尼生诗中有关夏洛特女士的情节的回忆预示着她的幻灭和悲剧性结局："当那位女士往塔外看时——仅仅看到一个血肉之躯和斑驳的阳光——镜子碎了，织锦飞了出去。"① 小说的最后一章，已是物是人非。在卡珊德拉自杀后，朱丽叶站在姐姐房间的镜子前也回想起同样的诗句："织锦飞了出去，织锦张开漂浮着/镜子全碎了，我感觉到了魔咒的法力"②。正如夏洛特女士一样，卡珊德拉因为看到了真实的世界而遭到了诅咒。但是，那些展现了其文学创造力但最终却没能成功面世的日记和论文以及她钟爱的那面镜子（正如夏洛特女士的织锦和镜子一样），对朱丽叶来说无疑也是一种挥之不去的魔咒，预示着其未来的不确定性。

---

① A. S. Byatt. *The Game*. London：Chatto and Windus，1967. London：Vintage，1992. p. 201.

② 同上，p. 235.

以上分析表明，从神话原型人物卡珊德拉、"疯女人"原型伯莎·梅森和被禁闭的原型人物夏洛特女士三个角度对拜厄特《游戏》中的女性人物卡珊德拉·考伯特所作的阐释，充分证明了拜厄特运用多重原型塑造小说人物的独到手法。对卡珊德拉·考伯特与三个原型人物的有机联系所作的分析也进一步印证了其悲剧所产生的原因。文章再一次证明了拜厄特关于"禁闭"的一贯观点：禁锢既可以是心理的也可以是空间的，正是情感和心灵的禁锢才导致女性艺术家事业上的失败乃至人生的悲剧。

（刘爱琴）

玛格丽特·德拉布尔

（Margaret Drabble，1939— ）

【生平简介】

玛格丽特·德拉布尔 1939 年出生于英国约克郡谢菲尔德市的一个书香世家，父亲是剑桥大学毕业的律师，母亲曾为小学教师，小说家安东尼亚·苏珊·拜厄特是其胞姐。同她的父亲和姐姐一样，德拉布尔也顺利进入剑桥大学攻读英国文学专业，并在 1960 年以优异的成绩获得本科学位。毕业后她与丈夫克莱夫·德拉布尔一同进入皇家莎士比亚剧团工作。1963 年，德拉布尔出版了第一部小说《夏日鸟笼》，出版后广泛受到好评，从此开始了职业小说家

的生涯。她早期的作品以女性个人生活为主题，后期题材范围不断扩大，涉及政治、社会等诸多方面，技巧也不断创新，是当之无愧的英国最著名的小说家之一。

（以上内容选自 Jay L. Halio ed.. *Dictionary of Literary Biography* Vol. 14. Michigan：Gale Research Company，1982. pp. 256 – 273.）

【主要作品】

《夏日鸟笼》（*A Summer Bird – Cage*，1963）

《磨砺》（*The Millstone*，1965）

《金色的耶路撒冷》（*Jerusalme the Golden*，1967）

《针眼》（*The Needle's Eye*，1972）

《中年之旅》（*The Middle Ground*，1980）

《红王妃》（*The Red Queen*，2004）

【评论】

＊评论家一般将德拉布尔的创作分为两个时期：前五部作品关注了年轻女性在踏入职场和寻找自我过程中同职业、两性、养育子女以及社会等诸多矛盾的斗争，后期小说则将对女性的关注同现代英国的社会全景结合起来。①

＊德拉布尔笔下的女性以其坚韧和忍耐著称。她们在了解自己需要的和自己是谁的过程中常常清楚什么是自己不想要的……她们公平且开明地看待男性。毋庸置疑，德拉布尔的人物是充满内在勇气的。②

＊我（德拉布尔）对女性主义的观点并不是非常热衷。这些观点把女性的地位低下归结到男性的故意使然上，我并不认为事实如此……斥责父权制或者男人并非有益的，男人和女人都有过错，婚姻本身也有错。这便是小说可以不用管设定好的答案或者答案应该是什么而探讨的问题之一。③

---

① Daniel G. Marowski, Roger Matuz ed.. *Contemporary Literature Criticism* Vol. 53. Michigan：Gale Research Company, 1989. p. 116.

② Nancy S. Hardin. "An Interview with Margaret Drabble." in Carolyn Riley ed.. *Contemporary Literature Criticism* Vol. 3. Michigan：Gale Research Company, 1975. p. 129.

③ Dinana Cooper - Clark. "Margaret Drabble：Cautious Feminist." in *The Atlantic*. Vol. 246, November 5, 1980. p. 70.

守护生命的尊严

——重读《金色的耶路撒冷》

  叙事伦理关注叙事与伦理的互动关系，叙事者的伦理意识对整个叙事的发展进程起着重要的主导作用，进而体现叙事者的伦理诉求。《金色的耶路撒冷》中传统的伦理范畴被划到了小说之外的疆域，所体现的伦理意义不是单一向度的所指，而是复杂的伦理取舍。本文从叙事伦理的角度分析小说，在重建文本意义的过程中发掘被忽略的伦理诉求。

  英国女作家玛格丽特·德拉布尔在第四部小说《金色的耶路撒冷》中延续了对知识女性情感及命运关注的一贯主题。小说 1967 年一经出版，便引起了不少评论者的兴趣。究其原因，一方面是由于该作品是德拉布尔首次使用全知视角（其中包含了男性视角）进行叙述，写作技巧与目的值得探究；另一方面由于小说作为作者最具自传色彩的作品，其女性主题具有深刻的研究价值。综合而言，迄今为止学界对该小说的研究也大体集中在以上两个主要方面，而其中的伦理道德主题却没有引起应有的重视。我们不能忽视的是，德拉布尔是位极富悲天悯人情怀和强烈责任感的作家，从早期对女性生活的关注到后期对全球化背景下人类命运的审视，她的创作主旨始终没有离开对于道德的探寻。她认为"道德是相对的，小说创作应持续地关注不断变化的道德和社会"[①]，所以在作品中她总是不停地展现生活的复杂性，以此来表达个体道德的痛苦锻造。鉴于此，本文意从

---

  ① Todd, Janet ed.. "Margaret Drabble Interviewed by Gillian Parker and Janet Todd". in *Women Writers Talking*. London: Holmes & Meier, 1983. p. 174.

一个新的小说批评角度，即叙事伦理批评的角度对《金色的耶路撒冷》进行重新解读，试图挖掘其中新的伦理道德内涵。

一、叙事与伦理

叙事伦理是近年来国内文学批评关注的一个热点，刘小枫《沉重的肉身——现代性伦理的叙事纬语》是"汉语学界研究现代性叙事伦理的第一部著作"①。在这部充满灵性与智慧的哲学随笔中，刘小枫对伦理学进行了界定：一种是"理性伦理学"，主要探究"生命感觉的一般法则和人的生活应遵循的基本道德观念，进而制造出一些理则，让个人随缘而来的性情通过教育培育符合这些理则"②；一种是"叙事伦理学"，主要讲述"个人经历的生命故事，通过个人经历的叙事提出关于生命感觉的问题，营构具体的道德意识和伦理诉求"③。不仅如此，在划定伦理范畴的基础上，作者还区分了"自由伦理的个体叙事"和"人民伦理的大叙事"两种现代的叙事伦理。现代社会的道德多元化和当代小说的创作多元化，让传统的道德约束和审判在小说批评的疆域陷入失语的境地，作家不再把某一种道德规约视为不可侵犯的神圣法则，总是力图展示各色人生。因此，刘小枫对相关概念的划分给陷入困境的文学伦理学批评带来了新的生机与活力。2003年谢有顺在《当代作家评论》上发表的《铁凝小说的叙事伦理》为如何将叙事伦理运用于文学批评实践做出了成功的示范，开启了国内叙事伦理分析的新篇章。

在西方，早在古希腊时期亚里士多德使用"卡塔西斯"（Catharsis）概念的时候，就已经开始将叙事和伦理结合起来考察文学作品了。而"叙事伦理"（narrative ethics）作为术语的兴起，是伴随着20世纪80年代后人文研究领域"伦理转向"和"叙事转向"的结合产生的。韦恩·布斯（Wayne Booth）在《小说修辞学》里将叙事技巧和理论分析相结合，认为文学批评者应向读者介绍好的文学、好的作品，鼓励

---

① 伍茂国：《现代小说叙事伦理》，1页，北京，新华出版社，2008。

② 刘小枫：《沉重的肉身——现代性伦理的叙事纬语》，4页，北京，华夏出版社，2007。

③ 同上，4页。

人们追求美德,把文学的伦理诉求提到一个相当高的程度。布斯之后,从修辞角度探讨叙事和伦理相结合并产生较大影响的是詹姆斯·费伦(James Phelan),他强调叙事不仅是形式技巧,而且是作者向读者传达情感的工具。正式使用"叙事伦理"这一伦理术语的是亚当·桑查瑞·纽顿(Adam Zachary Newton)。① 在博士论文《叙事伦理》中,纽顿阐释了叙事伦理的定义,即"作为伦理的叙事",也就是把"研究叙述故事和虚构人物的伦理后果,以及这一过程中把叙述者、听众、证人和读者结合到一块的相互作用的理论观点"②。

有观点认为,虽然中西学者都使用了"叙事伦理"一词,但侧重点各有不同:"一种侧重于叙事的分析,一种侧重伦理的阐释。前者以布斯等西方学者为代表,后者则以中国学者刘小枫等人为旗帜。"③ 而系统地构建"叙事伦理"理论框架的关键在于如何证明叙事和伦理能够结合起来,并不是倾向于研究其中的某一方面。关于此问题的研究,已经有一些中国学者进行了具有创新性的探索,如伍茂国的《现代小说叙事伦理》、张文红的博士论文《伦理叙事与叙事伦理:90年代小说的文本实践》等。虽然叙事伦理的理论框架尚未系统地形成,但小说叙事伦理"不是伦理之维和叙事之维的简单组合,而是聚焦于伦理与叙事的互动关系"④,这一概念的框定,为我们进行中西小说的研究展示了新的视野。

二、全知视角下的伦理—叙事互动

有评论认为,主人公克拉拉·毛姆毁坏了女性对家庭、婚姻的坚守,颠覆了传统的女性形象;也有评论认为,克拉拉是个不折不扣的女性主义者代表,为了女性的独立自主一路抗争到底。然而在小说叙事中,叙事者并非超乎文本之外的独立存在,而是受制于特定伦理秩序约束的个体,叙事者的伦理意识对整个叙事

---

① 伍茂国:《现代小说叙事伦理》,2页,北京,新华出版社,2008。

② 同上,3页。

③ 刘郁琪:《"叙事学新发展"还是"伦理批评新道路"——叙事伦理的提出及其理论价值》,载《江汉论坛》,98页,2009(7)。

④ 伍茂国:《现代小说叙事伦理》,4页,北京,新华出版社,2008。

的发展进程起着重要的主导作用。因此，我们不能忽略叙事者在文本叙述中的特殊地位，即使是在全知视角下，叙述者的叙述也摆脱不了伦理意识的干预。意识到这一点，我们便能够突破惯性思维的枷锁，体会到文本传递的另一层意思。在"叙述者的伦理意识会影响到整个叙事的发展进程，进而体现叙事者的伦理诉求"这一前提下，澳门大学的龚刚教授运用"假设法"对以"零度叙事"为特征的新写实小说《连环套》中的伦理—叙事互动进行的精彩分析，[①] 为我们提供了伦理—叙事互动研究的有效模式。此处我们不妨用此模式对《金色的耶路撒冷》也进行伦理—叙事的互动分析，来探讨作者的伦理意识对叙事发展有怎样的影响。故事发展的主线围绕着少女克拉拉·毛姆的选择展开：年少时的克拉拉不堪母亲的冷漠和惨淡的家庭环境，执意离家远行（出走①）；当她来到伦敦，遇到英俊热情的有妇之夫加布里埃尔，终于体会到了爱的回归（回归①）；在一次聚会中，她在厨房同马格纳斯接吻，精神上背弃了加布里埃尔（出走②）；怀着对加布里埃尔的愧疚，她在罪恶感的驱使下回到加布里埃尔身边（回归②）；熟睡中的加布里埃尔让克拉拉感到自己价值的缺失，她选择了离开（出走③）；母亲生病的消息让克拉拉怀着深深的愧疚回到了家乡（回归③）；当克拉拉看到依旧冷漠的母亲，终于坚定地选择了未来的道路（出走④）。这样一波三折的故事情节，我们可以用下面的图式简化之：

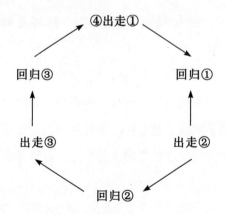

① 参见龚刚：《伦理—叙事研究模式初探——以小说〈连环套〉的个案分析为例》，见《清华哲学年鉴》，530～551 页，2004。

根据故事情节我们假设：1. 克拉拉是一位受利己本性驱动，不计后果满足自身需要，道德沦丧之人；2. 克拉拉是一位深受传统伦理韬晦，视家庭道德为重，忍辱负重之人；3. 克拉拉是一位挣扎在伦理诉求的纠葛中，不时陷入伦理困境，但最后还是皈依了传统的道德品行的人。

假设 1 和假设 2 都是单一道德取向的表现。在出走②中，克拉拉做出了对加布里埃尔精神上的背弃。她觉得"一生中还从未去吻过别人，只是接受别人的吻"①，便抓住了这个让她体验主动亲吻异性的快感的机会。倘若假设 1 成立，克拉拉和加布里埃尔相恋的后续故事情节则不可预知。既然她是一个彻底的道德反叛者，便不会认为自己的行为有丝毫的不妥，也不会愧疚地回到加布里埃尔身边（回归②），更不会觉得这么做"超出了自己的本性所允许的极限"（196）。对于这样一个角色，叙述者很可能给出一个"恶有恶报"式的结尾，让克拉拉在一次次的出轨行为中最终尝到苦果，造成人生的悲剧；抑或克拉拉得到"恶有善报"的反伦理结果，进而成为独立自主、追求男女平等的女性主义者代表。这样一来，故事的叙述很容易落入传统伦理小说道德说教的窠臼，或者陷入极端女性主义的伦理困境。倘若假设 2 成立，那么故事的情节便不可能得到展开。因为作为传统道德代表的克拉拉，即便在家中受到了极端的束缚和压抑，也不会有勇气抛弃母亲去追寻心中的"耶路撒冷"，更不会深深恋着一位有妇之夫。如此一来，故事的情节就很简单了，小说矛盾就会转移到克拉拉同母亲之间在传统道义下如何共处，或者描述克拉拉是如何忍辱负重地生活，成为苔丝似的传统道德的牺牲品。这样的故事情节在现代社会下已经远离了读者的视线，至少为女性主义者所不容。根据假设 3，故事的情节在复杂性上堪与原文媲美，但主题上仍然跳不出传统的道德寓言框架，一番挣扎之后，克拉拉还是回到了家乡，照料病重的母亲，并对自己的所作所为进行忏悔，故事便可戛然而止，而象征着克拉拉精神上升华的出走④则无从谈起。

正如龚刚教授在考察完小说情节假设后所总结的，小说的叙事同小说主人公

---

① 玛格丽特·德拉布尔：《金色的耶路撒冷》，吕俊、侯向群译，195 页，南京，译林出版社，2001。后文出自《金色的耶路撒冷》的引文，将随文标明出处页码，不再另行作注。

的伦理意识和道德取向密不可分，如果小说主人公的伦理意识或道德取向发生了改变，小说叙事的模式也会随之改变。① 德拉布尔之所以没有把主人公的道德取向简单化，除了避免叙事的单调空洞之外，更是有深刻的道德意义在其中。因此，我们可以推测作品所反映的道德问题远非单一向度的所指，其中必定有着复杂的伦理取舍。

三、伦理—叙事—读者互动

根据刘小枫的分析，叙事伦理不同于理性伦理很重要的一点在于，它所抱慰的是特殊境遇下的个体命运，关注的是个人生活的深渊，它不像理性伦理那样寻求生命悖论的普遍解答，而是通过叙述某一个人生命的特殊经历和非同一般的生命感觉，让听故事的人感同身受。所以，叙事伦理不仅是在虚构时空下的伦理形态，还是对话性的伦理建构，它"来源于作者，存在于文本，生成于阅读，是读者与作者以叙事文本展开对话而生成的生命感觉共鸣"②。接受美学强调读者对文学作品的反应，力图让读者参与到文章的建构和意义中来。在此部小说中，德拉布尔就独具匠心地设计了一套能够诱发读者反应的机制。

文章伊始，叙述者就拿克拉拉的名字大做文章，告诉读者毛姆太太在为女儿取名的时候并非出于骄傲，而是出于"悔罪的念头"，取这样一个俗套的名字"一半是出于义务，一半是出于恶意"（1）。对于这个事件，叙述者给出了一句简短的评论——"孩子何罪之有，只是母亲当时年纪还太小，而且生的是个女孩"（1）。此处出现的叙述者的干预便表明了叙述的伦理走向，即叙述者对毛姆太太的行为是不赞同的。叙述者的介入可以"控制读者的反应，消除读者理解方面的不必要的障碍，努力使读者心甘情愿地认同和接受自己所叙写和表现的一

---

① 参见龚刚：《伦理—叙事研究模式初探——以小说〈连环套〉的个案分析为例》，见《清华哲学年鉴》，530～551页，2004。

② 杨红旗：《伦理批评的一种可能性——论小说评论中的"叙事伦理"话语》，见《当代文坛》，75页，2006。

切，从而实现作者与读者精神交流上的契合与共鸣"①。虽然整篇文章看来叙述者的介入并不多，但恰如其分的简短评论，还是为读者理解文本暗示了方向，点明了叙述者要读者站在哪里。

然而，仅仅有叙述者的干预还是不够的，在接下来的篇章中，叙述者用大量的笔墨描绘了克拉拉的家庭生活，向读者细致地展现了一个在清教传统下伦理缺失的异化世界。在克拉拉家中，任何有关艺术及审美的行为都是得不到认可的，这无疑为向往美好事物的克拉拉套上了沉重的枷锁。因为聪明，克拉拉成了毛姆太太嘲笑和歧视的对象，每当翻阅女儿的全优成绩，毛姆太太都面色铁青，只有看到稍微低一些的几何成绩，她才感到舒服些。他们家庭成员之间互不往来，即便有人去世了，"连丧服都不穿，因为他们认为穿丧服不过是虚假和虚伪的张扬"(25)，宁愿像石头一样坐在那里。在这样冷酷的家庭环境下，本应和谐融洽的母女关系在克拉拉的生活里完全看不到，取而代之的是人性的冷漠和无情。叙述者评论道：

> 克拉拉的一个慰藉是冷漠、缄默的尊严，但是她后来把它丢掉了，是被一个年纪长的女人那种沉默寡言和母性的缺乏所剥夺了。她已学会承受被剥夺的苦涩，向别人表示感激则似乎很不习惯。(58)

在这样的家庭环境描写的渲染下，读者很容易滋生对克拉拉的同情，甚至产生"如果我是克拉拉，我也会离开这里"的想法，所以之后克拉拉的出走很容易让读者接受和理解。

克拉拉来到伦敦，遇到了温馨美满的德纳姆一家，对于情感的饥渴立即得到了滋润，特别是热情体贴、风度翩翩的加布里埃尔更是让她着迷。她不在乎加布里埃尔已经结婚，只知道他对自己来说是一种爱和需要。他们在厨房背着加布里埃尔的妻子接吻，甚至在大庭广众之下去咖啡馆约会。这样的行为不顾爱情婚姻伦理的约束，在传统道德教义下被视为离经叛道，违反了人在自由选择中的社会

---

① 李建军：《小说修辞研究》，265 页，北京，中国人民大学出版社，2003。

责任原则。然而，叙述者对此却没有做任何的道德审判，甚至把加布里埃尔的合法妻子描绘成一个衣着光鲜、精神分裂的神经质女子，在读者内心道德评价的天平上，向倾向克拉拉的一端又加了一记砝码。

米兰·昆德拉认为："悬置道德审判并非小说的不道德，而是它的道德。如此热衷于审判的随意应用，从小说智慧的角度来看是最可憎的愚蠢，是流毒最广的毛病。这并不是说，小说家绝对地否认道德审判的合法性，他只是把它推到小说之外的疆域。"① 传统的伦理道德判断意将普遍性的道德规约应用于每个个体，却忽视了个体间的差异性和具体性，也忽视了个体所处的特殊道德情景，势必抹杀个体生存的生命力。按谢有顺的说法，"它（小说）的道德实践是不明晰的，它的道德指向是模糊区域。因此，叙事是一种生存伦理，而叙事伦理学则是更高的、切合个体人身的伦理学"②。正是靠着这一点，克拉拉的人物形象变得丰满而生动，既不落于传统道德寓言的俗套，亦没有全盘抛弃道德诉求，就在这一张一弛的叙事中，读者已融入了克拉拉的伦理境遇。

审美活动中，读者参与文本构建的方式有很多，揣测故事怎样发展和为何这样发展是读者参与审美活动的一个部分。在情节发展的高潮阶段，当克拉拉同马格纳斯在厨房接吻后发现加布里埃尔已离她而去时，以为加布里埃尔看到了这一幕，她心中罪恶感顿生，感到了自己的背叛，于是不顾一切地回到加布里埃尔身边。可回到旅馆，看到熟睡中的爱人，克拉拉做出了令人匪夷所思的选择，她决定要离开他。这一环节在整部小说的发展中可以说起到了关键的作用，为什么克拉拉回到加布里埃尔的身边，却选择了离开，这一问题萦绕在读者心中，读者对这一事件的理解对阐释叙述者在故事中表达的伦理取向起到了决定性的作用。

四、人性尊严守护下的伦理诉求

克拉拉回到了加布里埃尔身边，却选择了出走，此处出现了克拉拉在伦理诉

① 米兰·昆德拉：《被背叛的遗嘱》，余先中译，8 页，上海，上海译文出版社，2003。
② 谢有顺：《铁凝小说的叙事伦理》，见《当代作家评论》，24 页，2003。

求上的顿悟。克拉拉的回归是基于对加布里埃尔看到了她的出轨行为这一假设基础之上的：

> 她坐在那儿忍受着失去信任的痛苦，这是她一直所担心的，所害怕的。而更让她痛心的是这种责备是来自她的同盟者，来自她的情人……一想到马格纳斯更让她充满罪恶感，惊恐和痛苦，她开始哭了起来。（196）

然而，至于加布里埃尔究竟有没有看到这一幕，书中并未给出明确的解释。我们可以猜想，如果加布里埃尔看到了她同马格纳斯的接吻，竟没有表现任何的气愤和不平，甚至没有等待克拉拉给他一个解释，而是回到旅馆呼呼大睡，克拉拉该如何的难过；如果加布里埃尔没有看到克拉拉的行为，但他却抛弃了爱人，独自回到旅馆，把克拉拉一个人留在夜色中，她又该如何的失望。看着熟睡的加布里埃尔，克拉拉顿时感到"他仍然只是他自己，好像没有她的存在，好像他们之间根本没有好过"（198）。想到此处，"一种羞愧感油然而生"（198），她得到了"几乎是她一生中得到的最大灵感"（198）。此时克拉拉再次出走的原因，也是叙述者真正所传达的伦理诉求，那就是对个人的生命尊严的守护。

由此回望之前的故事叙述，我们便可理解叙述者为守护个人的尊严所付出的努力。克拉拉的每一次选择，都是受生命尊严的驱使，让自己能够有价值、有意义地生活。在家里，母亲的冷漠剥夺了克拉拉所有追求美好事物的权利，她希望有一天能够出人头地；获得了政府奖学金，她却觉得有一种耻辱感，认为这似乎是因向人展示她的畸形而得到的报酬；她甩掉连小牛都害怕的男朋友，独自一人勇敢面对危险向前走，不想同他一般懦弱；她回到家乡看望病重的母亲，却被冷嘲一番，终于决意不再重复母亲的悲剧，而是要有尊严地面对过去和未来的生活。文中出现的一则故事也暗示了同样的主题：河边的两株野草一高一低，互相嘲笑，后来高的草被小姑娘摘取戴在身上，虽然失去了生命，但却觉得无比荣耀；矮草却只是期望着能够生活到明年。此故事传达的意思正是叙述的主旨，即人要有生命的尊严，活着要有价值和意义。

此一主题的牵出，也印证了前面三个假设的不成立。若没有尊严，克拉拉要么在同加布里埃尔的爱情中丧失自我（假设1），要么沦为传统家庭的附庸（假设2、3）。只有有了尊严意识，克拉拉才会在每个十字路口做出自己的选择。纵观整部小说，涉及的伦理问题有很多，有家庭伦理、母女关系、婚姻道德等等，但这些伦理范畴被作者划到了小说之外的疆域，小说所真正关心的伦理问题只有一个，那就是生命的尊严。至于叙事的多维和繁复，则是让读者感到生命的艰难和不易，只有这样，克拉拉的生命轨迹才能被读者真切地感受和体味。

刘小枫认为，人民伦理的大叙事关注的是在个人命运掩盖下的民族、国家命运；而自由伦理的个体叙事是个体生命的叹息或想象，是某一个人活过的生命痕迹或经历的人生变故，它的道德实践力量在于，通过展现生命中各种选择之间不可避免的矛盾冲突，"让自己从中摸索伦理选择的根据，通过叙事教人成为自己，而不是说教，发出应该怎样的道德指引"[1]。《金色的耶路撒冷》没有囿于传统伦理问题的讨论，而是通过娓娓道来的叙述，带领读者走进克拉拉的个人世界，体会个体对生命尊严的追求和守护。这样一种在个体层面上的伦理诉求，更能激发个体的道德反省和伦理感觉。文章最后，当克拉拉走出了尊严危机，决意战胜命运、走向美好的未来，整部小说也实现了独特的教化作用，即让读者明朗了自己面临的困境，清楚自己的生存信念，知道自己该如何去选择。

（罗晨　王向辉）

---

① 刘小枫：《沉重的肉身——现代性伦理的叙事纬语》，7 页，北京，华夏出版社，2007。

《金色的耶路撒冷》中的
伦理关怀及道德反思

德拉布尔不仅是现代知识女性心声的代言人，亦是站在女性立场上的人道主义者。她既描绘处于各种困境中的女性境遇，也积极探索女性冲出精神重围之后的去向，其作品体现了坚定的人道主义立场和深厚的伦理关怀。小说主人公克拉拉从陷于传统道德的困顿，到为实现自我而出走，再到自我反思下的理性回归，经历了新时代女性的精神成长和对于道德的体会认知，其中包含的深刻内容对揭示当代女性的思想发展有普遍意义。

玛格丽特·德拉布尔（Margaret Drabble，1939—　）是 20 世纪英国杰出的女性作家。她秉承导师利维斯的"伟大的传统"，在后现代主义盛行的年代坚持以现实主义的笔触描绘女性视角下的芸芸众生。《金色的耶路撒冷》一书出版于1967 年，是德拉布尔的第四部小说。故事讲述的是才华横溢的少女克拉拉·毛姆不堪忍受母亲的冷漠无情和家乡小镇的刻板闭塞，决心出去寻找心目中充满爱和温情的金色圣地。在伦敦，克拉拉结识了女友克莱莉亚，并和其已婚的哥哥相恋。当她得知母亲生病并回家探望时，意外发现母亲年轻时的日记，顿时对女性的命运有了新的认识，终于知道自己该以什么样的态度生活下去。国内对这部小说的研究并不十分丰富，评论者主要从写作技巧或女性主义角度来评价作品所蕴含的主题。鉴于"文学的产生最初完全是为了伦理和道德的目的，文学与艺术美的欣赏并不是文学艺术的主要目的，而是为其道德目的服务的"[1]，本文拟从

---

① 聂珍钊：《关于文学伦理学批评》，载《外国文学研究》，8 页，2005（1）。

伦理学的角度考察主人公的伦理关怀及道德体认，意在为德拉布尔小说提供新的研究视角。

一、困顿：传统道德下自我身份的缺失

克拉拉·毛姆出生在英格兰北部小镇诺瑟姆的一户传统家庭，父亲是镇公务所的小职员，中年早逝；母亲毛姆太太恪守着清教传统的严苛教义，孤僻冷傲，自视清高，对儿女不闻不问，这让内心充满炽热情感的克拉拉备受压抑。在克拉拉眼里，家是一个"如此痛苦，充满敌意"的地方，撒娇、亲吻、微笑和拥抱是不可想象的动作；家中的藏书也都是有关"为人谦和，讲究卫生，生活俭朴，用于认识自己的错误的"①；家庭成员之间互不往来，即便有人去世了，"整个家庭甚至连丧服都不穿，因为他们认为穿丧服不过是虚假和虚伪的张扬"，宁愿"像石头一样坐在那里"②。清教徒所坚持的禁欲原则，对没有任何直接宗教价值的文化物品持怀疑的而且往往是敌对的态度，"绝对不能容忍谈情说爱和赤身裸体，带有激进观点的文学或艺术根本就不存在"③。所以毛姆太太对克拉拉的艺术喜好十分反感，认为它们中看不中用，经常用鄙夷的口吻讽刺她。

毛姆太太在对待女儿上将传统道德的清规戒律运用得头头是道，这一做法很难将她与慈祥博爱的"良母"形象联系起来。事实上，毛姆太太并非是虔诚的清教徒，"她早已放弃任何宗教信仰，但仍然保持着早年的那种道德的传统"④，她对传统的继承是只见其表，不见其里。比如她讨厌在起居室里摆设维多利亚式的装饰品，但"她的每个屋子里到处都是这类装饰物"⑤；她强调实用性，但"现在放在桌子上的这些东西至少有三分之一在吃饭时是从来用不上的，主要是

---

① 玛格丽特·德拉布尔：《金色的耶路撒冷》，吕俊、侯向群译，30 页，南京，译林出版社，2001。

② 同上，25 页。

③ 马克斯·韦伯：《新教伦理与资本主义精神》，黄晓京、彭强译，158 页，成都，四川人民出版社，1986。

④ 同上，42 页。

⑤ 同上，42 页。

为了排场和体面"①。由此看来，她的内心其实也有对美好事物的向往，也具备享受新鲜事物的能力。但是由于多年来的家庭主妇生活磨灭了她所有的憧憬和才情，使她沦为了传统父权社会的献祭品，并为此付出了人性分裂的代价。法国女权主义作家西蒙娜·波伏娃在《第二性》中曾指出："根本不存在母性的'本能'，不管怎么说，反正'本能'这个词对人类不适用，母亲的态度，取决于她的整体处境以及她对此的反应。"② 此时的毛姆太太，为家庭所做出的自我牺牲已经无法让她追回年轻时的梦想，而青春活力的克拉拉又总是勾起她对过去生活的回忆，正如肖瓦尔特所说："（女性的）自我牺牲会不仅产生痛苦，也会带来一颗石头般的心。"③ 毛姆太太把对自己不幸命运的怨恨发泄在女儿身上，以此来补偿自己内心的空虚和失衡。她的一生是对内心关怀的缺乏所导致的悲剧，这一小说人物的构设体现了作者对人性关怀的强烈呼声。

母亲的冷漠让女儿克拉拉深陷痛苦的囹圄。她称母亲是"专爱与人作对的施虐狂"，曾歇斯底里地为她的冷漠和虚伪痛哭；也曾为是否征求母亲同意她去趟巴黎而一再犹豫，不敢开口。家对于克拉拉来说是一个引以为耻的地方，她最难以忍受"让别人看到她这个家庭组织深层结构中的裂缝和缺陷"④，她时时刻刻都想着逃离。但对于年少的克拉拉来说，生存是在生活中要为之奋斗的第一步，没有生存的前提，一切都无从谈起，所以她不得不一再地向母亲屈服妥协。美国关怀伦理学家卡罗尔·吉利根认为，男女对于关系的体验是不同的。"对于男孩和男人来说，分离和个性化与性别认同有着重要的联系，因为与母亲分离对于男性的发展是必不可少的。对于女孩和妇女来说，女性表现或者女性认同并不

---

① 马克斯·韦伯：《新教伦理与资本主义精神》，黄晓京、彭强译，42 页，成都，四川人民出版社，1986。

② 西蒙娜·波伏娃：《第二性》，陶铁柱译，579 页，北京，中国书籍出版社，1998。

③ Elaine Showalter. *A Literature of Their Own*：*British Women Novelists from Bronte to Lessing*. Beijing：Foreign Language Teaching and Research Press，2004. p. 245.

④ 玛格丽特·德拉布尔：《金色的耶路撒冷》，吕俊、侯向群译，55 页，南京，译林出版社，2001。

取决于与母亲分离，或者个性化的过程"①。因此，男性是通过分离认识自我，而女性则是通过依恋认识自我的。"女孩在把自己认同为妇女的过程中也像母亲那样体验自我，由此便把这种依恋的体验与认同形成的过程融合在一起"②。而在克拉拉的成长过程中，她从一出生就受到母亲的疏离，很少甚至从未体会过母爱的温情，她的自我认知受到了分离的严重威胁，出走成为必然。根据吉利根的成熟观，"如果在这个'成为一个自为人'的过程中，人们的这种发展结构是错误的，并且威胁到所梦想的远大抱负，那么为了避开这种'严重的错误或者倒退'，这个人就必须'冲出来'挽救自己的梦想"③。

二、出走：自我关怀下的道德探索

如果说诺瑟姆代表的是传统道德的桎梏，那么伦敦则代表了新的道德体验。从诺瑟姆到伦敦，克拉拉经历的不仅是肉体上的离别，更是精神上的历练。作为追求自由和自我实现的新时代女性，克拉拉中学时代就勇闯巴黎"禁区"，同陌生男子看电影，甩掉连小牛都怕的男朋友，下定决心要毫不犹豫地一个人向前闯。她心怀热切的希望，不甘被传统道德的冷漠与刻板淹没，总是力争同命运抗争：

> 她悄悄地，但很固执地培养着自己的意志和爱好，而后来也正是她这种与家乡格格不入并不为其环境所容的智慧与才华使得她离开了家乡去了伦敦，从此她的苦难也就宣告结束。④

---

① 卡罗尔·吉利根：《不同的声音：心理学理论与妇女发展》，肖巍译，5 页，北京，中央编译出版社，1999。

② 同上，64 页。

③ 同上，164 页。

④ 玛格丽特·德拉布尔：《金色的耶路撒冷》，吕俊、侯向群译，2 页，南京，译林出版社，2001。

在伦敦，与德纳姆一家的相识让克拉拉的心灵得到了抚慰。克莱莉亚聪明能干，极富艺术天分，加布里埃尔热情体贴，风度翩翩，他们高贵文雅，亲密无间，这样的家庭正是她梦寐以求的金色天堂。在她心目中，伦敦是一个和家乡截然不同的美丽世界，"在伦敦的这几年生活让她有了一种很强烈的愿望：在伦敦度过下半辈子"①。特别是与加布里埃尔的相恋，更是给她的内心带来极大的满足。虽然他已经结婚，有一个美貌的妻子，但克拉拉并不在乎，她只知道"加布里埃尔对于她来说是一种爱和需要"②，她需要这种关怀和体贴来填补家庭生活的缺憾以及证明内心对正统思想的蔑视。她喜欢在他的妻子在家时与他在厨房接吻，喜欢与他在大庭广众之下去咖啡馆约会，她"早就幻想着她的恋爱更具复杂性、刺激性，甚至非法性和冒险性"③。

克拉拉在爱情婚姻道德上的选择，以传统观点来看是不足为取的。伦理学所讨论的一个重要问题是人在道德选择中如何面对自由和责任的问题："人具有辨别是非善恶的理性能力，能够在客观条件许可的范围内自主地选择自己的行为，既可以为善也可以为恶，因此他就应该对自己的行为及其后果负一定的道德责任。"④ 在普遍意义上，克拉拉的做法违反了人在自由选择中的社会责任原则，理应受到谴责，然而德拉布尔对此却没有做出任何的道德评判，只是把它作为一种普通的人生行为进行描述，这是不无道理的。

美国哲学家杜威认为，道德是一种经验，而考察道德经验是不能将现实中的情境抛开不谈的。"道德不是一系列的行为，也不是像药店开的处方或烹调书的菜谱那样既定的规则。实用主义的道德是将个人的具体情境结合起来，把对理论的重视转变为有效解决问题的方法"⑤。在杜威那里，"人的选择中始终包含着对自我的意识，特别是对自身能力的意识。选择往往涉及习惯与欲望。习惯与过去

---

① 玛格丽特·德拉布尔：《金色的耶路撒冷》，吕俊、侯向群译，84 页，南京，译林出版社，2001。

② 同上，171 页。

③ 同上，120 页。

④ 郭金鸿：《道德责任论》，136～137 页，北京，人民出版社，2008。

⑤ John Dewey. *Reconstruction in Philosophy*. Xi'an：Shanxi People's Publishing House，2005. p. 94.

相关，欲望与未来相关。人在选择对象时也在选择成为什么样的自我"①。克拉拉来到伦敦的一个重要目的就是重塑被过去压抑的自我，因此在没有理解克拉拉的动机本性之前是不能断然对她的行为做出善恶判断的。美国关怀伦理学家琼·特朗托曾区分了两种元伦理学理论，一种是康德式的"道德观"，即"道德是由一系列经过合理选择的原则构成的""要求道德严格地与个人利益分开"②。另一种是"情境道德"理论，即"道德是特有社会中的特有行为，体现于特有社会的规范之中，而不能被理解为抽象的原则，"情境下的道德成熟不仅"需要人的理性，也需要理性之外的其他特性，如对生活的目的和意义的认识"③。克拉拉对自己的生活有着明确的目标，她在选择要过怎样的生活的同时也选择了要成为怎样的自我：同彼得相好，是因为彼得可以带她去参加颂诗会，满足她对艺术的渴求；与克莱莉亚的相识"微微开启了社会往来的大门，但这也更激起了她的渴求和要满足自己需要的愿望"④；而对加布里埃尔，她"要通过一个男人来看其他事物，感受他的生存方式"⑤。很显然，克拉拉在考虑做出选择的过程中，首要考虑的是自己内心的欲望，集中关怀的是本身的情感需要。吉利根在《不同的声音：心理学理论与妇女发展》中描述了女性道德发展的三个阶段："自我保存的倾向、自我牺牲的善和非暴力的道德。"⑥ 处于第一阶段的女性，集中关怀的是自我，"对她们来说，自我保存是最重要的，这是因为她们感到自己是孤独的。从这个视角来看，'应当'和'意欲'无法区分开来"⑦。初到伦敦的克拉拉形单影只，她急于想通过与外界的交流来驱散内心的孤单，生存是考虑的首要因素，她必须尽快让自己具备归属感。虽然"在这么做的时候，她感到已经

---

① 汪堂家：《道德自我、道德情境与道德判断：试析杜威道德哲学的一个侧面》，载《江苏社会科学》，88~89 页，2005（5）。

② 肖巍：《女性主义关怀伦理学》，166 页，北京，北京出版社，1999。

③ 同上，166~167 页。

④ 玛格丽特·德拉布尔：《金色的耶路撒冷》，吕俊、侯向群译，133 页，南京，译林出版社，2001。

⑤ 同上，179 页。

⑥ 肖巍：《女性主义关怀伦理学》，107 页，北京，北京出版社，1999。

⑦ 同上，107 页。

超出了自己的本性，甚至超过了本性所允许的极限，但是却难以复原了。可她需要的是宁可折断也不弯曲，或是弯到这种程度是为了适应生活的需要"①。

然而，当克拉拉想尽一切办法让自己融入新的生活圈子的时候，却突然发现伦敦并非是想象中那样美好。她渐渐发现，在德纳姆一家美丽光鲜的外表之下，也隐藏着说不出的秘密和伤痛：加布里埃尔爱慕克莱莉亚，感情超越了正常的兄妹之情；阿米丽亚一离开家的庇护，到了外部世界就因受到惊吓而发了疯；马格纳斯曾和嫂嫂菲利帕相爱，一直嫉妒哥哥加布里埃尔；菲利帕多愁善感，内心极度脆弱，无法承担作为妻子的责任……这样的家庭分裂也正是德拉布尔在书中所暗示的寓意：一个小男孩在山坡上看到一座金灿灿的房子，于是他就去寻找这座房子，结果才发现原来这座房子就是自己的家，金灿灿的光不过是太阳的反射而已。美好的理想与丑陋的现实之间的天壤之别，让克拉拉感到"越是接近她认为是生活本身的那个严密封锁的阴暗处时，那些阴影就变得越重，而且还在增长"②"她在与人性汹涌奔流的激情抗争着，而且最终她会掉转回头"③。

三、回归：道德反思下的精神成长

情境道德理论的先驱杜威认为："只有在反思性的道德行为中，理性的因素才能明显地表现出来，因为反思性的道德本身就包含思想与知识。道德行为并不是完全脱离日常行为的，我们很难在生活经验中将道德领域与非道德领域截然分开。在家庭、邻里和群体的关系中，我们的行为总是与某种价值观联系在一起，但我们有时并没有明确意识到这一点。"④ 克拉拉出身于传统的清教家庭，虽然自身向往自由，但传统的道德观始终牵扯着她的内心，让她在思想深处无法同过

---

① 玛格丽特·德拉布尔：《金色的耶路撒冷》，吕俊、侯向群译，196 页，南京，译林出版社，2001。

② 同上，170 页。

③ 同上，169 页。

④ 汪堂家：《道德自我、道德情境与道德判断：试析杜威道德哲学的一个侧面》，载《江苏社会科学》，91 页，2005（5）。

去完全决裂。尽管她对家乡深恶痛绝，但她也认为自己没有永远离开诺瑟姆的可能：

　　　　她感到自己没有这种自由，有时她也产生过这种念头，即寻找一种折衷的办法，过着独立生活又可以常常出于责任和义务所制约，让自己完全没有自由的选择。可是在她的内心深处又总有一种这样的牺牲精神。①

　　这是一种传统女性的声音，要求她"根据关怀和保护他人的能力来定义自己和声明自己的价值"②。当她发现德纳姆家的裂痕之后，便意识到了理想与现实的差距，开始反思自己的行为是否正确，自己抛弃一切所追寻的金色天堂是否存在。她为了同加布里埃尔去巴黎度假，而谎称母亲生病向学校请假，当在巴黎得知母亲真的病了之后，她对自己的行为后悔不已，认为是自己的自私和对自由的追逐害了母亲，意识到人不是完全自由的，"事实上我们吸的每一口气都带着一种内疚，负罪"③。在旅馆看到熟睡的加布里埃尔，她发现原来"仍然只是他自己，好像根本没有她的存在……又一种羞愧感油然而生，就好像他们之间根本没有好过"④。至此，她已经有了离开的打算，决定为自己的行为付出代价。女性"从自私到责任的转变是通向社会参与的途径"⑤，此时的克拉拉"通过接受社会的价值观念证实了自己成为社会成员的合法认同"⑥，进入女性道德发展的第二水平，即开始把善等同于他人的关怀，不再任由自己的欲望行事，面对自由的选择采取了自我牺牲的态度。

---

　　① 玛格丽特·德拉布尔：《金色的耶路撒冷》，吕俊、侯向群译，85 页，南京，译林出版社，2001。
　　② 卡罗尔·吉利根：《不同的声音：心理学理论与妇女发展》，肖巍译，82 页，北京，中央编译出版社，1999。
　　③ 玛格丽特·德拉布尔：《金色的耶路撒冷》，吕俊、侯向群译，202 页，南京，译林出版社，2001。
　　④ 同上，198 页。
　　⑤ 卡罗尔·吉利根：《不同的声音：心理学理论与妇女发展》，肖巍译，107 页，北京，中央编译出版社，1999。
　　⑥ 肖巍：《女性主义关怀伦理学》，107 页，北京，北京出版社，1999。

琼·特朗托认为："在探讨道德时，大多数女性同男性相比主要有三个不同特点，她们更倾向于联系情境，更倾向于关怀，更注重情感、感觉以及他人的需要。"① 特朗托把实践中的关怀行为分成了相互联系的四个阶段——"关心、照顾、给予关怀和接受关怀"②，一个成功的关怀行为不仅要关怀方提供好的关怀，被关怀方也要接受关怀，上述四个环节是紧密结合的整体。作为关怀方，克拉拉一接到电报就焦急地打电话回家，迫切询问母亲的病情，并搭上最早的火车回到家乡看望母亲。她想在路上买几束鲜花，也曾想询问母亲是否要换一个更安静的病房或者请一个家庭护士，但母亲的反应却让她望而却步。

这时她又用从前那种十分恶毒的语调说："即使我要死了，你们这些人该干什么还是干什么，你们在乎什么？我苦干了一辈子，你们又有谁在乎过？我死了你们也不会在意的。如果我从床上掉下去，死了，你们都会从我尸体上迈过去，也不会理会它的。"③

于是克拉拉终于明白，尽管她希望主动和解，表示同情和对母亲的需要，但"她们之间的谅解总是闪烁不定的"，或者说是不可能的。至此，完整关怀行为的四个过程变得支离破碎，关怀方不敢表达情感，被关怀方拒绝接受示好，关怀行为彻底失败。面对关怀实践的冲突，克拉拉陷入新的伦理困境，而此时母亲年轻时的日记无疑给她带来新的精神启迪。她在日记里发现原来母亲在没有结婚以前也曾在拍照时"大胆地，十分高兴地笑着，那笑容洋溢着希望，看上去那么亲切"④，也写下过充满希望的诗句——"啊，让我们去寻找一个更光明的世界，在那里，黑暗将无能为力"⑤。看到生活将母亲改变得面目全非，克拉拉感到生

---

① 转引自肖巍：《女性主义关怀伦理学》，145 页，北京，北京出版社，1999。

② 同上，168 页。

③ 玛格丽特·德拉布尔：《金色的耶路撒冷》，吕俊、侯向群译，211 页，南京，译林出版社，2001。

④ 同上，207 页。

⑤ 同上，202 页。

活充满了欺骗和失望，又是那么辛苦和无奈，也意识到过去是不能改变的，能改变的唯有现在。对于克拉拉而言，母亲是不能抹去的女性命运的过去，只有穿越传统的精神藩篱，才能把握住自己的命运。通过重新理解与母亲的关系，克拉拉找到了一条填补自私与责任鸿沟的途径，由关注"善"转变到关注"真"。她极力邀请加布里埃尔拜访她曾经引以为耻的家，表明她已经能够勇敢地正视过去。过去她总是在绝望与希望中奋力挣扎，而现在她已能够平静地面对自己的命运，打算"要战胜命运而活下去"，怀揣着现实的理想走向未来。

在《金色的耶路撒冷》这部小说中，德拉布尔为我们展示了新一代女性克拉拉对命运的抗争和对未来的追求。从囿于传统道德的困境，到勇敢地为自己而出走，再到道德反思下的回归，克拉拉突破了一重又一重的精神藩篱，获得了精神和道德上的双重成长。正如德拉布尔其他的小说一样，在故事的最后作者并未给出具体解决女性命运困境的方法，而是给了一个充满希望的开放式结尾。或许现代社会的困境本身就没有两全其美的解决办法，正如刘小枫在《沉重的肉身》中所说，"自由的叙事伦理学仅让人们面对生存的疑难，搞清楚生存悖论的各种要素，展现生命中各种价值间不可避免的矛盾和冲突，让人自己从中摸索伦理选择的根据，通过叙事教人成为自己，而不是说教"，自由的叙事伦理学"首先是陪伴的伦理：也许我不能解释你的苦楚，不能消除你的不安，无法抱慰你的心碎，但我愿陪伴你，给你讲述一个现代童话或者我自己的伤心事，你的心就好受多了"[1]。这也是德拉布尔作为一个作家对世人特殊的伦理关怀。

（原文刊登于《枣庄学院学报》2010 年第 3 期，第 19～23 页）

（罗　晨）

---

[1]　刘小枫：《沉重的肉身：现代性伦理的叙事纬语》，6 页，上海，上海人民出版社，1999。

直面惨淡的人生
——从存在主义的视角解读《红王妃》

以往学者多从新历史主义、女性主义的视角分析玛格丽特·德拉布尔的《红王妃》。在此试图抛开传统做法，对这部作品进行存在主义方面的探讨，从"荒诞""异化"和"选择"这三个基本概念入手进行分析，以此探求走出"荒诞"和"异化"困境的路径，最终揭示德拉布尔通过描述主人公所做出的不同选择，鼓励人们勇敢地面对痛苦，超越存在。

在全球化的影响之下，跨文化作品也随之蓬勃发展。玛格丽特·德拉布尔于2003年写成的《红王妃》便是这样一部加入了广泛的文化因素的跨文化作品。她是在看完两个世纪前用朝鲜文写成的一本宫廷回忆录之后创作了《红王妃》。这部小说分为两个部分：在第一部分中，女主人公红王妃在逝世200多年后，向世人诉说她那跌宕起伏的一生，讲述了18世纪朝鲜宫廷的是是非非；在第二部分中，英国女学者芭芭拉·霍利威尔在前往韩国首都首尔的飞机上读到了红王妃的故事，深深为之震撼，于是，她成为了红王妃的替身，来继续她的永恒的探索。在这部作品中，德拉布尔打破了时空界限，进行过去与现在的对话，采用后现代主义创作技巧，揭示了"世界性跨文化的人性存在的可能"①。

然而，迄今为止，国内外学界并未充分关注此部作品。就国外学者而言，仅印度学者 Alka Singh 从叙事学的角度对这部作品进行了简要的分析，认为小说的

---

① 玛格丽特·德拉布尔：《红王妃》，杨荣鑫译，3 页，昆明，云南教育出版社，2007。　227

两个部分是平行关系;① 在国内,至今仅有寥寥几篇评论谈论这部作品,刘竞秀的硕士论文从不确定性这一后现代艺术手法角度谈论这部作品,认为在这部作品中,德拉布尔采用后现代叙事方法,跨越时空和国界,在种种不确定的遭遇里,寻求着属于自己的幸福国度;② 学者杨建玫则从新历史主义的角度阐释了这部作品的内涵,认为其是被掩埋历史话语和生存本相的再现;③ 其余的学者们都是从女性主义的角度分析这部作品。而本文力图抛开传统做法,对这部作品进行存在主义方面的探讨,从"荒诞""异化"和"选择"这三个基本概念出发进行分析,以此窥视出跨文化背景下的人性生存本质,探求走出"荒诞"与"异化"困境的路径。

一、荒诞的世界

萨特认为,人是被抛到这个世界上的,无时无刻不处于偶然之中。当人们悟到自己的存在在根本上是毫无根据时,便会感到自身存在的虚无与荒诞。个体的自我不是孤立存在,它与人类的生存环境连接在一起。"外在世界是没有秩序的、不合理的、偶然的、荒诞的,人们无法借感觉经验或理性思维去认识,从而在它面前茫然不知所措。因此这是一个冷淡无情的、敌视人的、不驯服的世界。它使人感到苦闷、烦恼、孤寂、厌倦、恐惧,甚至绝望,这个世界正是萨特的一些文学作品中所描绘的那个使人作呕、厌恶的世界"④。面对这样的客观世界,人感到处处受到限制和阻碍,在这个荒谬的世界里,人体验着无尽的焦虑、烦恼、压抑与恐惧。

在《红王妃》中,男女主人公就置身于这样一个荒诞、压抑甚至是恐怖的

---

① Alka Singh. *Margaret Drabble's Novels: The Narrative of Identity*. Delhi, India: Academic Excellence, 2007. p. 187.

② 刘竞秀:《玛格丽特·德拉布尔小说〈红王妃〉中不确定性研究》,1页,三峡大学硕士论文,2009。

③ 参见杨建玫:《被掩埋历史话语与生存本相的再现——评英国作家德拉布尔〈红王妃〉》,《世界华商经济年鉴》,61页,2009(2)。

④ 徐崇温、刘放桐、王克千:《萨特及其存在主义》,42页,北京,人民出版社,1982。

环境里。小说以 18 世纪的朝鲜宫廷为背景。当时的朝鲜处于封建王朝，李氏王朝仍旧保持着古老的社会传统。落后和腐朽的封建制度、阴险的政治斗争，给皇宫这个荣华富贵的生活环境涂上了许多黑暗的色彩。皇帝为了保住、巩固自己的帝王之位，冷酷无情，无视父子之情，毫无顾忌地处死自己的亲生儿子；皇家兄弟们为了争夺帝王之位，可以抛弃血缘亲情，残忍地下毒害死兄弟；朝臣们为了争宠，尔虞我诈，互相陷害，小心翼翼，甚至断送爱女的幸福，与皇家联姻。权力和利益蒙蔽人们的双眼。这就是红王妃及思悼王储生活的环境。英祖国王专横跋扈，对自己唯一的儿子并非疼爱有加，而是深感其对自己皇位的威胁而严厉苛刻。思悼没有童年，父亲的严厉犹如幽灵，致使他变得行为怪异、精神异常，患上狂躁症，怕打雷、怕玉，无端杀人，有穿衣恐惧症。他短暂的一生绝大部分时间是生活在对父亲的恐惧之中。而红王妃的童年也一直是在"焦虑、紧张和恐惧之下度过的"[1]，十岁被选为王妃入宫之后，虽人前享受荣华富贵，却无缘享受人生乐趣，如履薄冰，过着幽闭恐惧症患者的生活。封建社会的条条框框足以让人窒息，更何况是封建帝王之家？在这样一个充满权力利益之争的皇宫里，正如萨特所言，一切都是荒诞的、不可理喻的。

二、异化的世界

异化是萨特哲学的基本理念之一。异化也为疏离。"个人与他人的关系具有异化的内在危险。这是因为，当一个人在进行克服匮乏满足需要的活动时，他实际已经成为了异于己也异于他人的异在。也就是说，每个人对其他人来说，都是非人的人"[2]。换言之，每个人都把他人当成客体加以对象化，"我"从一个"自为的存在"顷刻变成了一个"自在的"存在，他使"我"失去了自由，似乎变成了主人面前的奴隶。因此，人与人之间的关系是对立的、异化的，出现了

---

① 玛格丽特·德拉布尔：《红王妃》，杨荣鑫译，7 页，昆明，云南教育出版社，2007。
② 杜小真：《一个绝望者的希望——萨特引论》，173 页，上海，上海人民出版社，1988。

"他人即地狱"的状况。① 每个人，在他人眼里，都是作为客观对象的物。而人的自我异化也是异化中的一种，人的自我异化是指当个人意识到自己与环境的抗争失败时，他会藏起自己的本来面目退回到潜在的自我状态。这时的个人与他最真实的自我、他的本性和他的意识产生了分离。个体失去个体的完整性、独立性，人变得失落而孤独无助。在《红王妃》中，人出现了自我的异化，而人与人之间的关系，如亲情，也出现了异化。

人的自我异化在这部作品中最典型的体现便是思悼王储的行为。英祖过于苛刻的要求，皇家乃至整个国家、社会对王储的期望，这样的双重压力、荒诞的社会使思悼陷入异化中，他无法忠于自己的本性，他的本性与意识发生了分离，他的自我失去了完整性，他开始变得行为异常，患上各种怪癖，甚至无端杀人。在宫廷之中，像思悼这样行为异常的人不在少数。与此同时，在这样荒谬、不可理喻的宫廷环境中，权力和利益使得亲情也发生了异化。家，本该是一个充满温暖的地方，亲情，该是多么让人无法割舍。然而，在这个宫廷里，父亲可以为了保护自己的王位，处死自己唯一的儿子；父亲可以为了巩固自己的家族权力，为了荣华富贵，断送爱女的幸福，将年仅十岁的女儿送进宫中；家人之间，亲戚之间，为了利益，彼此间的互相猜忌更是比比皆是。由此可见，在这个荒诞的世界里，异化随处可见。

三、走出荒诞和异化的困境——人的自由选择与行动

在一个"荒诞"和"异化"的社会里，人怎样才能有意义地生存？人们应该做些什么？在萨特看来，人是自己造就自己，人的生活意义是由自身赋予的。人有选择的自由，一个人的一生就是一连串的选择。人一旦认识到存在的这种荒谬性，就可通过自己的行动使存在获得意义。人应该积极地行动起来，通过选择来改变自己的命运。人的价值要由自己的行动来证明、来决定。

---

① 保尔·萨特：《存在与虚无》，陈宣良等译，308页，北京，生活·读书·新知三联书店，1987。

在《红王妃》中，面对这个荒诞的世界，思悼有选择的自由，他可以选择直面这个世界，勇敢改变，然而他做出了完全不一样的选择。他选择了逃避，在家庭、社会的双重压力下，他使自己陷入了异化。他做出了种种怪异的举动，在好不容易争取到出宫去温泉疗养的机会后，思悼希望逃避自我："他渴望被爱、被赞誉、得到认同，他厌倦在父王眼里总一无是处，总是受到责骂，他需要关爱。"①然而回来后，他仍继续胡闹，越来越神经错乱，最终被父亲处死。从某种程度上来说，思悼自己的选择使他走上了这条不归路。而红王妃则完全不同，十岁入宫之后，红王妃的命运便与思悼的沉浮系在了一起。面对思悼的异化，她可以选择与他一起堕落，但是，她选择了直面一切困难。为了维护丈夫，她忍辱负重、费尽心机。"壬午事件"发生后，她陪伴思悼备受恐惧、悲伤和绝望的煎熬，她想尽做妻子的本分跟丈夫共赴黄泉，但是为了保护孩子，她不得不在这种环境中艰难挣扎生存，"为了家族，为了儿子孙子，为了王国而活下去"②。红王妃正是通过她在纷杂的人际关系和社会境遇中坚持自我的自由选择，勇敢地为自己和他人承担起责任，在压抑冷漠的生存环境中顽强地生存，在痛苦中逐渐成熟，从而证明了自己的本质存在。思悼和红王妃，面对一切灾难和压力时，做出了完全不一样的选择，而这不同的选择也导致了两人不同的命运。

对于个体来说，没有什么提前预设的命运，人可以自由地通过行动来掌握自己的命运。因为荒诞与异化，有许多限制使人无法前进，但即使是在这种变态的社会中，人们也应该像红王妃那样，把自己投入到行动之中，因为行动是唯一的出路。因此，走出"荒诞"与"异化"困境的路径就是在一片"荒诞"与"异化"之中正视自己的存在，反思人生的价值和意义，觉察到对自己和对他人的责任。由此可见，在这部小说中，德拉布尔通过思悼和红王妃的不同选择，鼓励人们勇敢地面对痛苦，超越存在，因为人的命运不是被决定的，而是自己造就

---

① 玛格丽特·德拉布尔：《红王妃》，杨荣鑫译，7 页，昆明，云南教育出版社，2007。

② 同上，5 页。

的。生命的意义就在于积极地理解生活，积极地面对生活，做一位直面惨淡人生的勇士。

（原文刊登于《牡丹江大学学报》2011 年第 8 期，第 75～76 页，79 页）

（苏金珠）

达芙妮·杜穆里埃

（Daphne du Maurier，1907—1990）

【生平简介】

达芙妮·杜穆里埃出身于英国的一个艺术世家，祖父乔治·杜穆里埃是英国著名的漫画家和小说家，父亲杰拉德·杜穆里埃爵士是著名的表演艺术家和剧院经理。深受家庭艺术氛围的熏陶，达芙妮从小就爱上了阅读和写作，然而家族声望也给她带来了压力，对自我以及作为女性作家身份的寻求使她远离了伦敦的城市文明，而选择长期避居在英国西南部大西洋沿岸的康沃尔郡。在这片神秘、充满冒险与恐怖的土地上，达芙妮创作出了第一部长篇小说《可爱的精神》

（*The Loving Spirit*，1931）。这部小说给她带来了极高的声望，也为她赢得了与弗雷德里克·布朗宁中将的婚姻。此外，深受 19 世纪哥特式小说以及史蒂芬森和勃朗特姐妹小说创作手法的影响，达芙妮·杜穆里埃以康沃尔为背景，创作了一系列充满浪漫感伤情调的康沃尔小说。以描写海边走私者的冒险生活为题材的《牙买加客栈》就是这类小说的代表之一，该小说 1939 年被改编成电影，搬上银幕，备受观众青睐。

（以上内容选自 Martyn Shallcross ed.. *The Private World of Daphne Du Maurier*. London：Bobson Books ltd.，1991. pp. 179 – 180.）

【主要作品】

《牙买加客栈》（*Jamaica Inn*，1936）

《蝴蝶梦》（*Rebecca*，1938）

《法国人的港湾》（*Frenchman's Creek*，1941）

《征西大将军》（*The King's General*，1946）

《浮生梦》（*My Cousin Rachel*，1951）

【评论】

＊对于杜穆里埃来说，公正难以捉摸，而真相也经常是让人害怕的。她笔下那些"美丽"的女主人公总能够促进公正和真相的产生。因此杜穆里埃笔下的女主人公不再是传统的温柔贤淑的女性，而是敢于追求真理的新型女性。这些女性在寻求知识的同时也赢得了自我身份的公正化。①

＊任何作家的作品都代表着三种历史的汇合：个人生活、社会的文化环境和所选艺术的传统。杜穆里埃的长篇小说和短篇故事集揭示了哥特式创作风格是如何受个人价值、文化价值的影响，它们其实蕴藏着社会的、文化的和作者自我身份的焦虑与危机。自我观念和不协调通常体现在女性作家的作品里，而女主人公则成了作家表现焦虑的载体。②

＊杜穆里埃经常因为自己的保守主义和乡愁病，以及自己作为畅销小说家所写作品的娱乐性无法满足那些寻求阅读可预见性的读者而备受批判。然而作者以贵族式的庄园与旅馆为背景所构造的传统哥特式浪漫小说，对当时权力构造和性别关系表现出焦虑与不满。因此，不能单纯地归为畅销类小说，而应把它们看做是包含性别、政治和文化色彩的时代的缩影，极具极端性和批判性。③

---

① Taylor & Francis. "Beautiful Creatures'：The Ethics of Female Beauty in Daphne du Maurier's Fiction." in *Women：A Cultural Review*, Vol. 20, No. 1, 2008. p. 40.

② Avril Horner and Sue Zlosnik. *Daphne Du Maurier：Writing, Identity and the Gothic Imagination*. Macmillan Press Ltd. , 1998. pp. 2 – 3.

③ Gina Wisker. "Dangerous Borders：Daphne du Maurier's Rebecca：Shaking the Foundations of the Romance of Privilege, Partying and Place." in *Journal of Gender Studies*, Vol. 12, No. 2, 2003. p. 96.

女性意识的隐性书写

——释读《牙买加客栈》中的"三元空间"

空间女性主义作为一种新兴的西方文艺理论批评方法，用空间视角来考察性别文化，为我们提供了解读文学文本的全新视角。20 世纪英国著名女性主义作家达芙妮·杜穆里埃在《牙买加客栈》中为了寻求空间结构与女性价值之间的关系，为作品中女性意识的表达安排了一种实在的感知形式。本文借女性主义"空间三元论"，拟在铁板化的男性空间与缺失的女性空间的性别壁垒中重构开放的他者化的第三空间，呈现作者对空间描写与女性意识之间所具有的多种联系的思考，旨在更进一步地丰富达芙妮·杜穆里埃——这一新女性代表的女性意识在文本中的体现。

舍弃城市文明，避居康沃尔郡的 20 世纪英国著名女性主义作家达芙妮·杜穆里埃以其"边缘的"姿态，为我们述说着边缘化女人的故事。在其笔下，个性鲜明的新女性形象一个个鲜活了起来。但到目前为止，评论界对其女性主体意识的评论大都聚焦在其经典代表作《蝴蝶梦》上，而对其另一代表作——《牙买加客栈》的研究只着墨于其哥特式小说的创作风格上，忽视了作者隐性书写在其中的女性意识。在《牙买加客栈》中，达芙妮为了寻求空间结构与女性价值之间的关系，为作品中女性意识的表达安排了一种实在的感知形式。本文借女性主义"空间三元论"，拟在铁板化的男性空间与缺失的女性空间的性别壁垒中重构开放的他者化的第三空间，呈现作者对空间描写与女性意识之间所具有的多种联系的思考，旨在更进一步地丰富达芙妮·杜穆里埃这一新女性代表在文本中所体现的女性意识。

空间女性主义在继承传统女性主义的同时，将批评视角投向空间，对性别文化进行考察，说明了不同的地理体验与性别之间关联所产生的意义。它将空间带入了一个男性空间与女性空间交汇之处的广阔的第三空间，在这个空间里，霸权和顺服的地位是可以获得短暂易位的。这就像瑚克斯笔下的边缘一样："约束和臣服固然比比皆是，然而同时防御和抵制也有了一定的战略地位，描绘成一个新的突发事件可以随时发生在父权中心大厦之外的会师场所。"① 在《牙买加客栈》中隐性书写的女性意识就是在空间的跳跃中不断地觉醒，然而注重从女性内心体验、价值观念、自身解放和人生理想等方面去塑造新女性的达芙妮并没有直截了当地让女主人公找到自己人生的定位，而是巧妙地安排了一种空间感知形式——让主人公在三元空间中旅行。正如苏珊·威里斯（Susan Willis）在《黑人女作家的批评透视》中说的："对黑人妇女小说中所写的旅行，不能仅当作者为便于串联情节事件而使用的结构技巧，而应把空间的穿越与个人意识的发展联系起来，这样地理空间中的旅程就是一个女人走向认识自我的过程。"② 正是在男性空间铁板化和女性空间缺失化的冲突和碰撞中，女主人公逐渐寻求到女性的价值，从而构筑了那个具有抵抗和防御作用的第三空间。下面笔者将从女主人公走向自我认识的"三元空间"——男性空间、女性空间和第三空间的旅程中，呈现作者寄托于女主人公的女性意识。

一、男性空间铁板化，道不尽女人悲

父权社会将性别分工和性别角色定位为公共的男人（public man）和私密的女人（private woman），男性在公共领域，而女性在私人领域。这种分工导致了女性被限制在家庭这一单一狭窄的空间，而男性则成为空间发展的主宰，女性的

---

① 黄继刚：《爱德华·索雅的空间文化理论研究》，120页，山东大学博士学位论文，2009。

② 康正果：《女权主义与文学》，116页，北京，中国社会科学出版社，1994。

边缘性通过空间的限制得以表达和加强。① 她们被建议或要求只能在房子里或房子的周围活动，履行她们的角色；而在房子或家的外面，在充满冒险的沼泽和荒原，抑或是城市的组织结构，在那些属于男性的空间里，丈夫们在创造着自己的世界。小说中达芙妮巧妙地塑造了两位家庭天使的形象，以此为鉴来引导女主人公玛丽·耶伦认识现实，思索自己的处境，唤醒她潜在的女性意识。两位家庭天使就是在男性力量空间化的过程中被蓄意孤立起来，从而蜷缩在小家庭中，俯首帖耳于男性的军团中。

玛丽的父亲，一位农场主，在属于男性的空间中开创了一片天地。作为公共的男人，他让私密的女人——玛丽的母亲俯首称臣于自己的王国，让她明白在家这个王国里，她最真实的表现就是与丈夫共存亡。于是玛丽的母亲始终如一地固守着自己的身份，在丈夫死后，从没动过再找一个男人的念头，而是在丈夫留下的农场上寻找丈夫的影子，辛苦劳作，无私心地奉献着，她说："为某人工作会让一个女人感到平静和满足，而为自己工作就是另外一回事了，那是有为而没有心。"② 然而危险的是她占据了属于男性的空间，农场的劳作是属于公共男人的，这种体能和精力的消耗不是一个在私人领域里的女人所能承受的。在经历了穷困潦倒和固守身份的艰辛努力后，她的人格逐渐走向分裂，精神世界走向崩溃。当那匹作为丈夫化身的老母马倒下时，她的心也死了，她说："我身上有什么东西也随可怜的内尔一同进了那坟墓，玛丽，我不知道那是我的信念呢，还是别的什么东西。我的心累了，再也走不动了。"③ 丈夫的死导致了家庭天使对个人肉体生活极端的冷漠。如果按照古芭（Susan Gubar）和吉伯特（Sandra M. Gillbert）的症状分析就是得了"女性弊病"中的"健忘症"和"失语症"④：她忘了自

---

① 黄继刚：《爱德华·索雅的空间文化理论研究》，120 页，山东大学博士学位论文，2009。

② 达芙妮·杜穆里埃：《牙买加客栈 法国人的港湾》，王东风、姚燕瑾译，15 页，南京，译林出版社，2001。

③ 后文出自《牙买加客栈》的引文，将随文标明出处页码，不再另行做注。

④ Sandra M. Gillbert & Susan Gubar. *The Madwomen in the Attic, the Woman Writer and the Nineteenth - Century Literary Imagination.* New Haven and London：Yale University Press，1979. pp. 54 –55.

我，从来不爱惜自己的身体，"守寡十七年来不断地驱使和鞭策着自己的体能和精力"（13），生病卧床，却崇拜着"死亡天使"①，连同生命抗争的愿望都没有了。然而她不忘告诫女儿说："我不要你像我那样玩命，那对精神和身体都是一种摧残。……女孩子不能一个人过日子，除非她脑子里有毛病，要嘛就是堕落了，非此即彼。"（16）在自己边缘化人生经验的舞台上，她想让玛丽继承一种刻板的女权思想——远离男性的空间，远离农场。因为那终究不是女孩子家过的日子，女孩子必须找个依靠，在家掌控女性的空间。

忠贞诚信是女性从属者最高的德性，柔顺谦卑是女人的本分。而另一位家庭天使，玛丽的佩兴斯姨妈，也是一位被公共男人网罗在私人领域里温顺、贤淑的理想化女人。尽管她是牙买加客栈的女主人，但这个客栈是以乔伊斯姨父为首的歹徒进行犯罪和走私勾当的秘密据点，在这些男人们的凝视下她无处可逃，只能把自己幽闭在阁楼上。她无法体验人与人之间的和谐之美，生活在缺乏心灵交流的世界里，她的心被无形地禁锢住了。在来自男性空间投射出的父权力量的压迫与管制下，她由一个开朗活泼的漂亮仙女变成了一个愁容满面、破衣烂衫的可怜人。在父权制的折磨下她患了"健忘症"，忘了自我的存在，只知道她是奴隶，她得听命于主人："她像一只呜咽的狗，受惯了虐待而养成了一种愚忠，无论是挨了踢还是受了骂，都会像猛虎一样为主人厮杀。"（29）她患了幽闭恐惧症：深居简出，只知道在两层楼高的客栈里活动，她凹陷的眼睛里溢满焦虑与恐惧，说话会颤抖，夜里会哭泣。她患了失语症：总是处于沉默无语的状态，蠕动的嘴唇只会唧唧喳喳地吐出一串胡言乱语。她患了旷野恐惧症：吧嗒吧嗒的脚步声只会回荡在客栈的楼上楼下，远于客栈后面鸡场的地方她哪儿也不去。这个阁楼里的"疯女人""几乎过着一种心思单纯的生活……她是理想，是无私心和心地单纯的典范"②，她实际上是处于无知无识的状态。她对玛丽说："你千万要躺在床上，用手指塞住耳朵，你千万不要问我，不要问他，不要问任何人，因为如果你

----

① 康正果：《女权主义与文学》，53 页，北京，中国社会科学出版社，1994。

② Sandra M. Gilbert & Susan Gubar. *The Madwomen in the Attic*, *the Woman Writer and the Nineteenth - Century Literary Imagination*. New Haven and London ：Yale University Press，1979. p. 22.

终于……玛丽，你的头发会发变白，就像我一样，你说话就会颤抖，到了夜里就会哭泣，你无忧无虑美好青春就会断送，玛丽，就像我一样。"（48）显然，这个本属于女性，给人以安全感和归属感的家庭，因为有了男人的存在而变成了折磨女性身心的牢笼。

眼中的可怜人让玛丽意识到男人因为占有空间而优越，私密的女人只能被迫把所有生活的重心压在丈夫身上，而把自己局限在私人的领域，这是女性无尽的悲。正如波伏娃在《第二性》中说的："耕田是男人，建造教堂是男人，持剑搏击是男人。通过男人的手，上帝在人间的计划得以完成，女人只是辅助者，她安分守己，维持旧章，消极等待；'我依然故我，常处于斯'。"① 而玛丽也会"依然故我，常处于斯"吗？

二、女性空间缺失化，梦不到女人梦

古芭和吉伯特一言道出了女性的悲哀："男人的一支笔创造了女人，也禁闭了女人。"② 然而，达芙妮的一支笔同样创造了女人，但却试图解放着女人。在《牙买加客栈》中达芙妮以家庭天使——玛丽的母亲与姨妈的形象的塑造来产生"镜像"效果，引导玛丽认识女性遭受着来自男性空间的种种迫害，并试着找寻女性的出路。在那块斑斑点点有裂缝的镜子里，玛丽有生以来发现了自己和姨妈的相似之处。女诗人 M. E. 柯勒律治（Mary Elizabeth Coleridge）在《镜子的背面》——诗中写道：她发现自己的镜中影像并不可爱，而是充满了愁苦与愤怒，她张着伤口般的嘴，双目含着疯狂。③ 玛丽正像这诗中的"她"，在发现自己近乎分裂的形象后，她开始暗暗寻求自我的界定。她想她得反抗了，像男子汉一样

---

① 西蒙娜·德·波伏娃：《第二性》，陶铁柱译，264 页，南京，中国书籍出版社，1997。

② Sandra M. Gillbertn & Susan Gubar. *The Madwomen in the Attic*, *the Woman Writer and the Nineteenth - Century Literary Imagination*. New Haven and London ： Yale University Press, 1979. p. 13.

③ 转引自康正果：《女权主义与文学》，96～97 页，北京，中国社会科学出版社，1994。

地反抗才能冲破这房子，飞出这牢笼，将那帮歹徒绳之以法，然后带上姨妈去过自由的生活。这就是达芙妮首先让玛丽所尝试的二元对立中非此即彼的女性空间的构筑，就像弗吉尼亚·伍尔夫那样构筑一间自己的屋子，构筑属于女性的空间，这是女性想象身份的场所。"在这样一个空间里，她们可以走出自己的性别身份而走进一个短暂的，非现实的想象空间中，成为一个自主自由的主体"①，而不再是因为男性占据空间的优越而使自己沦为丧失自主的客体。

然而真正女性空间的建构并不是那么轻而易举的。玛丽·耶伦面对的是铁板化的父权大陆，用米粒·哲伦（Myra Jehlen）的比喻来说就是："正像要用杠杆把大地撬起，又要站在大地上，并在其上找基点的阿基米德一样。"② 单凭女性的愤怒是无法战胜那帮恶魔的，男子汉的行动才是支点。为了找到这个支点，她危险地占据了男性的空间，褪去身上的女子气，克服一系列的"女性弊病"到充满危险的荒原、沼泽、灌木丛中熟悉地形，为蓄势待发的女性空间的构筑做准备。靠自我的勇敢和智慧去为想象中的女性空间而奋斗是她的理想，可生为女性的悲哀无时无刻不萦绕她身旁。在跨进属于男性冒险和斗智的空间里时，她也一脚踩进了精神分裂的门槛。被狭窄的私密空间圈置的她不知道在男性空间的沼泽地行走多年的姨父埋下了多少无法窥视的秘密，也不知道在属于男性空间教堂里的阿尔塔能教长实质上是一个"躲在十字架后，用上帝使者的外衣作为盾牌来抵抗别人的怀疑"（281）。而冲破牢笼，营救姨妈，构建空间的行动仍然少不了她身边的男人的参与：代表权威的治安法官巴西特先生，暗中为她秘密行动的杰姆，带她赶上充满危险的牙买加客栈旅程的理查兹。当"战争"走到最后的时候，她身为女性的卑微再一次显露了出来："一旦体力和精神垮掉，会被人认为是情理之中，理所当然的事。……她成了一个包袱和延缓大家行动的原因，女人和孩子在遇到什么灾祸以后都是这样"（260）。玛丽不得不承认自己属于弱势群体、边缘群体，自己女性空间的建构到底还是男性军团作用的结果，而自己还是

---

① 黄继刚：《爱德华·索雅的空间文化理论研究》，121 页，山东大学博士学位论文，2009。

② Myra Jehlen. *Archimedes and the Paradox of Feminist Criticism*, *Women*, *Gender and Research*. The University of Chicago Press, 1981.

要俯首听命于他们。一个社会的危险在于人们占据了错误的空间，尤其危险的是女性占据了男性的空间，[①] 并企图在男性大陆的中心上构筑一块自己的活动空间。在基于对女性私人空间以及家庭生活经验的考察，基于对女性真实空间和想象空间的认识基础上，玛丽敏锐地注意到女性在空间占有上的缺失以及女性空间的边缘性。承认自己是他者，做一个"真正的女人"，回到边缘化的赫尔福德乡村的安宁与平静中去，那才是可供女性使用的最好的地理空间。刘易斯·芒福德（Lewis Mumford）也曾经表述过这种性别地理差异，她说："村庄组织结构是女性特质的，而城市组织结构则是男性特质的。"[②] 在男性空间铁板化和女性空间缺失化的冲突和碰撞中，回到边缘化的赫尔福德，这也许是玛丽没有能力扭转自己身为女人的事实的情况下必须屈从的命运。然而，达芙妮并没有放弃女性价值的继续追寻，而是着手构筑一个具有抵抗和防御作用的第三空间。

三、第三空间开放化，两性谈判的"话语场"

空间理论家索雅的第三空间理论激励着人们以不同的方式来思考空间的意义：体现边缘对中心的解构，女性地理对父权中心主义传统的颠覆，是不同文化和意识形态冲突、融合和谈判的话语场。而关注女性地理的空间女性主义批评就是在这种第三空间中寻找到自己的位置——"它关注处在男性空间和女性空间交汇之处的第三空间中存在的差异性……发现了在第三空间中寻求抵抗和短暂性易位的可能性"[③]。在《牙买加客栈》中达芙妮首先让女主人公经历了男性空间的铁板化与女性空间的缺失化，但在小说的结尾，她大胆为玛丽指明了一条新女性道路，在开放的第三空间中找到自己作为女性的定位，表现了作者女性意识的空间感知。

玛丽的母亲和佩兴斯姨妈都被达芙妮塑造成家庭天使，但"她们都回避着她们自己，或她们自己的舒适，或自我愿望"，即她们的主要行为都是向男性奉

---

① 参见黄继刚：《爱德华·索雅的空间文化理论研究》，121页，山东大学博士学位论文，2009。

② 同上，121页。

③ 同上，126页。

献或牺牲，这"是真正的死亡的生活，是生活在死亡中"①。达芙妮应伍尔夫的号召"杀死家庭中的天使"②，为的是使玛丽引以为鉴，不再像传统的女性"囿于家庭的小天地"——男性掌控凝视下的私密的女性空间，而要去寻找男性空间与女性空间交汇之处的第三空间。在圣诞节的朗斯顿之旅给了玛丽来自杰姆的爱情，而就是在爱情的抉择中，玛丽逐渐强化了自己的女性意识。她对戴维说："我不想像个女人那样去爱或者像个女人那样去感觉，那样很痛苦，很难受，很悲惨，一生一世都会这样。"（172）她要那种相亲相爱，也要保留那种与众不同的女性特质，她要自我的身份和健全的心志。以至于当杰姆说"我喜欢你的样子，喜欢抚摸你。这对一个男人来说就足够了，对一个女人来说也应该足够了"（161），而她却坚定地回答说："恐怕是这么回事，但这只是对某些人来说。我碰巧不是那种人。"（161）她要走和母亲、佩兴斯姨妈不一样的路，她说："如果爱一个人就意味着要经受这痛这苦这悲，那她一个也不要。爱驱走了这健全的心志和沉静的心态，摧毁了人的勇气。"（167）这里她产生了一种女人自己的爱情观，她不想成为男人的附庸品，而试图在爱情上寻求男女的平等。而杰姆虽然爱着玛丽，但他不像戴维把她当成一个客体想随身携带，而是完全尊重玛丽作为一个独立主体的女人自主的意见。在"征婚"上他表现出极大的宽容和民主，他说："要我带你去什么地方吗？你现在背对着是赫尔福德啊，知道吗？"（303）这里杰姆向玛丽发起了对话，在承认男女两性差异的基础上以邀请的口吻表明了自己对女性的理解、宽容和尊重。在这个男性与女性交流与谈判的话语场，相互融合的走向是他们共同的心愿。离开那个安详宁静本属于女性空间的赫尔福德，放弃拥有一个自己的屋子的想法，而跟随杰姆去北方浪迹天涯，四海为家，这就是男性空间与女性空间交汇之处的第三空间。威海姆·瑞奇（Wilhem Reich）认为家庭是产生权威意识形态和结构的场所，必须把人从家庭中解放出来才能实现

---

① Sandra M. Gillbertn & Susan Gubar. *The Madwomen in the Attic, the Woman Writer and the Nineteenth - Century Literary Imagination.* New Haven and London : Yale University Press, 1979. p. 25.

② Kate Fullbrook. *Free Women, Ethics and Aesthetics in Twentieth - Century Women's Fiction.* New York: Harvester Wheatsheaf, 1990. p. 85.

人的解放……只要现有的家庭还存在，两性之间的关系就体现着权力关系。① 从家庭中解放出来后，玛丽不用再因为自己所处空间的缺失与边缘性而低眉折腰于具有空间优越感的男性。这就像瑚克斯所谓的"铁路那边"的寓言："正是对这条铁路的跨越，铁轨两边的两个空间在被铁轨分开的同时，也被铁轨连接。因此，女性在跨越铁轨的动态过程中，达到了'越位'的政治目的。这条铁轨所提供的空间是帮助女性摆脱即成身份，借助这条铁轨，女性获得暂时的身份更换和再创造，也使得对空间霸权的抵抗和超越成为可能。"② 但是女性主义的"第三空间"支离破碎、飘移不定，"这是个既是边缘又是中心的空间，或者说是一个由边缘构成的中心。这个地带充满危机和挑战，同时也充满着差异和矛盾，是一个含混不清的混杂地带"③。正如杰姆告诫玛丽说："你要是跟我走的话就没有好日子过了，有时会很动荡，会休息不好，过不了舒心的日子……你所渴望的安宁也没有什么指望了。"（303）而玛丽却勇敢地做了决定："因为无论是现在还是将来，这都是我向往的地方。"（303）这就是达芙妮在沉入对第三空间的探索中为我们所呈现的男女相互融合的文化域，它并不意味着你取我舍的特权，而是呈现一种邀请的姿态，旨在恢复三元辩证法的平衡，直接体现了作者寄托于女主人公的两性由对立走向融合的新型女性意识。

　　达芙妮·杜穆里埃巧妙安排的"三元空间"的描写与玛丽·耶伦在新女性精神取向上的契合，激励着读者以不同的方式来思考空间的意义。将第三空间引入到传统男女二元对立的空间中，体现着边缘对中心的解构和女性地理对父权中心主义传统的颠覆。在这个融合和谈判的"话语场"中女性找到了自己的位置，女性意识也在第三空间中茁壮成长。作者所要寻求的是两性相互融合的女性意识。因此，分析《牙买加客栈》里玛丽·耶伦的女性形象可以更好地把握女性形象在达芙妮不同作品中的塑造，以深入完整地理解达芙妮小说的新女性形象。

（张自玲）

---

① John Charvet. *Feminism*. Everyman's University Library，1982.

② 转引自黄继刚：《爱德华·索雅的空间文化理论研究》，126 页，山东大学博士学位论文，2009。

③ 同上，126 页。

《法国人的港湾》中"别样"的罗曼斯

——释读时间流程中女性身份的寻求

  海德格尔把"时间看成人的直观形式或人的直觉体验",并认为"过去—现在—将来"作为时间的流程是"此在"的生命体验和实现的过程。把时间与人的存在联系在一起,为我们解读文学文本中人的存在问题提供了新的视角。本文将借助海德格尔有关存在与时间的相关理论,在时间性流程中考察女主人公女性身份寻求的历程,以此来呈现达芙妮·杜穆里埃(Daphne du Maurier)寄托其中的对身份、自由和爱情的寻求以及指向妇女理想生活的愿望。

  达芙妮·杜穆里埃,英国 20 世纪女作家,以"康沃尔小说家"著称的她凭借 1938 年发表的小说《蝴蝶梦》获得空前成功。三年后,她笔锋一转,于是《法国人的港湾》问世。作者似乎偏离了先前写作《蝴蝶梦》《牙买加客栈》的哥特式创作手法,展示了一则温馨美丽的浪漫故事。然而,这并不仅仅是传统的罗曼斯。而评论界对杜穆里埃的青睐仍然局限于她的经典代表作《蝴蝶梦》,其他作品包括《法国人的港湾》却少有人问津。在《法国人的港湾》中,那则浪漫的爱情故事具有它的别样性。肖瓦尔特(E. Showalter)在《她们自己的文学》中把女性文学分为三个阶段:模仿传统的女人气阶段,妇女要求自主权、获得选举权的女性主义者阶段和女性时期。女性时期是新的自我意识、自我发现的时期,女性从反对派的依赖中挣脱出来,走向自我,取得身份。[①] 当代女性主

---

  ① 参见林树明:《多维视野中的女性主义文学批评》,28 页,北京,中国社会科学出版社,2004。

义小说的倾向就是"自我发现的呈示，其文本的框架侧重于严肃的意义和指向妇女的生活"①。作为新一代女性代表，杜穆里埃在冒险与爱情的张力中构筑罗曼斯，将行动、紧张、渴望引进了罗曼斯。在其"别样"的罗曼斯文本中隐藏着的严肃意义——两性平等相处信念的召唤下，女作家寻求自我身份、寻求自由、寻求真正的爱情，编织美好两性关系的幸福生活。因此，本文将借助海德格尔有关存在与时间的相关理论，在时间性流程中考察《法国人的港湾》中别样罗曼斯中女主人公女性身份寻求的历程，以此来呈现作者寄托其中的新女性意识：对身份、自由和爱情的寻求以及指向妇女理想生活的愿望。

海德格尔将时间分为"本真时间"和"非本真时间"。他认为，"非本真时间"是一般人所具有的时间观念，强调的是其客观性。而"本真时间"指"原始时间"，承认时间的有限性、流动性和非连续性。在他看来，"时间作为流动于过去、现在和将来而存在"②。在这里，时间的过去、现在和将来是三位一体，不可分割。"过去"是"此在"的"曾在"，也是"此在"重演"现在"和"将来"的基础，没有了"过去"，"现在"和"将来"便失去了存在的前提和背景；"现在"是"此在"眼下的生存状态，没有了"现在"，此在的"将来"便会成为一种空洞的幻影；"将来"是"向人们走来的东西"，充满了不确定性和不稳定性，没有了"将来"，"此在"的"现在"也就失去了行为的目的。③如此看来，作为"本真时间"，海德格尔的"过去—现在—将来"作为时间的流程是"此在"的生命体验和实现过程。把"时间看成人的直观形式或人的直觉体验""将它归结到精神、意识等等主观性方面"，实则把时间与人的存在联系在了一起："人是怎样存在的，时间就怎样表现出来。"④《法国人的港湾》中"过去—现在—将来"的时间流程同样是圣科伦·朵娜夫人生命体验和找寻女性

① 林树明：《多维视野中的女性主义文学批评》，73 页，北京，中国社会科学出版社，2004。

② 全增嘏：《西方哲学史》，785 页，上海，上海人民出版社，2007。

③ 东红：《过去—现在—将来——对张爱玲小说时间流程特点的分析》，载《黎明职业大学学报》，15 页，2005（3）。

④ 全增嘏：《西方哲学史》，785 页，上海，上海人民出版社，2007。

身份的过程。从"他者"—自我—超我，杜穆里埃完成了女主人公作为女性身份存在的寻求，实现了作者对真正的女性爱情和自由的企盼。下面笔者将从圣科伦·朵娜夫人过去、现在和将来的不同"生命体验"和"存在身份"逐步解读其走向自我认识的历程，呈示作者指向女性幸福自由生活的愿望。

一、在"过去"骄奢与空虚中沦为"他者"

西蒙娜·德·波伏娃（Simone de Beauvoir）在《第二性》中断言"女人是他者"。她多次描述并揭示女性作为客体的现象。在她看来，女性之所以是他者、对象、客体和物，这种处境并不是女性自己选择的，而是由男性决定的，更准确地说应该是由整个父权制文化决定的。① "女人不是天生的，而是逐渐变成的"②。同样地，女人他者的地位也不是天生的，而是在踩进婚姻门槛的那一刹那形成的。

尊贵的圣科伦·朵娜身为子爵夫人，享受着种种特权，按照皇宫贵族给定的社会价值观生活，频繁地出入大老爷们光顾的伦敦酒肆，过着骄奢淫逸的生活：厮混在自己不爱的丈夫与爱自己的男人们中，我行我素，放浪形骸。然而生活上的单调与贫乏使她突然爆发对自己无聊生活的极端怨恨："那些没完没了的晚餐、宴席、纸牌游戏，那些荒唐的恶作剧……与罗金汉姆无聊的调笑……"③ 长久以来，她的所作所为与自己的身份极不相称，"她只是满足于扮演那个圈子的人所要求的那个朵娜"④。在这场没有爱情的婚姻里，她只作为子爵夫人的角色被定格为男性的附庸，完全按照上流社会男性主导的那套价值体系而生活。哈利甚至"对别的男人议论自己太太，倾慕自己太太颇为得意，因为这样他就被别

---

① 西蒙娜·德·波伏娃：《第二性》，陶铁柱译，10～13页，南京，中国书籍出版社，1997。

② 同上，309页。

③ 达芙妮·杜穆里埃：《牙买加客栈　法国人的港湾》，王东风、姚燕瑾译，317页，南京，译林出版版社，2001。

④ 同上，318页。

人看重"①。如此一来，圣科伦·朵娜夫人，"嫁为人妻"的她也便成了男人可以任意支配的私有财产。在男性主导的主流中心之外，她沦为了他者。戴尔斯本德（Dale Spender）在1994年以"婚礼与妻子"（Weddings and Wives）为题编辑出版的澳大利亚女作家的小说文选中指出："当代女权主义坚决反对将爱情简单地与婚姻和家庭联系起来。强调两性之间应在平等的前提下建立彼此尊重的伙伴关系，任何在牺牲女性自由基础上形成的情感都是不可接受的。"② 作为新女性代表的杜穆里埃笔下的朵娜果然心有不甘。那另一个世界的朵娜，是过去的圣科伦·朵娜夫人。作为她的直观形式和生活体验，这种圣科伦·朵娜夫人的"曾在"也是其重演现在和将来的基础，是她寻求自我身份的开端。这一世界的朵娜"意识到生活的意义在于忍受苦难、体验爱情、历尽险阻、享受幸福，甚至还不止于此，还要多得多"③。为了消解他者的身份，她重新界定了自己的生活："忘了这所有的一切，因为面对太阳，迎风站立片刻，这才是自由不羁；面带微笑，块然独处，这才是活着。"④ 为了寻求作为女性的自我，"她需要的是逃避，逃避自我，逃避两人一起过的这种生活"⑤。这意味着从不完美的关系中解放出来，意味着一种新的选择以及寻求新的理想爱情的开始和重获的自由。"过去"已经闭幕了，而"现在"正在上演。

二、在"现在"平淡安逸中实现自我

在认清婚姻生活和家庭生活对女性的禁锢本质后，朵娜抛开他者的身份，带着一双"自己不小心怀上的"儿女长途跋涉，前往荒僻的康沃尔。她在这里过

---

① 达芙妮·杜穆里埃：《牙买加客栈 法国人的港湾》，王东风、姚燕瑾译，320页，南京，译林出版社，2001。

② 王腊宝，王丽萍：《女权、爱情与当代澳大利亚女性小说》，载《当代外国文学》，124~133页，2009（1）。

③ 同上，318页。

④ 同上，323页。

⑤ 达芙妮·杜穆里埃：《牙买加客栈 法国人的港湾》，王东风、姚燕瑾译，323页，南京，译林出版社，2001。

着天然简单的乡野生活，逍遥自在，与年幼的孩子在草地上嬉戏，在阳光下小憩，无需外出也无访客。享受这种新生活的朵娜隐隐感到不安。人世间最难承受的其实是人人向往的简单生活。作者达芙妮·杜穆里埃心知肚明。于是，另一幅生活场景在朵娜的面前展开。在忠实仆人威廉的牵线下，朵娜见到了那个像自己一样追求自由、选择逃避的法国海盗——"两个浪游者，两个逃亡者，生来便属于同一类人"①。"与他在一起，即便无言也能互吐心素"，她是他的侍童，他是她的法国人，她明白"这就是幸福，就是自己一直期盼的生活"②。但是她也明白她只能偶尔逃避，无论自以为有多自由，那只是短暂的，因为手足都被束缚住了。正如法国人所说的"但是，朵娜·圣科伦与侍童朵娜有所不同。她在另一个世界里有其自身的生活，而且，此时此刻，她正在内华润的卧室里缓缓醒来，……她起来，穿好衣服，照料家务，照看孩子"③。身为两个孩子的母亲，她始终无法摆脱家庭生活的责任，这是一个女人必须承担的，也是她遵从自然法则，"生儿育女"所必经的人生历程。难道"女人真的无处可逃，只能暂时逃避一个夜晚，逃避一个白天"④? 难道女人注定要产生原始综合征，"像鸟儿一样，得做巢，营造他们所渴望建立的家，定居下来，温暖又安全，再孵养幼鸟吗"⑤? 对于侍童朵娜，答案是否定的。尽管现在的朵娜成了自己情感的主人和家庭生活的主宰者，但那纸荒唐的婚约书和不可推卸的身为人母的家庭责任使她仍然禁锢在传统女性丧失自己人生幸福的阴霾里。朵娜眼下的生存状态"从属于伴随着决断的期待"，期待着将来能与自己相爱的海盗远走他乡。"现在"身为人母的朵娜同样延续了过去的直观形式，在自己从过去到现在对爱情、婚姻、自由的直觉体验中，现在的"良母"朵娜之于过去的"贤妻"圣科伦夫人实则是一个女人对自己存在身份的多重思考，是一个女性意识的不断觉醒。

---

① 达芙妮·杜穆里埃:《牙买加客栈 法国人的港湾》，王东风、姚燕瑾译，402 页，南京，译林出版社，2001。
② 同上，412 页。
③ 同上，442 页。
④ 同上，444 页。
⑤ 同上，443 页。

三、在"将来"不确定性中走向超我

　　一些女性主义者认为"罗曼斯包含了两个术语：冒险与爱情"①。杜穆里埃将行动、紧张、渴望引进了罗曼斯，更专注更突出妇女的特殊范畴。此时的冒险是真正的冒险，稍有不慎便会招致杀身之祸，然而与心爱的人在同一棵树上吊死，这一念头本身充满了刺激。② 在这种刺激与冒险中，朵娜感受到了男女两性真正的爱情应该建立在互相平等、相互理解的基础上。一个男人找到了一个符合其所有梦想的女人，一个女人找到了一个符合其所有梦想的男人，"两人相互理解，同甘共苦"③。这才是真正的两性爱情。这个男人"为了一个疯狂的赌注竟甘冒生命之险……竟然会无视世俗的价值观念"④。侍童朵娜果然不负深情，在生死关头，抛下不解风情的丈夫和一双无辜的儿女，美人救英雄，最后双双扬帆前往法国。他们的爱情是"心心相通的两个人，不带任何傲意的相互占有；种种情感，种种举动，身心的种种感触，他之所感亦为她之所感"⑤，是真正的爱情。尽管他们只能暂时拥有自己的湖泊和山丘，尽管将来的生活充满着不确定性和不稳定性，但没有婚姻和家庭的束缚，没有世俗的价值观念，只有两个相爱的人各自从对方获得幸福，于是便怀着欣喜之情，心照不宣地享受这一切。将来的不稳定性正是向朵娜走来的东西，她也明白将来的自己是另一个世界的人，没有像过去的子爵夫人和作为儿女的母亲所拥有的权势和富贵，但她能拥有自己梦寐以求的真正自由和爱情以及作为女性自我的身份。因为在她看来，她追求爱情的目标本来就不是用婚姻固定下来的某种天长地久。在她看来，真正的爱情必须建

---

　　① 林树明：《多维视野中的女性主义文学批评》，75 页，北京，中国社会科学出版社，2004。

　　② 参见西蒙娜·德·波伏娃：《第二性》，陶铁柱译，308 页，南京，中国书籍出版社，1997。

　　③ 达芙妮·杜穆里埃：《牙买加客栈　法国人的港湾》，王东风、姚燕瑾译，408 页，南京，译林出版社，2001。

　　④ 同上，426 页。

　　⑤ 同上，440 页。

立在两性的彻底平等之上，而稳定与确定的婚姻常常意味着对女性平等和自由权利的剥夺。正如杰梅茵·格里尔（Germaine Greer）在《女太监》中所说的"妇女获得解放的主要手段是以享乐原则取代迫不得已"①，走出不幸的婚姻，追求自己的人生幸福。

达芙妮·杜穆里埃有意构造的"过去—现在—将来"的时间流程与女主人公新女性精神上的自我认识的取向相契合，呈现出作者对时间流程与女性生命体验之间所具有的多种联系的思考。在时间的流程中，朵娜完成了从"身为人妻—身为人母—身为自己"即"他者—自我—超我"的女性身份的寻求。作者所要传递的是 20 世纪新型的女性意识：只有勇于冒险，敢于行动，甘于弃世俗于不顾，听从女性自我内心的呼唤才能追寻到女人真正的自由和爱情，获得身心的解放，这就是作者隐藏在文本中的严肃意义和指向妇女生活的企盼。

（原文刊登于《牡丹江大学学报》2011 年第 11 期，第 53～55 页）

（张自玲）

---

① 达芙妮·杜穆里埃：《牙买加客栈 法国人的港湾》，王东风、姚燕瑾译，42 页，南京，译林出版社，2001。

安吉拉·卡特

（Angela Carter，1940—1992）

【生平简介】

安吉拉·卡特是享誉世界的英国女作家。她成长在伦敦南部，受家庭传统的影响，年轻的卡特曾在一家报社做初级记者。20 岁时同保罗·卡特结婚，两年后就读布里斯托尔大学研习中世纪文学。在学校时她广泛阅读，对法语文学、心理学、人类学以及社会科学均有涉猎，这些为她后来的小说创作奠定了良好的知识背景。她 1965 年毕业后定居布里斯托尔，随后开始了文学创作。1968 年卡特因《魔幻玩具铺》

获约翰·卢埃林·里斯奖（John Llewllyn Rhys Prize），1969 年《几种知觉》获毛姆文学奖（Somerset Maugham Award）。

（以上内容选自 Clare D. Kinsmaned. *Contemporary Author* Vol. 53 – 56. Michigan：Gale Research Company，1975. p. 91；Daniel G. Marowski，Roger Matuzed. *Contemporary Literary Criticism* Vol. 41. Michigan：Gale Research Company，1987. p. 109.）

【主要作品】

《魔幻玩具铺》（*The Magic Toyshop*，1968）

《几种知觉》（*Several Perception*，1969）

《英雄与恶徒》（*Heroes and Villians*，1969）

《血室》（*The Bloody Chamber*，1979）

251

【评论】

*卡特的作品，以毫无拘束的想象、丰富多彩的意象以及感性的文笔著称……尽管她的作品会因过度的哥特式描写而受到赞扬或贬抑，但她仍被看作一个独一无二的、充满想象力的小说家而被认可。①

*她虽屡遭坚持政治正确性的昏聩文人的抨击，但仍最大限度保留了个性，成为独立和古怪的作家，生于温室的奇特之花；虽终其一生被许多人贬为边缘和怪异分子，但她已逐渐成为英国大学被研究得最多的作家——这是她最应欣慰的对主流的胜利……安吉拉生前所获对她作品罕见独特性价值的认可不多，但她也将从这个世界升华，在文学中占有一席之地，成为永恒清泉的一道激流。②

*《血室》中的十篇故事，每一篇都是精致的艺术品。安吉拉·卡特延伸了她本已熟稔的想象力。她对于欧洲民间故事和童话故事的重述，不仅让我们重新深入思考我们共同文化标准的神话源泉，同时也迫使我们认真地思考人类和动物的天性。③

---

① Daniel G. Marowski & Roger Matuz ed.. *Contemporary Literature Criticism* Vol. 41. Michigan：Gale Research Company，1987. p. 109.

② Salman Rushdie. "Introduction to Burning Your Boats." in *The Collected Short Stories*. London：Chatto & Windus，1995. p. xiv.

③ Susan Kennedy. "Man and Beast." in Daniel G. Marowski & Roger Matuz ed.. *Contemporary Literature Criticism* Vol. 41. Michigan：Gale Research Company，1987. p. 117.

童话叙事，还是反童话叙事？

——谈安吉拉·卡特的《血室》

国内外学界通常将安吉拉·卡特的代表作——《血室》视为童话，却鲜有学者指出并论证这是一部反童话的杰作。论文从叙事学视域观照这部作品，从叙述时间、时序及叙述主体三个方面阐明《血室》并非是童话叙事，而是彰显作者形式创新和昭示丰富思想内涵的反童话叙事。

就体裁而言，国内外学界一般达成了如下共识：著名英国女作家安吉拉·卡特（Angela Carter）重写蓝胡子母题的《血室》①是现代童话或新编童话。然而，上述过于简化的体裁界定并不合理，不仅是引发争议的原因之一，而且极易遮蔽文本所蕴含的丰富思想内涵和作者所做的形式实验。笔者认为，从叙事学的角度来看，《血室》至少从三个方面打破了传统童话的叙事格局，从而不仅使文本呈现出令人耳目一新的面貌，还恰到好处地传达了作者的题旨。

一、引入时代维度

卡特本人对童话颇有研究，除了创作过几篇艺术童话之外，她不仅在 1977 年发表了佩罗童话英译本并写了一篇颇有深度的序言，还精心编辑了三本童话集，如《悍妇童话集》。值得一提的是，卡特在该书的简介中为前工业时代的民

---

① 《血室》（*The Bloody Chamber*）的书名系笔者所译。除个别地方有所改动，论文中引用译文均源于台湾学者严韵的中译本《染血之室与其他故事》。

间口述童话下了个定义："虽然这本书叫《悍妇童话集》，但在下列故事中，你几乎看不到真正的仙女。确实有会说话的野兽，在更高或更低程度上具有超自然的存在，许多事件的序列有点违法物理法则。但是，几乎不存在仙女。因为'童话'是一种比喻，我们用来描述大量无穷无尽、种类繁多的叙事。无论是很久很久以前，还是现在，有时仍然可以通过口头传播——这些故事没有众所周知的创作者，说故事的人可以一再修改故事，'童话'是穷人永久、不断更新的娱乐形式。"① 而此类童话往往不关涉具体时代，故事似乎发生在一个永恒而封闭的时空。因为，"一般而言，民间童话往往篇幅短小，多为人们长期口头讲述并流传下来的故事，它的内容没有时间或空间上的界限，情节单纯，语言质朴，幻想神奇，气质天真"②。卡特论及传统童话故事自觉的虚构性时也间接触及了叙述时间的模糊性："亚美尼亚故事讲述人喜欢的程式性开头之一是：从前有、没有，从前有个男孩。高深莫测的英国和法国童话的亚美尼亚变体既完全精确又绝对神秘：从前、不存在这样的从前……"③ 而反观前工业时代就流传于英国的童话《福克斯先生》（实际上是蓝胡子母题的变体），自始至终，读者看不见反映时代语境的印记，故事甚至略去惯用的"很久很久以前"，直接向受众介绍女主人公："淑女玛丽很年轻，淑女玛丽很美丽"④。而佩罗的艺术童话《蓝胡子》尽管根据其所处阶层、时代精神及儿童观对民间文本进行了大肆删改、修订，在叙事时间上仍然沿袭了民间叙事传统，故事的开篇如下："从前有个男人无论在镇上还是乡下都拥有许多豪宅，他用的是金银餐具，坐的是绒绣椅子、镀金马车；但是，哎呀！上帝也赐予他蓝胡子，看起来很可怕，女人一见他就逃。"⑤ 那么，卡特是否为《血室》设置了具体的故事时间？表面上看，故事中并未呈现明确的时间标记，但这并不表明故事发生于民间童话的模糊时空或永恒时空，

---

① Angela Carter. *The Virgo Book of Fairy Tales*. London：Virgo Press，1990. p. ix.

② 刘文杰：《前言：德国浪漫主义时期童话研究》，1 页，北京，北京理工大学出版社，2009。

③ Angela Carter. *The Virgo Book of Fairy Tales*. London：Virgo Press，1990. pp. xi – xii.

④ 同上，p. 8.

⑤ Charles Perrault，*The Fairy Tales of Charles Perrault*. New York：Avon Books，1979. p. 30.

因为作者独具匠心地运用故事人物服饰、乘坐的交通工具等文化符码，巧妙而含蓄地暗示了故事的时间维度。

在《血室》中，故事的开端明显有别于民间童话或艺术童话，叙述者兼女主人公一句"我记得……"① 就将读者带入对往昔的追忆，进入"我"的内心世界：当时年仅 17 岁的"我"在新婚之夜乘坐火车跟随身为法国首富的丈夫前往位于布列塔尼的一座古堡。尽管暂时无法识别故事发生的精确年份，但火车是现代性的标志之一，至少暗示了工业时代的到来。随着叙事的推进，更多的时间性文化标志接踵而来，比如"我"追忆与侯爵成婚前夜观看歌剧时颇为自豪地提到："而且我身上穿的是一袭普瓦莱晚礼服。"② 回首 19 世纪末 20 世纪初，世界时尚业刚刚兴起，而保罗·普瓦莱（1879—1944）正是引领时装业的先锋人物。"他是 20 世纪初活跃于世界时装界的著名设计师，服装线条细致流畅。在被称为'高级时装'的专门化的生产领域，服饰时尚的形成准确地说是 1880—1900 年的事"③。雅克·杜加斯特指出："在 20 世纪初，时尚引领者的国际交流更为频繁了。时装师保罗·普瓦莱与维也纳的高级时装界保持着密切联系，尤其是与弗绿格姐妹，她们在 1904 年创办了自己的时装店。保罗·普瓦莱也是第一个到欧洲各大城市以人体模特来展示自己款式的人。"④ 借此，叙述者看似轻描淡写的一句话就交代了真实的故事时间。在小说的第一部分，"我"仍然在夜行火车上浮想联翩："这只戒指，那条红宝石的染血绷带，满柜普瓦莱和沃尔思的衣裳，他身上俄罗斯皮革的味道——这一切全将我诱惑得如此彻底，使我对离开原先那切片面包和妈妈的世界毫无一丝悔憾。"（4）"我"再次提到了两种品牌的高级时装及其设计师的大名。实际上，巴黎的第一个"时尚设计师"正是"我"提到的英国人沃尔思，他于 1858 年成为这方面的先驱者。"当年他在巴黎的和平街开始了第一家'时装店'，从此开创了一个家族世系，这个世系在 20

① 安杰拉·卡特：《染血之室及其他故事》，严韵译，1 页，台北，行人出版社，2005。
② 后文出自《染血之室及其他故事》的引文，将随文标注出处页码，不再另行作注。
③ 雅克·杜加斯特：《19 世纪和 20 世纪之交的欧洲文化生活》，黄艳红译，139 页，北京，中国人民大学出版社，2007。
④ 同上，142 页。

世纪上半叶的时尚倡导者行列中占据了一流的位置。"① 沃尔思（1826—1895）是英裔设计师，将设计师主动为客户量身设计的观念带进业界，被誉为高级定制时装之父。有的学者认为，文本中的历史人物与现实中的人物可看做是一致的、重叠的。作者在此借主人公兼叙述者之口暗示了故事发生的大体时代。

此外，嵌入文本的许多法国象征主义画家的作品也间接强化了具体的时代语境。叙述者在第一部分提到丈夫逝去的第二任妻子："那张脸就是大家都看得到的了，每个人都画过她，但我最喜欢的是鲁东那幅版画《走在夜色边缘的晚星》。"姑且不论这句话的其他内涵，叙述者提到的真实人物——法国著名象征主义画家鲁东（1840—1916）就足以暗示故事人物的生活年代了。画家笔下的模特儿也走出油画，被作者移植到文本中，成为侯爵的第二任妻子。这种虚实结合的效果不仅彰显了卡特的独创性，也有力地强化了故事的真实感。

不仅如此，作者还将其他史实自然融入文本的叙事中。众所周知，西方工业革命带来的现代化技术革新被广泛运用于当时人们的日常生活中。比照文本，我们看到：富可敌国的侯爵已拥有汽车、电话，他的仆人也拥有了自行车。而女主人公远在巴黎的娘家也安装了电话，否则母亲就不可能觉察女儿的困境，并心急如焚、昼夜兼程地赶到千里之外协助她消灭恶魔丈夫。这些现代化交通、通讯工具在文本中的出现绝非偶然，也并非卡特刻意运用的年代错置手法，而是符合史实的。因此，上述文化标志都不容置疑地将故事发生的时代语境指向动荡不安的19 世纪末。而"19 世纪末 20 世纪初，法国社会生产力获得巨大发展，资产阶级政治稳固并逐步制度化。与此同时，社会发生了深刻变革，尤其在教育领域进行了广泛的改革，大大巩固了共和政治的思想基础，特别是在妇女问题上发生了根本性的变革，妇女地位有了相应的提高"②。正因如此，小说《血室》的女主人公在巴黎的音乐学院接受教育的文本"事实"在这一语境下才显得合情合理、真实可信。此外，透过叙事者似乎不经意的眼光，读者也看到了摆在丈夫书桌上

① 雅克·杜加斯特：《19 世纪和 20 世纪之交的欧洲文化生活》，黄艳红译，139 页，北京，中国人民大学出版社，2007。

② 谭立德：《特立独行的女作家》，见《柯莱特精选集》，2 页，北京，燕山出版社，2005。

的小说《在那儿》。尽管刻意抹去具体时间的作者并未透露更多信息，但纵览法国文学史，读者会发现这是一本真实存在的书。它出版于 1891 年，是法国象征主义作家于斯曼之作。这本书和其余出现在侯爵书房中暗示性极强的书籍构成了一个历时与共时交织的系统，并较为明晰地定位了故事发生的时间坐标，让读者感受到一种真实感与历史的厚重感。

二、摒弃线性叙述

阿克赛尔·奥尔里克认为："现代文学——我是在最广泛的意义上使用这一概念——热衷于情节之间各种线索的纠缠。相反，民间叙事文学则牢牢保持它的独立线索。民间叙事文学总是单线索的，它从不回头去增添遗失的细节。假若需要以前的背景资料，它将以对话的形式表现出来。"[1] 作为民间叙事文学一个分支的民间童话在叙事安排上也具有上述特点。我国著名奇幻作家彭懿曾归纳出《格林童话》[2] 的叙事特征之一就是单线索叙述。他认为："《格林童话》总是单线索地叙述故事，不会插叙，更不会使用在现代文学中常见的倒叙的手法。"[3] 在此，彭懿强调的其实就是童话的线性叙述模式。

在《血室》中，表面上看，卡特营造了一个类似民间童话的说故事氛围。因为在第一人称主人公回顾性叙述中，"我"用了诸如"你知道……""你要记得……"之类的措辞，似乎是"我"面对文内读者讲述一个个人的私密的生命故事。有时还有问有答，似乎是"我"和另一个自我在做心灵对话。尽管卡特在《血室》中吸纳了民间故事叙述的口头性特征，主要目的还是为了拉近叙述者与读者之间的距离，建构起仿真感。但此类聚焦人物心理活动，运用意识流、

① 阿克赛尔·奥尔里克：《民间故事的叙事规则》，见阿兰·邓迪斯编：《世界民俗学》，陈建宏、彭海斌译，193 页，上海，上海文艺出版社，1990。
② 尽管《格林童话》是文人搜集、适当修改并汇编结集而成的民间童话集，但研究者通常将其视为接近口传文学的范本来研究。而且后世的许多艺术童话的作者在创作时也往往将其作为参照系。
③ 彭懿：《格林童话的叙事特征》，载《中国儿童文学》，53 页，2009 年，秋季号。

闪回、预叙等现代小说创作手法的叙述模式已全然偏离了民间童话叙述模式。

故事采用第一人称无名女主人公回顾性叙述。在话语层面，由于故事时间被重新安排过，读者不知不觉被叙述者的思绪牵引，得以随叙事者"我"穿梭于不同的时空。这种叙述手法在时序的安排上完全打破了童话的线性叙述。

著名学者申丹认为，"一些以回忆往事作为情节基本结构的小说大致上都以一个引子开始回顾叙述。除了叙述者（通常是第一人称叙述者）在开篇时予以明确的追述，故事时间往往是以过去某个点作为起点，并由此开始进入顺序叙述"①。比照上述看法，《血室》的开端不仅偏离了传统童话的程式化叙述模式，更异于上述创作常规。卡特仅用简短有力的"我记得……"就开启了女主人公记忆的闸门，把读者带入"我"意识流动的不同时空之中。叙述中的"那一夜"是"我"回忆往事的起点，然而作为新娘的"我"心绪纷乱、思绪万千。在"我"的意识屏幕上演绎了一幕幕记忆与想象聚合成的情境与画面。

电影出现后，许多作家自觉地在小说中越界使用诸如蒙太奇、闪回（对应的是叙事学中的倒叙）或闪前（对应的是叙事学中的预叙）的手法。酷爱电影，熟悉影视、广播剧创作技法的卡特也常在小说中娴熟运用错时的表现手法。从叙事学的角度看，"在叙述过程中，一个约定俗成的惯例是：如果事件还没有发生，叙述者就预先叙述事件及其发生过程，则构成'预叙'（prolepsis，即传统小说批评和电影理论形容的'flashforward'［闪前］）；时间事件早于叙述时间，叙述从'现在'开始回忆过去，则为'倒叙'（analepsis）"②。而"倒叙"就是"闪回"。对此，洛奇这样解释："如果转换时序，让叙述视点在时间上回溯一段时间，则很可能改变人们对这一事件的解释。这在电影界是一种为人熟知的技巧，即'闪回'（倒叙）。"③卡特在故事的第一部分多处运用了闪回的手法，先是让"我"在追忆往事的基调上回忆自己和母亲关于婚姻和爱情的对话片断。在叙述中，不仅时光倒流，叙述空间也从前往布列塔尼的火车跳至位于巴黎的狭

---

① 申丹，王丽亚：《西方叙事学：经典与后经典》，116 页，北京，北京大学出版社，2010。

② 同上，116 页。

③ 戴维·洛奇：《小说的艺术》，王峻岩等译，85 页，北京，作家出版社，1997。

小公寓——那是承载女孩快乐童年、少年时代记忆的狭小而温暖的空间。而后，随着意识的流动，"我"不由自主地将自己和母亲的结婚动机作了比较，暗示"我"对未婚夫并没有真爱，结婚最主要的动机是为了脱贫。继而思绪继续指向军人父亲的早逝及带给母女俩的精神创伤。很快，"我"的思绪又回到叙述原点，指向对神秘可疑的新婚丈夫的描摹。还引出了对其逝去的三位妻子的勾勒。就这样，"我"跳跃式的意识流动看似杂乱无序，却为读者勾画出"我"的丈夫，一位曾拥有三位妻子的神秘而可疑的男子形象；也交代了和侯爵交往到求婚、结婚的一些细节以及"我"的矛盾心理。

在《血室》中，预叙手法的使用不仅制造了悬念，也成为引导读者走出叙述迷宫的彩色线团。戴维·洛奇指出："所谓前叙即提前叙述未来事件，古典修辞学家称之为'prolepsis'（预叙）。这是因为这样做就等于暗示存在着一个叙述者，他明了整个故事内容……"[1] 那么，使用预叙所达成的时间转换功能何在？洛奇写道："通过时间转换，叙述者可以不按事件发生的实际顺序讲述人生故事，而是留下一些空白，让我们自己领悟事件之间的因果关系和讽刺意义。"[2] 在《叙事话语》一书中，热奈特曾指出："提前，或时间上的预叙，至少在西方叙述传统中显然要比相反的方法少见得多。"[3] 而从写作伊始就热衷于形式实验，一心要摆脱影响焦虑的卡特自然不会放过这一手法的使用。在《血室》中，意欲揭开丈夫真实自我的女主人公决定前往禁室探秘前有一段叙述："我决定前去一探，接着感觉自己对他那蜡像般静止神态所感到的难以定义的畏惧又再度微微浮现。也许当时我半是想象地忖到，或许在他的小窝里我会找到他真正的自己，等着看我是否听他的话；或许他送去纽约的只是一具会动的躯体，是那具呈现在公众面前的神秘内敛外壳，而那个我曾在性高潮的风暴中瞥见其真面目的真人，则在西塔下的书房忙着紧迫的私事。然而若真是如此，那我更必须找到他、认识他，同时我也太受他对我表现出来的欣赏所蒙蔽，根本没有去想我

---

① 戴维·洛奇：《小说的艺术》，王峻岩等译，85 页，北京，作家出版社，1997。

② 同上，85 页。

③ 热奈特：《叙事话语新叙事话语》，王文融译，38 页，北京，中国社会科学出版社，1990。

不听话可能真的会触怒他"。显然，上述引文的加点字部分便是与女主人公命运
走向相关的预叙。此前，虽然暗示、伏笔时隐时现，但隐晦的叙述如侯爵的真
实自我一样让人捉摸不透。由于作者所采用的是第一人称兼主人公的叙述手法，
在锻造出真实感的同时，读者很容易在情感上与"我"产生认同，因此阅读时
往往会站在主人公的立场思考、判断。而直到此时，预叙的插入及时告知文内
外读者主人公尚未获知的信息。如此一来，此前和"我"一样对侯爵人性满腹
狐疑的读者得到了可靠的信息："我"的探秘之举确实会触怒丈夫，而他显然有
不可告人的秘密。也许，他就是蓝胡子。在此，预叙的使用实现了多重功效：
不仅促使读者加深了对侯爵的了解，而且强化了受众对"我"的同情及担忧。
在加快叙事节奏的同时，不断打破读者的期待视野，牢牢地抓住了读者的阅读
兴趣。

　　如此繁复的时序安排及密度极强的心理描写仿佛一个个电影镜头，非但背离
了童话的简单叙述逻辑，也与 19 世纪现实主义小说的叙述手法迥然相异。而电
影手法的越界使用更是现代感十足。卡特不仅考虑到了 19 世纪末 20 世纪初动荡
不安的社会、经济、文化氛围，也考虑到了采用与时代精神、小说创作手法相吻
合的叙述模式，实现了形式与内容高度统一的艺术效果。

三、置换叙述主体

　　在民间童话与一些现当代艺术童话中，说书人或作家往往采用传统的全知叙
述模式结构故事。"其特点是没有固定的观察位置，'上帝'般的全知全能的叙
述者可从任何角度、任何时空来叙述；既可高高在上地鸟瞰概貌，也可看到在其
他地方同时发生的一切；对人物的过去、现在和未来均了如指掌，也可任意透视
人物内心"[①]。因此，叙述主体往往是超然的、仿若神灵一般的全知叙述者。在
经典童话叙事中，以灰姑娘、睡美人为代表的完美女主人公不仅无法掌控自我的

---

　　① 申丹：《叙述学与小说文体学研究（第三版）》，219 页，北京，北京大学出版社，
2004。

命运，她们的故事也被动地由他人代为叙述。

然而，在《血室》中，卡特挑战了童话的叙事传统。她让貌似童话女主人公的"我"在多年以后讲述自己17岁时的生命故事。这一叙述主体的变动不仅使《血室》与童话划清了界限，而且将被言说的边缘人物推至故事的中心，使之获取言说自我与他人历史的权利。而这样的叙事安排也契合作家本人的创作意图。在一次访谈中，卡特曾呼吁："女性自己来书写小说至关重要；这是语言去殖民化缓慢进程中的关键一环。"① 叙述主体的置换不仅使叙述层次更为丰富还造就了更加复杂的人性，从而有力地颠覆了童话叙事中的程式化、一元化的人物性格。谭君强指出："在第一人称叙述中，第一人称'我'既涉及进行故事讲述的叙述者，即叙述自我，同时也涉及作为故事中人物的自我，即经验自我。就聚焦而言，第一人称既可以作为叙述自我事后所认识与理解的讲述出来，也可以通过经验自我在经历中的更为有限的眼光叙述出来。"② 在故事中，女主人公在事隔多年之后对他人讲述自己少女时代的历险故事。因此，现在和过去的两种眼光，对于同一事件、同一人和物的两种认知和伦理判断交织出现于全文。比如，当处女新娘——"我"和丈夫刚下火车抵达城堡所在地时，有一段叙述："丈夫扶我走下火车的高高阶梯，我一下车便闻到海洋那胞衣的咸味。时值十一月，饱受大西洋风侵袭的树木一片光秃，火车停靠的此地偏僻无人，只有一身皮衣的司机乖乖等在一辆晶亮黑色汽车旁。天气很冷，我将身上的毛皮大衣拉得更紧，这黑白宽条相间的大衣是白鼬加黑貂，我的头在衣领衬托下仿佛野花的花萼。（我发誓，认识他之前我从不虚荣。）钟声哞哞响起，蓄势待发的火车奔驰而去，留下我们在这偏僻无人、只有我和他下车的临时停靠处。噢，多令人惊异啊：那强有力的蒸汽钢铁竟只为了他的方便而暂停。全法国最富有的人"（21～22）。上述引文中，括号之外的"我"是被追忆往事中的"我"，括号中的话则是叙述自我对经验自我的反省及批评。不同层次、不同时空的"我"使读者体验到叙述

---

① Olga Kenyon. *Writing Women：Contemporary Women Novelist*. London：Plato Press，1991. p. 14.

② 谭君强：《叙事学导论：以经典叙事学到后经典叙事学》，94页，北京，高等教育出版社，2008。

自我与往事的时间距离，从而凸显出现在的"我"的价值观较之往昔已然改变。通过括号中的话语，叙述自我点出了自己在认识侯爵前虽家境贫寒，心灵却未被财富玷污，也为后文"我"财富观的复归埋下伏笔，做好铺垫。此话看似闲笔，却暗示了人性在不同境遇下的多变性。

由于"我"年少时认知的局限性，导致处于现在的"叙述自我"和过去的"经验自我"的认知差异，也彰显了"我"在死里逃生之后从幼稚走向成熟的蜕变过程与积极反省自我的人生态度。在故事的结尾，叙述者用平静的口吻向读者交代了"我"在丈夫死后处理财富的方式："我当然继承了巨额财富，但我们将大部分都捐给了各式慈善机构。"（77）接着，叙述者告诉读者她还创办了两所学校：城堡改造的盲童学校和巴黎郊外的小规模音乐学校。将财富用于办学源于"我"——一位出身贫寒的女学生求知过程中的切肤之痛。学校是传播知识、教化灵魂、完善自我的机构。"我"的善举不仅能使众多的底层人民摆脱蒙昧，而且质疑了西方宗教阻止女性及其他社会边缘人获取知识的险恶用心。借用"我"和调音师的一段对话，卡特将批判的矛头直指宗教与神话，揭露了将知识视为禁果，将人类的堕落归罪于夏娃、潘多拉之好奇心的虚构性。

与故事开端时那个爱慕虚荣、迷醉财富的"我"相比，直面死亡而又获得重生的"我"显然拥有了正确的人生观和价值观。而第一人称主人公叙述也拉近了叙述者与读者的距离，使得"我"的叙述、"我"的蜕变符合现实的逻辑。

以世俗的眼光来看，故事开端时的"我"并不完美。然而，正因为"我"的不完美、"我"的年幼无知，才有了变化的可能性与叙事的动力。事实上，卡特根本无意于创造完美女性。在与《血室》几乎同期创作和出版的文化评论《萨德笔下的女性》一书中，她写道："童话中塑造的完美女性的教训就是：在被动中生存也就是在被动中死亡——即被杀害。"[①]虽然卡特笔下的女主人公一开始柔顺、消极，但随着叙述的步步推进，她在一场场危机中逐渐获取了勇气和

---

① Angela Carter. *The Sadeian Women：An Exercise in Cutural History*. London：Vinago Press，2000.

力量，一步步走向成熟。在故事临近尾声时，即便面对死亡，她也大彻大悟，能做到从容面对，甚至还能说出具有黑色幽默的调侃之语："长在上马石缝隙中的一点青苔，将是我临终看到的最后景物。"（75）与童话中顺从、被动、性格单一的女主人公不同，卡特笔下的"我"还有积极主动的一面：主动选择配偶，主动挑战社会禁忌，主动反思过错、拯救自我。因此，在言说自我与他人的过程中，在主动求变、思变的过程中，社会、历史、强权为她设定的必死命运也改变了。

由此，通过置换叙述主体，卡特不仅将话语权移交给长期处于边缘的女性，还刻画了一个血肉丰满、真实可信的三维立体人物，有力地戳穿了童话中完美女性和西方男性想象中永恒人性的神话。在某种程度上，作者在这个人物身上寄寓了她对实现两性和谐关系的憧憬，也以性格多元化的女主人公形象巧妙地颠覆了法国作家萨德笔下的拥有不可变化人性的朱斯蒂娜和朱丽亚特的形象。从而，她也用自己的作品表明了对 20 世纪 70 年代女性主义童话改写的看法：简单地翻转传统童话中的男女刻板形象无异于是与父权制共谋的另一种极端形式。卡特成功地以小说为载体，印证了自己的观点：人性并非恒久不变。

以主流的眼光来看，《血室》的体裁混杂、行文隐晦、内涵丰富，因而在西方学界往往引发水火不相容的争议。笔者认为，从叙事学的角度解读文本有益于消弭误读，正确把握卡特的形式革新和题旨。通过在故事中引入时代维度，卡特打破了传统童话的反时间性叙述，因为信奉历史唯物主义的卡特无意创造新童话。在 1987 年的一次访谈中，她曾说："……我的意思是你不是社会主义者是因为你认为世界将像此刻一样无穷无尽地重现。"（Appignanesi，1987）① 作为一位坚定的无神论者、社会主义者，她并不相信世间万物的永恒性。在《血室》中，尽管卡特挪用了传统童话的蓝胡子母题，但她含蓄地运用文化符码暗示时代语境，从而有力解构了传统童话的永恒性。而正是基于这一理念，卡特在《血室》中借用电影叙事手法大胆调度时序，以叙述者的心理时间结构文本。与以往的蓝

---

① 上述引用的访谈以录像形式出版，因此无页码。

胡子童话相比，叙述主体的置换同样也凸显了卡特的观点：通过自身的努力，人性和人的命运皆可改变。据此，笔者认为《血室》是卡特式的反童话叙事，而不是学界普遍认定的童话叙事。

（唐　炯）

经典的重构①

——论《马戏团之夜》的互文性手法

著名英国女作家安吉拉·卡特在其创作成熟期所作的《马戏团之夜》中运用的互文性写作策略，彰显了她对传统文类范式、经典文学文本的利用和颠覆，再现了在官方文献中被抹去的历史。在经典的重构中，折射出她对于历史、社会、女性问题的深度问思。

在英国女作家安吉拉·卡特（1940—1992）最受读者和评论界欢迎的小说《马戏团之夜》（1984）中，随处可见她对叶芝、狄更斯、左拉和莎士比亚等许多作家的诗歌、小说等各种体裁作品的互文性引用。② 作为重构经典，建构独特艺术世界，表达丰富思想内涵的互文性手法是卡特刻画人物、展现主题的重要手段。在叙述中她娴熟引用、改写甚至颠覆了大量前人经典文本中的情节、语言和典故，这一叙述技巧构成了《马戏团之夜》中典型的互文性叙述。

互文性（intertextuality）也译作"文本间性"，出现于 20 世纪 60 年代，随即成为后现代、后结构批评的标志性术语。③ 克里斯蒂娜·布雷思来克斯曾提到

---

① 福建省社科项目《二十世纪英国妇女小说家思想和艺术关系研究》（项目编号：2007B086）的阶段性成果之一。

② Gina Wisker. *Angela Carter*：*A Beginner's Guide.* London：Hodder & Stoughton，2003. p. 9.

③ 参见陈永国：《互文性》，载《外国文学》，75 页，2003（1）。

卡特作品里充斥着"贪心且常令人头昏目眩的互文"①。就笔者目前掌握的资料来看，自1992年卡特辞世之后，国外评论家对她兴趣倍增，从多重角度解读卡特的作品，成果斐然。对卡特研究尚处起步阶段的国内评论界则普遍将目光聚焦于其对民间体裁的改写。遗憾的是，鲜有人集中笔力从互文性的角度出发，探讨全面反映其哲学思想的长篇小说《马戏团之夜》对经典的重构。笔者旨在通过对安吉拉·卡特的代表作《马戏团之夜》互文性手法的分析，揭示其对历史、社会、女性问题的深层思考。

一、与历史的互文

"互文性"这一概念首先由法国批评家、符号学家朱丽娅·克里斯蒂娃（Julia Kristeva）提出："任何作品的文本都像许多行文的镶嵌品那样构成，任何文本都是其他文本的吸收和转化。"② 强调任何一个文本都不是完全独立的，其意义是在与其他文本交互参照、交互指涉的过程中产生的。因此，任何文本都是一种互文，在一个文本中，不同程度地以各种形式存在着其他文本的影子。美国著名批论家哈罗德·布卢姆（Harold Bloom）则指出："不存在文本，只有文本之间的关系。"③ 由此可见，互文性研究还强调将单个文本放在广阔的文化背景中加以审视。

卡特不赞成文学仅仅是文学，与真实的现实和历史无关的观点。④ 她将《马戏团之夜》的开篇时间设定在1899年，这是一个特殊的历史语境。1899年，作为历史链接中的一环，无疑是至关重要的。它预示着旧世纪即将退出历史舞台，承载着世人美好愿望的新世纪就要来临。具有划时代意义的1899年将过去、现

---

① Christina Britzolakis. "Angela Carter's Fetishism." in Joseph Bristow & Tre Lynn Broughton ed.. *The Infernal Desires of Angela Carter*: *Fiction*, *Femininity*, *Feminism*. Harlow: Addison Wesley Longman, 1997. p. 50.

② Julia Kristeva. "World, Dialogue and Novel." The Kristeva Reader edited by Toril Moi. Oxford: Basil Blackwell, 1986. p. 37.

③ Harold Bloom. *A Map of Misreading*. New York: Oxford University Press, 1975. p. 3.

④ 翟世镜:《当代英国小说》，437页，北京，外语教学与研究出版社，1997。

在和未来连接在一起。卡特曾说："我选择1899年是因为从那时起到本世纪末大约一百年，而且她（菲菲）是新女性。"[①] 从某种意义来说，这一年也负载了卡特对过去、现在和未来的思索。

而1899年前后，在官方记载的大历史里，既是一度在政治、经济上极度繁荣的维多利亚晚期，也是第一波女权运动风起云涌的时期。小说中的女主人公菲菲和养母莉琪直接或间接地见证和参与了历史的变革。在1899年10月的某一天，菲菲在接受美国战地记者华尔斯的采访时，回顾了即将湮没在历史中的往事：有她的、养母的，还有许多深受资本主义社会国家机器压迫的小人物的历史。而众多的历史人物也走入卡特的小说世界，比如英国划时代的女权主义者——玛丽·沃通克拉夫特。1792年她在《女权辩护》一书中提出，妇女应当在教育、就业和政治方面享有与男子同等的待遇，驳斥了女人是男人玩物的观点，其自由主义的思想成为日后女性主义批评的思想渊源之一。她的丈夫葛德温则是一位无政府主义者。夫妻俩经常就不同观点进行公开辩论。在卡特勾勒出的虚幻的小说世界中，菲菲那能言善辩的养母莉琪当年曾在白教堂区参加夫妻俩开设的辩论社。虽然莉琪出身低下，曾是卖笑的妓女，却有着崇高的精神境界。她关心各类政治问题，对社会变革有深刻而独到的见解。如果说菲菲是新女性，那么哺育教化她成长的养母则是她的精神导师。当菲菲一味沉浸在对未来的美好憧憬中时，莉琪提醒她事情远比想象的更加复杂。正是在养母的正确引导下，菲菲选择了被边缘化女性聚集的演艺事业，尽管难逃父权制社会无所不在的权力运作之网，但相对于同时代的大多数只能依附男性生活的妇女，她能够在某种程度上得到经济上的独立和精神上的自由。菲菲也和养母一样，关心政治，尤其关心女性权利，并乐于向他人伸出援助之手。在俄国时，她还冒着生命危险将发生在那里的抗争消息传递给远在伦敦的流亡同志。

卡特将官方记载的大历史和出身底层的菲菲们的小历史融合在一起，促使人们反思历史的文本，对官方编撰的历史质疑。正如菲菲所说："把他（华尔斯）

---

① Olga Kenyon. *Writing Women：Contemporary Woman Novelists.* London：Pluto Press，1991．p. 26.

想成一个记录员，我们还有好多人的故事没有告诉他，如果他没把这些女人的故事记下来，她们将默默无闻，遭人遗忘，从历史中抹去，仿佛从未存在过。"①菲菲，这位新时代的女权主义者，清醒地认识到，历史也是人为的建构，还有很多阐释的空间。而重写历史，让历史中被边缘化的底层小人物重新获得身份的合法性，将推动历史的进程。

二、变形的睡美人

继克里斯蒂娃之后，罗兰·巴尔特、热奈特、哈罗德·布鲁姆等人又诠释、发展了互文性理论。法国文论家热奈特在《羊皮纸》一文中，以羊皮纸为喻，阐述了文学文本之间的互文关系。他把前人的文本看做是"先文本"或"文本A"，而后来的文本则被看做"超文本"或"文本 B"。他认为，"先文本"是"超文本"的"源文本"，"超文本"衍生于"先文本"，如同一张二次书写的羊皮纸，读者从中可以看见写作的不同层面，看见文学作品改写的痕迹：摹写、戏仿、篡改、抄袭等。"有各种各样的改写方式，但却涉及几乎所有的文学样式"②，卡特并不介意创造性的借用，她在接受约翰·海分顿的访谈时曾说："我总是使用大量的引用，因为我通常把西欧的一切视为巨大的废品场，在那儿，你能够汇集各种各样的新素材——拼贴……"③ 确实如此，她时常在创作中借用民间故事、神话，经典文学文本中的人物、情节、结构等加以改造，为己所用。

卡特小说中涉及的童话人物、情节结构往往来源于 17 世纪法国社会学家佩罗所编的童话集。而卡特对于先文本并非是简单的颠覆和改写。正如她的好友，英国文坛著名的魔幻现实主义作家拉什迪所言："她选取我们共知的人事，把它们粉碎后再用自己尖刻而又文雅的方式捏合在一起。她的世界既新鲜又陈旧，就

---

① 安吉拉·卡特：《马戏团之夜》，杨雅婷译，520 页，台北，行人出版社，2007。

② Allen Graham. *Intertextuality*. London：Routledge，2000. p. 108.

③ John Haffenden. *Novelists in Interview*. London and New York：Methuen，1985. p. 92.

像我们自己一样。"①

在《马戏团之夜》这部堪称是安吉拉·卡特代表作的小说中，女主人公菲菲——马戏团的空中飞人接受采访时，滔滔不绝地叙述了自己不凡的成长经历，她曾与其他几位来自社会底层的女性共事于怪物博物馆，异化为父权社会中变态的上流社会权贵"凝视"的物件。值得一提的是一位被称作"睡美人"的不幸姑娘。在佩罗版的《睡美人》中，美丽的公主在沉睡一百年后，因勇敢英俊的王子深情一吻之后得以苏醒并与之幸福地结合了。在卡特看来，经典的童话往往有时代的烙印、人为的运作。而她热衷的工作就是"去神话"，她说："我认为所有的神话都是人类的产品且只反映物质人文的实践。我一直致力于去神话工作。"② 在她本人翻译的《夏尔·佩罗童话集》（英译本，1977）"前言"中有这样一句话："每一个时代都根据这一时代的趣味创作和改写童话。"③ 此话不仅揭示了她对童话这一体裁的理解，还一语道破了她重述经典童话的缘由，即她要用旧瓶装新酒，将身处 20 世纪的自己对女性经验的思考注入其中。她认为女性经验的普遍性理念和人类经验一样，都是大胆的骗局。④ 卡特版的睡美人借用了经典童话中主人公的名字和沉睡的特征，但是却有着对未来，对即将到来的 20 世纪的期盼和梦想。这位乡村牧师的女儿在 14 岁的某个清晨，也正好是她初经来潮的第一天便开始沉睡："她有如一株夜来香般，总是在黄昏醒来；她吃点儿东西，用过便盆，然后她又睡着了。"⑤ 沉睡时，她拥有喜怒哀乐，并未失去意识，但醒来却默默无语。她象征着在资本主义和父权制双重压迫下失语的女性。睡美人还常常在梦中哭泣，而菲菲认为她所梦到的是即将降临的新世纪。佩罗版和卡特版的睡美人都是消极等待的懦弱女子，一位宿命地等待王子的拯救；另一位虽然怀有对未来的憧憬，却没有迎接未来的勇气和行动，只是一味地沉醉于梦中，

① Rushdie Salman. "Introduction to Burning Your Boats." *in Angela Carter. The Collected Short Stories* London：Chatto & Windus, 1995. p. xiv.

② Angela Carter. "Notes from the Front Line." in Lindsey Tucker ed.. *Critical Essays on Angela Carter*, New York：G. K. Hall & Co., 1998. p. 25.

③ 张中载：《经典的重述》，载《中国外语》，99～102 页，2008（1）。

④ Gamble Sarah. *The Fiction of Angela Carter.* London：Icon Books Ltd. 2001. p. 123.

⑤ 安吉拉·卡特：《马戏团之夜》，杨雅婷译，520 页，台北，行人出版社，2007。

逃避现实，被动地等待着新世纪的到来。卡特笔下睡美人的拯救者不是王子而是同样受到父权制和资本主义制度压迫的新女性菲菲，正因为不甘心处于男权社会强加给她的客体地位，菲菲才勇于与邪恶的史瑞克夫人斗智，最终才得以和姐妹们摆脱被人凝视、被人玩赏的悲惨命运。正如法国女权主义批评家露丝·伊瑞格瑞所言：在这个社会秩序下，女性无任何主体性，只是纯粹的客体，这样才能保障男性主体地位的稳定。但是，如果女性不安于这种被想象、被思索的纯客体地位，努力成为主动想象和思索的人，那么男性主体地位就会被破坏，女性的颠覆力量就在于此。[①] 菲菲的名字是苏菲，象征着智慧。而她也确实机智过人，在面对计划把她当作祭品的罗森克鲁兹先生时，她不停观察周围环境，思考脱身的办法，并解开了一道难题。在这场殊死较量中，正是由于菲菲主动地思考应对策略，才得以逃脱死神的魔爪，破坏了罗森克鲁兹先生的主体地位，也粉碎了他妄想和菲菲结合后长生不老的美梦。菲菲有着不同寻常的双翼，更有着不依附男性的独立精神，她的独立、自强与逃避现实的睡美人形成鲜明的对照。从卡特对睡美人故事的改写中，我们可以看到卡特对女性消极避世行为的质疑，从而反衬了以菲菲为代表新女性形象，折射出卡特鲜明的女性主义立场。

三、迷娘的新生

如同古希腊神话中的人间巧手绣娘——阿拉克尼（后来成为蜘蛛神）一样，卡特也用生花妙笔将自己对当时女性问题论争的回应巧妙地织入了小说世界。始终关注两性生存状态的她不仅引领读者参与文本创作，而且为女性乃至人类的未来指明了方向。

博览群书的卡特大胆借用了歌德的名著《威廉·迈斯特的求学生涯》中的迷娘形象。歌德笔下的迷娘身世离奇，擅长歌舞，被好心的男主人公威廉·迈斯特救下。迷娘后来爱上了威廉，可是威廉却另有心上人。无望的爱最后扼杀了纯真的迷娘。

---

　　① 朱立元：《当代西方文艺理论》，354 页，上海，华东师范大学出版社，2006。

在卡特的笔下，迷娘的形象发生了变形。由于母亲和附近兵营的士兵们有染而被父亲杀死，而父亲也溺水身亡，迷娘和妹妹成为孤儿。她是男人嫉妒的受害者，亲生父亲嫉妒的受害者，正是这种嫉妒使她沦为弃儿。她成为父权制和男性对女性占有欲的受害者。她是孤独的，直到嫁给巡回马戏团的驯兽员。可是，她并没有得到爱，而是沦为男人泻欲的工具。万幸的是，两位迷娘都遇见了见义勇为的男主人公。不同的是，卡特版的迷娘被华尔斯从马戏团的猛虎口中解救出来后又得到了女主人公菲菲的帮助，并得以自食其力，以优美的歌喉赢得了观众，赢得了来自加勒比海地区的驯虎"公主"的同性之爱。她不仅取得了经济上的独立，在舞台上光芒四射，而且还彻底远离了家庭暴力，赢得了双份的爱。而歌德笔下的迷娘虽然被心地善良的威廉救起，但并没有得到爱情，狂热的单相思最终摧毁了同为孤儿的她。卡特版的迷娘虽历尽苦难，却幸运地在姐妹们的帮助下找到了自己的声音，唱出美妙的歌。她的脱胎换骨，她的无畏世俗的同性之爱和她前夫的外强中干、懦弱无能形成鲜明的对照。迷娘和"公主"离经叛道的同性之爱正是对世俗异性爱的颠覆，是对前文本迷娘将自我禁锢与无望异性恋的反拨，更是卡特对女性经验多样性的表征。露丝·伊瑞格瑞认为，女同性恋是结束男权文化的象征秩序的手段。在父权文化中，女性被当作物，当作男人之间可以交换的商品，无论在语言领域还是在社会生活中，女性只能是物和客体，而同性恋则是一种颠覆这种社会文化秩序的方式。[①] 对照歌德的作品，我们看到卡特超文本的创造性增值，体悟到在父权制社会中，唯有得到姐妹们的帮助，唯有自救，才能摆脱物化的宿命，得到尊重与他人的爱。卡特通过对前文本进行修正与重构，与读者探讨自己对同性之爱的思考，正是她对当时女性论争的及时回应，同时也再现了被遮蔽的事实：让历经苦难、一度沦为男人的性工具、长期处于失语状态的迷娘在历史的舞台上找回自己的位置——展露歌喉，获得新生。

---

① 张岩冰：《女权主义文论》，167 页，济南，山东教育出版社，1998。

四、现代"天鹅"

古希腊罗马神话中丽达和天鹅（宙斯所变）结合之后产下了两颗蛋：一颗蛋孵出了她和国王的孩子 Castor 和 Clytemnestra，另一颗蛋孵出了她和宙斯的孩子波尔克斯（Pollus）和海伦（Helen）——《荷马史诗》中引发著名的特洛伊战争的绝代佳人。这则神话象征着神的灵魂和凡人肉体的结合导致的灾难性后果。

在《马戏团之夜》中，卡特对这个经典神话进行了大胆的重构，为读者塑造了一位跨世纪（即将进入 20 世纪）的新女性，拥有双翼的菲菲代表着即将登场的世纪之子。

菲菲——高空钢丝上的海伦，在采访中向记者一再强调："我是孵出的……"① 作为幻化成天鹅的宙斯的后代，她拥有一对翅膀。这意味着，在卡特构筑的现实与虚幻交织的世界里，菲菲兼有人和神的特点。她是个矛盾的结合体，社会身份是流动的：是真实的也是虚幻的，是天使也是怪物，是高雅的也是粗俗的。她不同于以往男作家笔下具有刻板印象的传统女性。在采访中，她滔滔不绝，用语言构筑自我，始终采取主动，让采访她的华尔斯成为被凝视的对象，牢牢掌控了言说自我的话语权。而神话中的海伦只是男权社会中男性挑起战争的一个借口、一颗棋子，在父权话语世界的边缘地带，处于失语状态。卡特版的海伦——菲菲不愧是新时代的新女性，她用智慧和天赋获得了经济上的独立，自食其力，从不依附男性。

菲菲在大红大紫时引发的轰动效应并不亚于倾国倾城的海伦："这位海伦启动了数以千计的俏皮话。"② 还引发了消费时代的明星效应：无数的产品以她的名字命名。在欧洲巡回演出时，她更是令人神魂颠倒："在维也纳，她令一整代人的梦境扭曲变形，让他们心甘情愿地接受精神分析。无论她走到哪儿，河流为

---

① 安吉拉·卡特：《马戏团之夜》，杨雅婷译，1 页，台北，行人出版社，2007。

② 同上，13 页。

她从中分开，战争为她掀起，日月无光，报纸报道了天降青蛙和鞋子；还有，葡萄牙国王给了她一条用蛋形珍珠串成的跳绳，被她存进了银行。"① 身处工业时代，浸淫于消费文化中的菲菲有着精明的理财策略。她并非男性霸权话语所塑造的不食人间烟火的"天使"，她也有凡人的"拜金"本性。卡特认为，希望美德有报属于感情用事，并不合乎道德，且不足以抵抗压迫。② 温柔屈从，依附男人，缄默无语，失去主体性本是父权社会为女性量身定做的气质。菲菲虽身处旧时代，思想却超越时代。她时而粗俗，时而优雅；她渴望得到金钱，但并未迷失自己。这位具有超越时代精神的新女性在父权社会中仍然是权贵眼中的玩物，舞台上和媒体中被神化和虚构了的她煽动了男性的消费欲望。道貌岸然的俄国大公甚至想把她彻底物化，变成他收藏的玩具。然而，当菲菲积极思考出对策后，她和大公的主客体地位便发生了变化。

作为新女性的象征，菲菲还乐于助人——帮助迷娘找回自我，为华尔斯疗伤，投身革命。无视强权，思想不被传统束缚的她甚至发出了惊世骇俗之言："一个女人的名誉究竟在于何处，老兄？是在她的阴道呢，还是在她的精神里？"③ 正如 Gina Wisker 所说："菲菲，拥有双翼的奇迹，展现了新女性逃离角色束缚。"④ 菲菲对未来满是憧憬，她说："一旦旧世界开始转动轮轴，让新黎明得以露出曙光，然后，啊，然后，所有的女人都将拥有翅膀，跟我一样"⑤。菲菲对女性解放前景是乐观的，尽管曾在父权社会的压迫下身心俱损，但在她的内心深处，仍然充满着对女性解放乌托邦的憧憬。处于新旧时代临界点的菲菲是新世纪的希望，是新世纪自由、独立女性的化身。

安吉拉·卡特在其代表作《马戏团之夜》中引经据典，娴熟地运用互文性手法，主要表现为小说与历史、经典童话、经典文学文本，以及与古希腊罗马神

---

① 安吉拉·卡特：《马戏团之夜》，杨雅婷译，18 页，台北，行人出版社，2007。

② Olga Kenyon. *Writing Women：Contemporary Woman Novelists.* London：Pluto Press, 1991. p. 12.

③ 安吉拉·卡特：《马戏团之夜》，杨雅婷译，424 页，台北，行人出版社，2007。

④ Gina Wisker. *Angela Carter：A Beginner's Guide.* London：Hodder & Stoughton, 2003. p. 51.

⑤ 安吉拉·卡特：《马戏团之夜》，杨雅婷译，521 页，台北，行人出版社，2007。

话的互文。在这个亦真亦幻的小说世界里，过去、现在和未来巧妙地融合在一起，对经典进行了解构和重构。在叙事中，她频繁运用互文性策略：以小说为文化载体，将崭新的现代思想融入经典，使读者在感受审美愉悦的同时，参与到和文本的对话中，对社会、对人生做出更深刻的思考，从而得到教益。而这与卡特的文学创作思想息息相关，她曾说："我的文学志向是18世纪启蒙主义的观点——写小说既是为了娱乐，在某种意义上，也是教育。"① 在《马戏团之夜》中，卡特借小说人物之口和读者共同探讨了很多热点问题，如新时代妇女的角色、女同性恋、虚构与真实以及历史重构问题等，她不但展示了女性生存状态的多样性，给读者留下了极大的思考空间，也融入自己对文学、历史和道德伦理问题的阐释。

（原文刊登于《福建师范大学学报（哲学社会科学版）》2010年第3期，第109~113页）

（唐　炯）

---

　　① 瞿世镜：《当代英国小说》，437页，北京，外语教学与研究出版社，1997。

安德里娅·利维

（Andrea Levy，1956—　）

【生平简介】

安德里娅·利维生于英国伦敦，其父母是1948年乘"帝国疾风号"来英国的第一代牙买加移民。她成长于伦敦北部的工人居住区，年少时鲜有机会浸沐书海。文法学校毕业后，利维就读于英国米德尔塞克斯大学工学院，主修纺织品设计。毕业后，她先后担任纺织品设计师、多家商店的采购助理、BBC 和英国皇家歌剧院成员。23 岁时，朋友馈赠给她女权主义作家玛利林·弗兰奇（Marilyn French）的《女洗手间》（*The Women's Room*，1977），它成为利维沐浴书海的契机，使她倾心于女权主义和黑人女性作家的作品。而立之年她才正式步入文坛，以边缘的声音冲击着主流话语。她善于以犀利俏皮的语言风格、以都市空间为背景，叩击移民后裔由种族问题引发的多维身份焦虑。

（以上内容选自 *Encyclopedia of British Writers*，*1800 to the Present*（*2nd*），New York：Facts on File. p. 297）

【主要作品】

《屋里灯火通明》（*Every Light in the House Burnin'*，1994）

《从未远离》（*Never Far from Nowhere*，1996）

《柠檬果》（*Fruit of the Lemon*，1999）

《小岛》（*Small Island*，2004）

《零钱》（*Loose Change*，2005）

《长歌》（*The Long Song*，2010）

【评论】

* 利维善于捕捉人物微妙和俏皮的对话，并达到一种出神入化的艺术效果——在融入种族、战争、殖民主义、移民和爱情等意蕴深厚的主题的同时，又赋予读者陡然释重的阅读体验。①

* 利维具有狄更斯编织对话与讲述故事的天赋。它们不仅体现了利维超然的幽默感，而且也构成了一个有力视角，彰显她对英国阶级制度扭曲下种族仇恨的观视，以及对自我为何跃居英国名人录的洞察……利维执笔著书，反抗邪恶与不公，这是她喜剧基调作品中的人道主义关怀。②

* 一位英国人具有诸如艾丽斯·沃克等美国作家般流浪汉式的女性叙事风格。她就是安德里娅·利维……凭借坚忍不拔的意志、感人肺腑的笔触、诙谐幽默的言语……她完美地融入她们的行列。③

* 利维以出众的话语编排，富有洞见地评论种族主义，并强调自我身份定位的重要性。④

---

① "Andrea Levy." ［Online］Available：http：//www. andrealevy. co. uk/reviews/index. php. （November 1, 2010）.

② Ibid.

③ Ibid.

④ Ibid.

管窥黑人移民生存困境和融合走向

—— 释读《小岛》的空间叙事艺术

当代英国女作家安德里娅·利维的《小岛》2004年获"惠特布莱德年度最佳小说奖"和"奥兰治文学奖"两项殊荣，但并未引起国内学者的重视。本文认为《小岛》是利维的一部力作，其空间叙事艺术独出机杼。她通过独具创新的四维延伸空间视角和彼此沉潜的空间意象，观视了黑人移民的轨辙，窥探了黑人移民的生存困境，表现了对融合走向的空间召唤。

在当代英国文学中，黑人移民文学正以遒劲之势丰富和发展英国小说多元化的特点。正如蒂姆·伍兹（Tim Woods）所言，20世纪七八十年代以降出现的黑人移民文学对英国文学传统和小说形式产生了极大影响。[①] 安德里娅·利维正是谱写黑人移民文学作家中的闪亮一员。作为20世纪牙买加裔的英国女作家，利维善于运用诙谐的语言、精当的笔锋和敏锐的观察，管窥黑人移民问题。《小岛》是利维的第四部力作，以其浓厚的解构主义文化思潮的色彩，打破了以牛顿时间为基准的线性叙事，以其父母的真实移民轨辙为蓝本，讲述了二战结束后一对牙买加夫妇——霍滕丝和吉尔伯特移民英国后被白人主流文化挤压和裹挟而成为边缘人的追求与失落、压力与困惑。虽然该书2004年获"惠特布莱德年度最佳小说奖"和"奥兰治文学奖"两项殊荣，但并未引起国内学者的关注，仅有赵光慧以《〈小岛〉：安德里娅·利维的牙买加情结》为题的作品介绍一篇。

---

① Tim Woods. *Postcolonial Fictions*. Cambridge：Cambridge University Press，2004. p. 740.

因此，本文力图对《小岛》这部作品进行空间叙事的探讨，从而寻绎其所影射的黑人移民生存困境。

空间叙事理论肇始于约瑟夫·弗兰克（Joseph Frank）的专著《现代小说中的空间形式》（*Spatial Form in Modern Literature*，1945）。理论上，马克思在交往实践唯物主义的哲学语境和《资本论》的经济学语境下探颐了资本主义条件下的空间生产；[①] 列斐伏尔以时间—空间—社会的"三元辩证法"探讨了社会形塑和空间的辩证关系；[②] 福柯以空间—知识—权力的三位一体从微观政治学视角指认空间展现的规训权力，[③] 大胆质问"何以时间倾向于处理为'丰富性、多产性、生命、辩证'，而空间则是相反，被普遍视为'死气沉沉、刻板僵化、非辩证、非运动'的东西"[④]；索雅则解构并重构了空间的物质维度和精神维度。[⑤] 实践上，乔伊斯和弗吉尼亚·伍尔夫的意识流小说将事件的时序进行了革命性的颠覆；在法国"新小说"中，时间的三维已凝固为持定的"现在"。建基于"空间转向"的影响，利维在《小岛》中展现了强烈的空间意识，通过独具创新的四维延伸空间视角和彼此沉潜的空间意象，表现了多元并存的空间召唤。

一、四维延伸的空间视角

《小岛》由四个不同叙述者，即一对牙买加黑人夫妇——霍滕丝和吉尔伯特和一对英国白人夫妇——奎妮和伯纳德分别以第一人称视角展开故事情节。在离散倒错的叙事时间里，时间的流动性不断凝缩甚至缺失，导致空间感的无处不在。

从黑人移民自身的视角出发，霍滕丝和吉尔伯特分别展现了不同的意识倾

---

① 孙江：《"空间生产"——以马克思到当代》，25～42页，北京，人民出版社，2008。
② 朱立元：《当代西方文艺理论》，489～492页，上海，华东师范大学出版社，2005。
③ 汪民安：《身体、空间与后现代性》，105页，南京，江苏人民出版社，2005。
④ 爱德华·索雅：《第三空间：去洛杉矶和其他真空和想象地方的旅程》，陆扬译，19页，上海，上海教育出版社，2005。
⑤ 朱立元：《当代西方文艺理论》，489～492页，上海，华东师范大学出版社，2005。

向。霍滕丝原就读于牙买加的金斯顿师范学院，校长、教师作为英国的白人，不断或明或暗地向牙买加学生灌输着西方宗主国的价值观念和文化体系。在潜移默化中，霍滕丝不加鉴别地模仿。在言谈举止上，她讲话用词老旧，走路腰杆直挺、步态沉稳，待人接物皆谨言慎行，举手投足都刻意保持在所谓高雅的范畴之内。即使在英国申请教职遭到无礼拒绝后，她并未行为失当，而是故作平静地"把头上的帽子戴正，手套拉平，开门出去"①。在着装上，她总是认真打理"密密的小黑发卷儿"，头戴"小帽子"，手着"白手套"，身穿"干干净净"的大衣，不留一丝褶皱，脚穿"精致小巧的鞋子"。在思想上，她始终恪守待字闺中的妙龄淑女不能远行的训导，因为那"看上去不成体统。但结了婚，女人想去哪儿就去哪儿"（82～83）②。霍滕丝一味的认同、模仿造成了无根的后果。她尊崇英国的文化价值，一味追求模仿，殊不知英国的文化价值在她主观臆测和现实生活间存在着巨大的时间差。她模仿的是典型的 18 至 19 世纪维多利亚时代的文化价值标准，而此时英国在二战的炮轰洗礼下，文化价值体系发生了翻天覆地的裂变。在移民英国后，强烈的文化冲击理应使她幡然醒悟，但是她坚守自己心目中的文化价值体系，在偏见有余、傲慢有余、虚荣有余、理性不足的阻碍下，丧失了与周围人交流的空间。因此，她始终与英国社会格格不入，在英国社会处于典型的他者地位。更严重的是，她摒弃了牙买加的文化之根，因此也无法重返故国。她俨然成为边缘人的代表，像加缪的"局外人"和贝娄笔下的"悬挂者"，反映了她生存空间的荒诞性。而她的丈夫吉尔伯特却对自己的移民生存处境有着更为真切的认识，并渴求平等交流空间的实现。二战期间，吉尔伯特曾抱着对母国的深深爱恋，自愿参加了英国皇家空军。在白人麇集的英国，他洞晓了白人采取的种族隔离以及作为优等民族的傲慢姿态。移居英国后，吉尔伯特作为奎妮的房客，为妻子霍滕丝找到了庇护的空间，并在有限的职业选择中，觅得邮局司机一职，勤恳扎实地工作着，并在白人外在"压力源"的胁迫下，发出了这样的呼唤："我们一起经历了那么多苦难之后，你依然想告诉我，我一钱不值，而你

---

① 安德里娅·利维：《小岛》，林燕译，392 页，北京，人民文学出版社，2007。
② 后文出自《小岛》的引文，将随文标注出处页码，不再另行作注。

不一样。难道我永远是仆人，你永远是主人吗？不，不行，老兄。现在就得结束这一切。我们可以一起努力。"（455）因此，从移民者霍滕丝对生存空间的无知到吉尔伯特对此了然的张力中，一股来自"客人"的强大融合动力正在形成。

从英国当地人的视角出发，奎妮和伯纳德展现了另一面的意识倾向。对霍滕丝和吉尔伯特所代表的他者形象，伯纳德在强烈的白人集体无意识的驱使下，以惯熟的鄙夷凝视异者的存在，并谑称他们为"黑鬼""黑脸鬼娃娃"。在他眼里，他们是威胁的符号。参军五年归国后，他立即强行让黑人房客搬走，"让他们去找更适合他们这种人的地方"（374）。而他的妻子奎妮，正如她的名字所影射的性格特征，以女王般包容的胸襟对待黑人移民者。房子为人们提供了庇护空间，其存在是不可或缺的。因此，一到英国，吉尔伯特便马不停蹄地到处找房。可是，他却四处碰壁，无奈地自述道："我推开过多少家院门？我敲过多少家房门？我来算算，有多少房门慢慢打开，又迅速关上，连我的呼吸都没来得及飘进去。天哪，这些英国男女房东能找出多少理由来啊！"（181）正是在走投无路的情况下，吉尔伯特敲响了奎妮的房门，她欣然地接受他为房客，并让更多的黑人安居其房。不仅如此，奎妮还以热情友善的主人姿态，邀约客人霍滕丝游览英国街头，向她展现英国的日常购物方式，帮助她尽快融入英国环境，并大胆坦率地告知霍滕丝，"我不担心爱管闲事的人怎么说。我不在意别人看见我和你一起上街"（280）。因此，从伯纳德对外来移民者的嗤之以鼻到奎妮对此的博大包容的张力中，一股来自"主人"的强大包容力量逐渐形成。

利维通过构建四重维度的空间视角，在白人男性的霸道唱词中，在白人女性的平和言谈中，赋予了弱势黑人移民群体平等的言说权利，并在他们各自叙述的空间世界中全景式地展现了对话上的冲突，在男性声音与女性声音的交替中，在主流声音与边缘声音的反应参照中，潜隐着利维对交流空间的展望。然而利维并没有驻足于此。

二、彼此沉潜的空间意象

小说以"小岛"命名，"小岛"在文本中反复出现，构成了一个典型的意象。小岛作为空间性存在物，在小说中同时指称牙买加和英国这两个物理性空间。牙买加和英国从地理空间上看的的确确是岛，但"小"却蕴涵着此空间意象的思想依托。

岛因其被大海环绕而与外界事物隔绝，因此它常常与孤独、隔绝的感受联系在一起，显现着空间的有限，因"小"而更添拥堵、狭窄之感。所谓"小岛"本来是牙买加人对加勒比海上除牙买加岛之外的其他岛屿的指称，因为它们的"世界只有方圆几英里大，再走就掉海里去了"（107），而牙买加岛在加勒比"是最大的岛屿之一"（107）。但是移居英国后，他们已经自称为"小岛"。正如吉尔伯特震惊地意识到，"牙买加岛不是宇宙：只要走上几英里，就会掉到海里去……牙买加人也是小岛民"（165）。牙买加岛在主体意识中的"小"，即空间的有限性，一方面是移民后在与英伦三岛的地理对比中彰显出来的，另一方面也体现了牙买加黑人移民者在移居英伦三岛后的"小岛"空间。黑人移民者的生存空间是极其有限的。吉尔伯特在寄住在奎妮家之前，是与六个黑人同挤在一间"发出恶臭的窄小房间里，要跨过三张床，才能坐到你自己的床上去，看着一个小伙子从床上跳起来去上班，另一个人下班回来，跳到床上替代他"（181）。他们有限的生存空间还体现在他们狭隘的择业范围：作为前皇家空军士兵，吉尔伯特手拿着军队职业介绍信只谋得邮局司机一职；他的朋友肯尼迪做仓库保管员，装工资的小牛皮纸口袋"手要是不捏住，就会飘走"（379）；他的妻子霍滕丝拿着牙买加师范学校校长的推荐信却觅不到一份普通的教职，吉尔伯特的建议是做裁缝。

而英伦三岛的"小"并不是像黑人移民那样生存的"小岛"空间，而是暗指英国人思想的狭隘，是禁锢在"小岛"之中。绝大多数的英国人不能容忍黑人移民的存在。奎妮的邻居托德先生就是一个典型的代表。他曾对奎妮说，"那个全国卫生局把他们（有色人种）弄进来的……牺牲我们的利益送人情，他们会源源不断跑来的"（90）。更有甚者以消极的方式抵制黑人移民的存在，那就是，不与他们同居一屋，甚至不同住一区。英国人的"小岛"意识在小说临近尾声时，因奎妮诞下一名黑婴而戏剧化地推至峰尖浪口。在丈夫伯纳德失踪的五年内，奎妮结识了迈克尔，一位同样是英国皇家空军的牙买加志愿兵。在迈克尔离开后，奎妮发现自己怀孕了，并在伯纳德归来之际诞下这个健康活泼却浑身漆黑的男婴。她爱这个婴孩，称它是个可爱、完美的男孩。可是最后她在霍滕丝和吉尔伯特夫妇搬走之际，跪求他们领养她的儿子，因为她不想让白人窥探的眼睛伤害了他。在奎妮眼里，两个白人不能抚养一个黑孩子，即使那个黑孩子是她的亲生儿子。白人窥探的根结正是英国人根深蒂固的"小岛"意识。

此外，小岛已由单纯的物质空间升华为双方各自的集体记忆和民族认同的空间。对黑人移民而言，小岛既指涉原乡——牙买加，亦指异乡——英国。前者是隐性时间的文化记忆，在小说中无任何具体时间的标志，只有模糊性的词"以前"二字略加提示，后者是显性时间的现实文化，在小说中指涉 1948 年。因此，小岛一语双指，透射着两种不同的文化视域——既异质对立又交融互补。异质对立体现在两种文化的碰撞、冲突中，如牙买加和英国在饮食文化上存在巨大的差异，使得吉尔伯特纳闷英国的"煮土豆，煮白菜啊——灰黢黢、蔫蔫地躺在盘子里，好像给人嚼过。英国人干吗用这种方法烹调所有食物"（102）。原乡和异乡的交融互补则构建了哈贝马斯所言的交互式的交往情境，抑或是伽达默尔所指的"视域融合"（Horizontverschmelzung）[①]：原乡的"历史视域"筹划着异乡的行为举止、意识倾向，同时，异乡的"具有视域"展开对原乡记忆的获致，如吉尔伯特在异乡无奈做司机的行当勾起他在原乡时同样做司机的经历。由此，置身于异域空间的黑人移民就具有两种不同的视域。如何摒弃先入之见，适当校正对异乡投射的过分憧憬和盲目依赖，本真地存在，这正是黑人移民的困境。

三、多元并存的空间召唤

在英国，无论是生存空间的疏离，抑或是文化空间的断层、缺失，都构成了这对年轻牙买加夫妇对原乡空间泪眼迷蒙般的怀想。吉尔伯特曾感慨，"我渴望自己回到牙买加。我想家，像个醉鬼想威士忌。因为只有在那里，我能肯定，没

---

① 汉斯—格奥尔格·伽达默尔：《真理与方法》，洪汉鼎译，411～417 页，北京，商务印书馆，2007。

有人第一次看到我的脸会有什么反应。没有张口结舌的凝视，没有呆头呆脑的傻看，没有诅咒，没有迅速移开视线，仿佛看到什么令人憎恶的东西"（267）。彼岸的"缺失"往往催发对此岸"在场"的渴求。因此，奋然勃发、活力旺盛的吉尔伯特和霍滕丝并未沉沦于迷茫困顿，相反在异乡的现实情境中奋力寻觅，以求获致有效的空间代偿机制。

在构建小说的结尾时，利维承袭了后现代语境下的开放性结局，而摒弃了现代语境下的闭合式结尾。虽然小说的结尾并没有具体言明这对黑人夫妇的未来生活走向，但在字里行间强烈地透射着未来美好的融合愿景：受惠于黑人朋友温斯顿，吉尔伯特和霍滕丝找到了新的庇护空间。离开那"简易煤气炉、有裂缝的洗手池和剥落的石膏墙"（458）的破败房子后，霍滕丝抱着奎妮的黑孩子，"挺直腰板，在寒风中拉平大衣"（459），和吉尔伯特一起迈向新家。

利维精心构筑了《小岛》：她在四维延伸的空间视角的交错中编织了一张巨大的网。她将这张富有张力的网用力地投掷出去，用之捕获移民认同的走向，在彼此沉潜的小岛意象中，在原乡和异乡的双重视域中，潜隐着利维对视域融合、空间融合的遥望。

（郑锦菁）

珍妮特·温特森

（Jeanette Winterson，1959—　）

【生平简介】

珍妮特·温特森从小由英格兰兰开夏郡的一对笃信五旬节福音教的夫妇收养，很小就开始为教堂布道。然而，由于教会发现了她的同性恋行为，并让她受到了疏远和羞辱，年少的温特森便离开了教堂。离开家后，她在精神病医院和殡仪馆工作养活自己。后来通过坚持不懈的努力，她考入了牛津大学攻读英文专业。毕业后一位编辑对她讲故事的能力印象颇佳，遂鼓励她可以把自己的经历写出来。于是，温特森出版了自己的自传体小说《橘子不是唯一的水果》。小说一出版便广受好评，并一举获得颇具声望的惠布瑞特新作奖（Whitbread First Novel Award）。

（以上内容选自 Roger Matuzed. *Contemporary Literary Criticism* Vol. 64. Michigan：Gale Research Company，1991. pp. 425–444.）

【主要作品】

《橘子不是唯一的水果》（*Oranges Are Not the Only Fruit*，1985）

《激情》（*The Passion*，1987）

《给樱桃以性别》（*Sexing the Cherry*，1989）

【评论】

*温特森笃信，生活在复杂社会，要真诚地面对自己，因此她在创作中也逼

着自己要真诚，有时甚至超出了令自己舒服的程度。在书中，温特森把自己年少时的生活现实与虚构交织，她直言："这并非事情的全貌，但故事就是这样讲的，我们依循心愿编造故事。听任宇宙不被详解，这就是解释宇宙的好办法，让一切保持鲜活生猛，而不是封存在时间之中"①。

＊读温特森的小说，会发现她的每一部作品在语言、叙事等方面都有创新，令人惊喜连连。在《橘子不是唯一的水果》中，温特森以《摩西五经》来命名每章的标题，每章末尾的童话、寓言则融入叙述主线，贯穿起"我"的成长以及对人生思考的逐渐成熟……在温特森看来，写作、艺术是唤醒想象力、释放自由的活动，小说不应千人一面，写作也不应遵守某种规则。②

＊温特森从来不希望自己是自我重复型的作家，所以她在每本书中都寻求突破。25 年的创作至今，她的身上被贴满标签："女权主义者""同性恋""后现代"……内心却变得充盈丰满，并非褪去了棱角，只是更加坚定平和。她说："能够感受爱和被爱，随心所欲地生活，这于我而言是最重要的。而随着年龄的增长，我发现自己的创作头脑依然敏锐，这是非常美妙的事情。"③

---

① 王杨：《珍妮特·温特森：我创作的是真实的生活》，载《文艺报》，2011 年 9 月 16 日。http：//www. chinanews. com/cul/2011/09 - 16/3332600. shtml（2011/9/16）

② 同上。

③ 同上。

温特森的女性权威

——《橘子不是唯一的水果》女性主义叙事学解读

《橘子不是唯一的水果》是温特森的第一部小说。本文拟通过对小说的叙述聚焦、叙述声音及叙述干预的探讨，分析小说的形式技巧是如何为女性主义主题服务的。通过让主人公成为独立的个体发出自己的声音，温特森的话语权威从虚构的权威转向真实的权威。此外，本文认为温特森正是主人公成为独立的个体并发出声音，从而使自己的话语权威从虚构的权威转向了真实的权威。

珍妮特·温特森（Jeanette Winterson, 1959—　）被公认为 20 世纪末英国文坛的后起之秀。她的半自传体小说《橘子不是唯一的水果》（*Oranges Are Not the Only Fruit*）出版已近 30 年，至今仍为国外学者所津津乐道。这部小说让她一夜成名，吸引了众多主流文化与非主流文化学者的眼球。对于温特森的这部小说，国外学者主要从主题、意象、互文性、小说的叙事手法等方面对其女性主义和后现代主义进行研究；国内已有学者从女性主义角度论述，但综观国内外研究现状，却较少从叙事学的角度出发探讨小说的女性主义主题，所以笔者拟从女性主义叙事学的角度来解析这部小说，旨在挖掘小说多维表现女性主义主题的艺术技巧。

女性主义叙事学的开山鼻祖为美国学者兰瑟（Susana S. Lanser）。在她看来，女性主义叙事学是女性主义与经典叙事学的结合体。经典叙事学属于形式主义范畴，女性主义属于政治批评范畴。女性主义叙事学取两家之长，将叙事结构与性别政治融为一体。女性主义叙事学属于后经典叙事学，它不同于经典叙事学。经典叙事学目的在于建构叙事诗学与叙事语法，可是忽略文本中的政治意识形态，而女性主义叙事学的真正贡献在于结合性别和语境来阐释作品中叙事形式的社会政治意义。① 由于这篇小说采用第一人称回顾性叙述，所以有两种眼光在交替作用：一为叙述者"我"追忆往事的眼光，另一为被追忆的"我"正在经历事件时的眼光。② 在本篇小说中，作者放弃自己的眼光，转而用以前经历事件时的眼光来叙述，因此，小说中叙述声音和眼光分属于不同时期的"我"。笔者将运用叙事学的相关探讨温特森是如何体现自己的话语权威的。

一、叙述聚焦

叙述聚焦第一人称经验视角叙述中，由于我们通过人物的经验眼光来观察一切，因此可以更自然地直接接触人物细致、复杂的内心活动。③ 在《橘子不是唯一的水果》中，主人公珍妮特和她母亲买雨衣的一长段对话，作者一行几乎只是短短的一句话，甚至只有两三个单词，作者甚而将动作和经验自我的思想也用这种方式呈现，让读者在感受冲突的同时体验到一种窒息的感觉，而这种窒息的感觉正是作者所要创造的一种文本氛围。它让读者体会到经验自我与母亲相处时那种无奈和窒息的感受，也为主人公试图获得话语权威埋下了伏笔。叙述者分别用了"巨大的""一件毫无形状的塑料"和"感到被困住"④ 等词语形容"我"对这件粉红雨衣的描述和评价，可以看出经验自我（正在经历事情的"我"）对它充满厌恶之感。"我想是否把帽子扔进去，但我知道她还会让我穿成这样"⑤。虽然这只是一件小事，但从中我们却可以这样质疑："我对我的身体究竟拥有何种权利？"⑥ 在连续的叙述语和自由间接引语之间，作者选用破坏叙述流而不用

---

① 申丹、韩加明、王丽亚：《英美小说叙事理论研究》，291 页，北京，北京大学出版社，2005。

② 申丹：《叙述学与小说文体学研究》，238 页，北京，北京大学出版社，2007。

③ 同上，260 页。

④ Jeanette Winterson. *Oranges Are Not the Only Fruit.* London：Vintage，2001. p. 77.

⑤ 后文出自《橘子不是唯一的水果》的引文，将随文标明出处页码，不再另行做注。

⑥ 兰瑟：《虚构的权威：女性作家与叙述声音》，黄必康译，170 页，北京，北京大学出版社，2002 年。

直接引语来将其表述，这种突兀不仅吸引人们的眼球，而且这三个英文单词变得铿锵有力。不管这是在眼前发生的场景还是经验自我愤怒之后在脑海中浮现的场景，遗憾的是，这只是经验自我盘旋于脑海中的话语而未能将之付诸行动。

当珍妮特的第一次同性恋情被揭发后，她遭受了第一次"驱魔"。珍妮特虽然与牧师展开正面交锋，努力让他们听到自己的声音，但是从"号叫"和"呼喊"这类动词可以看出，她的处理方式还不够成熟。从"我绝望地问到"（102）中读者所体会到的是，尽管她在替自己辩护，可是她的辩护只是一种无力的抵抗。在珍妮特的第二次恋情再次被公之于众后，从对话中我们可以看出，她已经不再莽撞冲动、意气用事，而是变得成熟理智，懂得如何保护自己和别人，能够独当一面。这些特质是珍妮特重新找寻自我，重塑自己的女同性恋话语权威所必须具备的因素。当主人公看到七个成熟的橘子落到窗台上时，她提议他们吃橘子，而他们却瞪着她，好像她就是疯子。"它们放在那儿，我指了指窗台"。（129）"我"看到了他们看不到的，而当"我"说出"我"的话语时，他们却认为"我"是疯子。这里，笔者认为"橘子"并不是真正的橘子，而是一种隐喻，指涉珍妮特用心看到的事物。所以，珍妮特和他们的声音之争既是外在的也是内心的：外在的是话语，内在的是思想。对于珍妮特来说，只有内在与外在的统一才是实现话语权威的保证，确切地说，是实现女同性恋主义话语权威的保证。当牧师想方设法贿赂珍妮特时，她丝毫不为所动。当他最后一次问她："'你忏悔吗?''不。'我瞪着他直到他避开我的目光。"（133）聚焦于主人公的视角所看见的，不再是信心十足、盛气凌人而是被她的女性主义权威打败的牧师。他对珍妮特的无可奈何和束手无策与小说中所提到的他的每次胜利形成了鲜明的对比。珍妮特的同性恋女性话语不仅遭受男权社会的否定，还遭到来自异性恋女性的干涉，同性恋女性主义获得话语权威举步维艰，而这同样可以从朱丝伯里小姐（Miss Jewsbury）自我缄默的行为中看出，但是就是在来自外界的双重压力下，珍妮特孤独地抵抗。在诱惑和惩罚面前，她始终坚持自己的选择毫不妥协，坚持思想和话语的绝对统一，向男性权威发出挑战的同时也树立自己的女性权威，确切地说，是女同性恋主义的话语权威。

二、叙述声音

对于当代女性主义者来说，没有任何哪个词比"声音"这个术语更令人觉得如雷贯耳的了。这个术语已经成为身份和权力的代称。正如露丝·伊里盖蕾（Luce Irigaray）所言，有了声音（voix）便有路（voie）可走。[①]"我试着解释我的梦、野兽理论和我有多讨厌比尔叔叔。一路上我母亲一直哼着歌，给我剥了一个橘子……"（72）她根本就没有在听珍妮特讲话，更不用说回应了。她对珍妮特的感受不予理会，珍妮特试图与母亲交流的话语也变成了自言自语。母亲给珍妮特剥橘子这一举动也许是想转移后者的注意力，也许是想让她住口。作者在此用三言两语的概述避免了拖沓之感，同时也让读者体会到母亲完全没有给珍妮特应有的尊重，根本不承认她的话语权威。母亲和她曾经的男友皮尔里（Pierrie）的关系，是小说前半部分留下的悬念，母亲几次提及，却未曾给予正面回答，吊足了读者的胃口。当母亲真正开始讲述来龙去脉时，叙述者没有让母亲直接发言，而是用叙述的方式将其呈现出来，偶尔用自由直接引语让她出声。从上下文的语境分析，读者不难看出，这是母亲与经验自我的对话，然而这里明显是以叙述自我的口吻讲述母亲的过去并加入了自己的判断，表面上看是一种加快语流的方式，实则是叙述自我（成年的"我"或讲故事的"我"）在进行干预，这是叙事自我所暴露的对话语权的一种争夺，因为获得话语权是她赢得女性权威的唯一途径。当第一次同性恋情被揭发后，叙述者的话语在文章中渐渐多起来。一般现在时和一般过去时交叉在一起，叙述者在回忆烧毁信件、卡片等物品时，每隔一句中间穿插一句叙述自我现在的评论，叙述者以居高临下的口吻看待当初发生的事情，在她的话语中始终充满了讽刺的基调，但是经验自我却未能阻止她母亲疯狂的举动。所以在文本中，叙述自我所表达的愤恨和讥讽也仅仅是一种文本的权威、一种虚构的权威。

---

① 兰瑟：《虚构的权威：女性作家与叙述声音》，黄必康译，3 页，北京，北京大学出版社，2002。

"我忙于教授我的圣经学习班以至于我不能花太多心思在我母亲身上"(117)。显而易见，叙述者在这句话中告诉读者"我"成了动作的执行者，而母亲从原来的施动者降格为受动者，她成为需要"我"关注的对象。这不仅暗示读者"我"在教堂中地位的变化，而且也间接地表达出"我"已经是独立的个体，已经从被忽视的对象变为有主动权的个体。通过叙述者的叙述声音，我们听到一个女孩的内心独白，通过聚焦于她的内心世界来直接感受人世间的冷暖。由于经验自我不随波逐流而招致他们对她的公然抵抗，她在为自己争取话语权的同时也变得孤立无援。面对母亲对她的指责，当时的经验自我毫无辩驳的能力，而叙述自我在对母亲角色质疑的同时也为自己申诉。"我母亲经常将问题抛给我，因为她既是开明的又是反动的"(126)，这是母亲身上所体现出的悖论：一方面她尽力维护男权社会的领导，臣服于他们；另一方面，她又努力争夺领导权，将男人踩在脚下。而我正是在这种自相矛盾的教育方式下成长起来的。所以叙述者在此不但将矛头直指她母亲，而且也为自己正名，为自己的女性权威树立合法的地位。而在小说的结尾，珍妮特选择在精神病院工作，争取到伍尔夫式的"一间自己的房间"，这一房间成为珍妮特从虚构权威向真实权威转变时迈出的关键性一步。不仅如此，她也让读者看到一位独立的、不屈不挠的女性形象，听到她用自己的坚持和毅力所发出的呐喊，同时也讽刺了社会对于他者的不公正待遇，只有与死人和疯子在一起或者选择"被离开"她才能作为一个思想和语言不再被强迫分离的独立个体。

三、叙述干预

作者虽然在文本中努力创造自己的权威，但是在文章的前三个部分，由于经验自我的年龄局限，她始终被忽略和排斥，她的话语权得不到体现，而作者插入的这些副文本作为小说主要叙事的自我指涉，显露出叙述者叙述干预的痕迹。欧妮加（Onega）在其专著《珍妮特·温特森》（*Jeanette Winterson*）中论及这些副文本时说道："作者在文中插入的神话和梦境等辅助性文本和整个第五章是由一位像上帝一样外部的叙事立场叙述的……位于比珍妮特的叙事更高的叙事层次……事实上珍妮特叙事中的这些作者干预是转喻……这些仿拟性文学和神话文本可谓是构成矛盾的和混乱的，Lucien Dallenbach 所描述的新小说的纹心结构。①热奈特认为纹心结构是类比关系发展到恒等极限的极端形式。② 温特森正是运用这种极端形式来为她的小说创造一种不同于传统男性作家所写的成长小说的女性文本。这些文本在烘托主题的同时也可以看做是为经验自我所赋予的外部权威力量。在小说的前半部，作者没有公开发表评论，而更多地选择转喻性文本，转喻性文本从表层来看与小说的主要叙事毫无联系，让读者体会不到作者公然的干预，为文本塑造了一位可信的叙述者。因为过多直接地干预反而适得其反，破坏文本的可信度。随着情节的发展，作者公开的评论在小说中渐渐丰富起来。

正如 19 世纪的女作家用格言为她们的文本立场平添外部权威力量一样，③温特森将似乎与小说内容毫无关联的议论性超文本放在第五章，纵观文本，有其特殊的意义：首先作者以圣经的"法律的最后一本书"为题，实际上创建了一种证实自己文本权威的语言，因为在圣经的《申命记》这一章，上帝直接和摩西对话；④ 其次，从时态看，这是叙述自我公开阐述自己的看法，这将引导读者去评判接下来在故事中发生的是是非非，"如果你想保护自己的牙齿，做适合自己的三明治"（93）"正如圣经的《申命记》一样，珍妮特的《申命记》是关键性定位的，它回顾性和展望性地坚持观念体系对前文和后文的统治地位"⑤。笔者认为，《申命记》"启下"多于"承上"，因为在后文中，作者对文本的阐释与这一章节遥相呼应，而这可视为主人公的同性恋情被揭发后所受到的不公正待遇发出的一种外部权威的声音。这无疑给读者打了一支镇静剂。在小说最后一

---

① Susana Onega. *Jeanette Winterson.* Manchester：Manchester University Press，2006. p. 33.

② 热拉尔·热奈特：《叙事话语》，王文融译，162 页，北京，中国社会科学出版社，1990。

③ 兰瑟：《虚构的权威：女性作家与叙述声音》，黄必康译，109 页，北京，北京大学出版社，2002。

④ Susana Onega. *Jeanette Winterson* · Manchester：Manchester University Press，2006. p. 33.

⑤ Doreen D'Cruz. "Loving Subjects：Nartatives of Female." in *American University Studies*，IV，2002. p. 175.

章，作者又不断地插入无人称的、用一般现在时表述的哲理性话语，如格言一般。斯坦利认为："抹去体验者，语句即获得了一种权威的非个人化基调，使得个人的表述带上了普遍共识的厚重感。由于抹去体验者，作者传达了这样的印象，即小说中的评判之语和感受之论都是人人同意的，个人的意见于是乎成为普遍的共识。抹去发话者的视角，随之而来的就是不再承认其言论是随意或受语境限制的。"① 兰瑟认为，这一现象与任何在意识形态中起主导作用的集团有着紧密的联系。② 笔者认同兰瑟的看法，因为温特森在文本中所运用的这些哲理性话语是以一种居高临下的作者型声音来叙述的，这些评论式的言语创造了一种文本哲学。更为关键的是，温特森为文本创造权威的同时也确立了自己的女同性恋话语权威。这篇小说被认为是温特森的半自传体小说，它是以第一人称"我"来写作。在孩子视角下，对事物的描述多于价值判断。在不掺杂任何个人世界观和价值观的判断标准之下，把问题直接摆在读者面前，由读者直接感受，这样，温特森就塑造了一位可信的"第二自我"，为女性权威的确立也创造了有利的条件。不仅如此，在小说中叙述自我与经验自我混合并用，使小说的喜剧效果更为突出，最重要的是，它在告知读者我现在的想法时也能直接切换到我当时的所思所想而不感到突兀。

女性主义叙事学作为一门显学，它一方面回避了人们对于经典叙事学脱离社会历史语境的指责，另一方面避免了申丹所认为的女性主义学者聚焦于故事事实（主要是人物的经历和人物之间的关系）的性别政治的局限性③。兰瑟在《虚构的权威》一书中主要是对叙述声音展开探讨，叙述视角与性别政治的关联也是女性主义叙事学涉足较多的一个范畴，而叙述干预作为作者表现自己存在的方式，是确立自己话语权威的有力佐证。因此，通过对小说叙述聚焦、叙述声音和叙述干预这三个方面的探讨，兰瑟分析了温特森是如何将叙事学形式技巧与女性主义政治意识形态相互结合的。通过对文本的解读，读者可以体验"我"的成

---

① 兰瑟：《虚构的权威：女性作家与叙述声音》，黄必康译，107 页，北京，北京大学出版社，2002。

② 同上，107 页。

③ 申丹：《叙述学与小说文体学研究》，284 页，北京，北京大学出版社，2007。

长过程如何一步步摆脱强权政治，同时也方便读者了解"我"的心理过程和所思所想，更为关键的是，能够直观地了解温特森是怎样让"我"慢慢地发出自己的声音，实现她的话语权威。

（林少晶）

温特森的《橘子不是唯一的水果》评析

珍妮特·温特森的处女作——《橘子不是唯一的水果》是一部半自传体小说，本文拟通过对小说的主要叙事以及辅助文本——寓言神话的分析揭露小说中父权话语的始终在场。同时本文揭示了男权社会通过对女性意识的剥夺、女性话语的消音以及女性历史的抹杀来实现其排斥和压抑她史的目的。

珍妮特·温特森（Jeanette Winterson，1959—   ）被公认为20世纪末英国最优秀的年轻作家之一，在国外备受研究学者的青睐，已有大量关于她的研究论文及专著。在国内，温特森也引起了学界内外越来越多的关注。近年来对她的关注持续升温。她的成名之作——《橘子不是唯一的水果》（*Oranges Are Not the Only Fruit*）是一部半自传体小说，出版至今已将近30年，她曾因这部小说获得英国主要的图书奖之——惠特布莱德奖（Whitbread Prize）。不仅如此，这部小说还被收录进国外中学课程大纲，这无疑是对其文学价值的充分肯定。但是这样一部让作者声名鹊起、好评如潮的优秀小说却没能引起国内研究者的重视，这不失为一种遗憾。

小说讲述的是珍妮特从小就被信奉宗教的夫妇收养，他们想把她培养成一名传教士，而珍妮特的同性恋取向使他们的愿望破灭了，珍妮特也因此被赶出了家门。在小说中作者将圣经故事、神话传说、寓言与珍妮特的现实生活浑然交织在一起，构成了一个变幻莫测、虚实交替的世界。在1985年版小说的序言部分，珍妮特·温特森说道："与主要故事交织在一起的神话故事和寓言是一种为剧情提供说明的希腊戏剧合唱队"①。"尽管是零碎的并分散在珍妮特的叙事中，通过以不同的方式重复再现的主题，这些辅助性的文本之间主题上是相互交织的，与主要叙事的特定情节是紧密联系的"②。温特森曾说过自己是伍尔夫的真正继承人，可见伍尔夫对她的影响非同一般。伍尔夫是女性主义的先驱，那么对小说的女性主义主题的研究将会是把握温特森艺术思想的关键。因此本文将分析神话故事和珍妮特的现实生活，来诠析男权社会通过对女性主体意识的剥夺、女性话语的消音和女性历史的抹杀，以达到排斥她史（her‑story）的目的。通过论证，笔者控诉了他史（his‑story）的确立是以牺牲她史为代价的。虽然在小说中，除了两位男性牧师、神话中的巫师、帕尔齐法尔爵士（Sir Perceval），以及偶有提及的珍妮特的父亲外，对于其他男性的描写仅寥寥几笔，但是男权话语却一直在场，或隐性或显性，操控着全局。

一、对公主主体意识的剥夺

在作者讲述神话故事之前，珍妮特正在聆听牧师所作的关于"完美"的布道，而这篇布道揭示了男权话语的始终在场，同时揭露了男权话语企图剥夺女性意识。"完美是人们所渴望的。它是神性的状态，它是人类堕落之前的状态，它只能在下一个世界才能真正实现，但是我们能感觉到它，一种令人发狂的、不可能的感觉，它既是祝福也是诅咒"③。牧师的布道是要人们相信"完美"是人类无法企及的理想境界，它只属于神、属于上帝。世人是俗人，是有罪的，是不完美的，因此我们要遵从神的教导，听从上帝的旨意，服从宗教的统治，以此来实现麻痹人们思想的目的。从表面上看，这些似乎是对世人的说教，但是通过辅助性的文本——神话故事，我们可窥见他实质是针对女性而言的。而"它是人类堕落之前的状态"这句话也更深刻地暴露了男性对女性拥有智慧的恐惧与否定。

① Jeanette Winterson. *Oranges Are Not the Only Fruit*. London：Pandora, 1985. p. viii.
② Susana Onega. *Jeanette Winterson*. Manchester：Manchester University Press, 2006. p. 31.
③ Jeanette Winterson. *Oranges Are Not the Only Fruit*. London：Wintage, 2001. p. 58.

夏娃因为偷吃了智慧树上的果实，使她拥有了智慧，拥有了意识。而正是智慧和意识成了她被驱逐出伊甸园的原因，正是智慧和意识使她变得"堕落"，正是智慧和意识使她变得不再完美。而她是否真的不完美呢？那么对于男权社会而言，什么是"完美"呢？温特森用一个神话故事的寓意告诉了我们答案。

"我想要一个妻子，外表和内心都没有缺陷，任何方面都是完美无瑕的。我想要一个完美的女人"（59）。但是当他找到美丽的公主并请求公主嫁给他时，公主拒绝了。公主告诉他，她所追求的完美其实是和谐与平衡，并用天文学和哲学的知识告诉他道理，充分地显示出公主过人的智慧。公主的智慧征服了他。他想向因与他在"完美"定义上意见不合而被他砍头的母鹅道歉。但是当他的大臣告诉他这将使他的王国陷于存亡攸关的境地时，他犹豫了。他为什么会犹豫呢？答案是显而易见的。因为"完美"是王子给出的定义，他代表的是权威、是父权话语。他的屈服在肯定女性意识优越性的同时将危及权威的力量和男权社会的话语。大臣出谋献策使他试图挽回颜面，让别人相信他说得不无道理。王子与公主展开了一场激烈的论辩，这不是简单的两个人的辩论，实质是争夺地位的辩论。在公主的智慧面前，王子显得无力、空洞。在公主的义正词言之前，他"失去控制的颤抖"（64）；在公主的毫不妥协之下，"他的脸变得惨白"（64）；最后甚至晕厥了。当他争辩不过公主时，他用他的权势将公主的头砍下。他无法说服公主接受他关于"完美"的想法，因为公主显得智慧过人。也正是因为公主过人的智慧使得他的王国面临威胁，所以他唯一的办法是将她的头砍下，让她失去意识。因为女性拥有了智慧对男权社会来说将是最大的威胁。"斩首是对独立和好奇的女人的惩罚，没有了头，她们是最完美的父权社会欲望的对象化"[1]，这更加讽刺了男权社会所谓的完美——没有智慧、没有意识的女性才是最完美的。

---

① Monica Calvo Pascua. "A Femine Subject in Postmodernist Chaos : Janette Winterson's Political Manifesto' in *Oranges Are Not the Only Fruit.* " in *Pevista Alicartina de Estudios Ingleses* 13, 2000. p. 33.

二、对温妮特女性话语的消音

男权社会在剥夺女性意识的同时也试图将女性话语消音了。"我所想要的是你成为我的徒弟……我知道你有天赋，你可以把信息带到其他地方……"（139）从巫师的话中，我们可以窥见女性在父权社会中处于从属地位。女性接受男权社会话语，并充当他们的传播工具。更令人感到悲哀的是，女性在这个过程中渐渐没有了自己的声音。当温妮特（Winnet）刚到城堡时，发生的事情让她匪夷所思。当她继续待下去后，她渐渐失忆了，"她忘了她是怎样来到这儿，或者她以前做什么。她相信她一直住在城堡里，她是巫师的女儿"（141）。"她相信自己一直住在城堡里"暗示着温妮特自己语言的缺失。而话语、权利和知识是紧密联系、相辅相成的。"福柯认为，话语是权利的关键"①。话语的缺失意味着温妮特在权力网的运作下处于绝对的劣势。巫师教授温妮特巫术，她的知识被他的知识取而代之，她的话语消失了，他史成为她史。当温妮特爱上了一个男人，她却被驱逐和孤立了，因为她的从属地位不允许她的独立和自主。"命名意味着权利。亚当给动物起名字，他一呼唤动物就来到他身边"（138）。巫师通过游戏知道了温妮特的名字，他因此拥有掌控她的权利，温妮特犹如他的战利品一般。而她的独立和自主对他的掌控大权将会是极大的威胁。"在父权话语的语言中，女性被定义为容器"②。容器是用来装载物品的，但是人的大脑并不能像容器一样仅仅是被动地接受一切。当温妮特尝试让别人听到她的话语时，她被永远地消音了——她被驱逐出她所生活的世界。

温妮特离开了城堡，回到了现实世界中，却不得不把自己所学的知识隐藏起来，"温妮特从未谈及她的能力，从未使用它们"（148）。现实的生活与城堡中的生活是格格不入的。可是温妮特并不是一个安于现状的平庸之辈，"她想和人

---

① 伯棣：《西方女性主义文学理论》。桂林：广西师范大学出版社，2007 年，第 231 页。

② Anne Delong. "The Cat's Cradle：Multiple Discursive Threads in Jeanette Winterson's *Oranges Are Not the Only Fruit.*" *Literature Interpretation Theory*, Vol. 17, 2006. p. 273.

们聊天，她想谈谈关于世界的本质"（149）。"然而同时她知道在她过去的世界里，有很多东西是不可理喻的。如果她谈起它，不管是好的还是坏的，他们都会认为她是疯狂的，那么她将失去所有的朋友。她不得不假装她和他们是一样的……"（149）在这个陌生的世界里，由于害怕孤立无援，她无可奈何地选择再一次消音。作为珍妮特的第二自我，温妮特经历了两次消音，她的真实声音被完全压制了。但是人如果连最基本的自由说话的能力都被剥夺了，那么生存的状态就无法令人满足。当她听到有一个美丽的城市，在那儿"居民不用耕耘和长时间的辛勤劳作，他们思考世界"（149），她认为，在那儿她和他们有共同的语言，"在那儿，真理是最重要的，没有人会背叛她"（154），她可以自由地言说她的想法，她可以自如地运用她的知识，她可以拥有掌握自己命运的权利。她想方设法去寻找，但是这个世界终归是虚幻的，而她却将她的希望寄托于虚无缥缈的世界中。作者通过她最终的寄托毫不留情地痛斥了父权社会对女性的压迫无处不在。

三、对珍妮特同性恋史的抹杀

在辅助文本中弥漫着男权话语的气味，在主要叙事中亦是如此。男权社会在排斥女性主体的同时，也试图抹杀她们的历史。当珍妮特与梅勒妮的恋爱关系被公之于众的时候，这种"大逆不道"的"不正常的激情"（83）受到了教堂会众和周围人的非议。其中当属她的母亲——怀特夫人和牧师的反应最为典型。母亲和怀特夫人同为女性，但是她们却是父权社会的"看门人"，她们不遗余力地维护父权社会的秩序。在珍妮特的同性恋关系被她的母亲揭发后，珍妮特被关在房间里头，母亲的"大义灭亲"也让她深刻地体会到被背叛的切肤之痛。在第二次与另一名女子的关系被发现后，珍妮特拒绝忏悔，她母亲的反应是："你不得不离开了，我不能让魔鬼们住在这儿。"（134）当珍妮特说她无处可去时，她母亲恶狠狠地将她推了出去。从母亲冷冰冰甚至仇视的态度中可见她对珍妮特厌恶至极。在怀特夫人的眼里，珍妮特的不符合传统社会道德规范的性取向使她成为一个道德和地位低人一等的人。当珍妮特问及埃尔西的葬礼举行时间时，她的回答是："你不能来，这是为神圣的人举行的。"（148）当她知道她在葬礼上吃的菜肴是珍妮特负责的时候，她的反应极其夸张，"啊，她是魔鬼……"她哀嚎道，抓住了牧师的手臂。（153）牧师的手臂在这一时刻仿佛救命的稻草一般让她抵制住魔鬼的引诱。圣诞节前夕的那顿晚餐更加入木三分地刻画了怀特夫人对珍妮特的惧怕和抵制情绪。一个是她最亲的母亲，一个是同样身为女性的怀特夫人，但是她们对珍妮特没有丝毫的怜悯和疼爱，反而从男权社会的立场出发压制她、排斥她。

在牧师第一次得知此事后，他认为是魔鬼将她引入歧途，强迫珍妮特忏悔，甚至让她的母亲关了她三天，不给她食物。他认为同性恋是绝对不允许的，而且一个女人爱上另一个女人更是令他不能忍受的。在他看来这是对上帝的亵渎，对权威的挑战，因为他们崇奉上帝，始终信仰女人是用男人的肋骨造成的。当第二次得知珍妮特又与其他女人发生同性恋关系后，他出现在珍妮特的家中，"他站在很安全的距离，好像我被感染了"，他告诉珍妮特"你是大邪恶的受害者""恶魔以七倍大的力量回来了"（129）。当牧师在埃尔西的葬礼上用餐，发现葬礼上的菜肴都是珍妮特负责时，他问道："这是笑话吗？……你不觉得羞耻吗？"（153）这些都明确说明了同性恋在牧师的眼中如撒旦一般，是罪大恶极的魔鬼，是上帝的敌人，是社会的敌人，更是牧师的敌人。对他们来说，珍妮特在葬礼上的出现似乎是公然的挑衅。而他们对珍妮特公开的排斥让她无容身之地，不得不逃离她生活的城镇。许久之后重新回来的珍妮特却感慨道自己不仅被排斥，而且连曾经的历史也被抹杀了。"她经历了驱魔和隔离。因为她偏离了正轨，她被剥夺了权利，所以她的故事也是。因此她的故事将不会被主流文化记录下来。历史不会承认她爱上一个女孩的经历是事实"①。 "我们之间没发生过什么"（166）——男权社会借梅勒妮这个牺牲品来传达他的意图，使得梅勒妮这个角色的命运更具悲剧性。这也让读者更清醒地认识到历史排斥异质体，不会承认这种边缘体是历史，因为历史是胜利者所写的。在男权社会中，胜利的永远是男

---

① Mien Ozyurt Kilic. *Demythologizing History：Jeanette Winterson's Fictions and His/Tories*. Turkey：Bilkent University，2004. p. 128.

人，不会是女人，更不可能是处于边缘地带的女同性恋者。

History 其实是"his story"的结合体，顾名思义是讲述关于他的故事。他的故事在男权社会中，是公认的权威的历史，而"her story"却永远只能作为故事出现。"在故事和历史之间，前者被认为是主观的和不连贯的，后者被认为是客观的和连贯的"①。温特森在"Deuteronomy"一节中富含哲理、意味深长地说道："人们喜欢将不是事实的讲故事和作为事实的历史区分开来。他们这样做所以他们知道该相信什么不该相信什么。这非常奇怪。为何没有人会相信鲸鱼吞下约拿，当约拿每天吞下鲸鱼？……因为这是历史。知道该相信什么有它的优势。它建立了一个帝国使人们呆在他们所属的地方，在皮夹明亮的地方……"（91～92）父权社会建立了一个帝国，生活于其中的人各司其职，维护父权社会的统治。他在创造历史的同时将不利于主流话语的故事抛弃了，留下的是被肢解后衔接起来的故事。这七拼八凑的故事成为历史，成为主流话语。像美丽的公主、温妮特和珍妮特这些女性却没有丝毫的话语权可言。除此之外还有朱丝伯里小姐（Miss Jewsbury）和开纸店的老板等等，她们始终受到排斥。小说中对于母亲的描写有大量的篇幅，但母亲的强势反而使人们感到男权话语的始终在场。她是男权社会的同谋，是男权社会的"看门人"，是男权社会的维护者。尽管作者很少直接描述男权社会的强权政治，但是它没有缺席，始终贯穿于小说的每个部分。"社会群体通过话语建构了文化系统和机制，在这些文化系统和机制中，各个社会群体对话语的掌握是不平等的，有些社会群体通过手中的权利防止其他社会群体控制话语，从而控制社会的主要的文化系统和机制。对此，许多弱势群体心照不宣"②。父权话语通过对女性意识的剥夺、对女性话语的消音以及对女性历史的抹杀扼杀初见端倪的威胁，以达到排斥和压抑女性历史的目的，维护其主导和统治地位。温特森在试图向读者揭露主题的同时也在寻求一种方式解构男权社会

---

① Merja Makinen. *The Novels of Jeanette Winterson*. New York：Palgrave Macmillan，2005. p. 37.

② 柏棣：《西方女性主义文学理论》，213 页，桂林，广西师范大学出版社，2007。

的历史，将被束缚的她史释放出来。因为她史不是他史的陪衬，她史应该有自己的话语和空间。

（原文刊登于《齐齐哈尔大学学报（哲学社会科学版)》2010 年第 4 期，第 114～116 页）

（林少晶）

凯瑟琳·曼斯菲尔德

（Katherine Mansfield，1888—1923）

【生平简介】

凯瑟琳·曼斯菲尔德出生在新西兰惠灵顿一个富裕的家庭，早期在英国伦敦接受教育。完成学业后回到家乡的她因厌烦殖民地的生活，于 19 岁时说服父母回到英国。后来她同一位年轻的音乐家结婚，但很快又同他分开。之后，曼斯菲尔德开始以第一人称发表一些短篇小说。1912 年她遇到了后来成为自己丈夫的编辑兼评论家 J. M. 默里（John Middleton Murry），并成为他的助手。默里无论在文学写作还是出版方面都对她帮助很大。一战之前她同唯一的弟弟短

暂相聚后，就获悉弟弟战死沙场的消息，她将思念融入小说，创作了一系列以新西兰家乡为背景的作品，如《序曲》《苹果树》《在海湾》等。大部分有关新西兰的小说收录在《幸福和其他故事》中，这部小说集为她带来极高的声望。尽管晚年受到疾病的折磨，曼斯菲尔德依然在生命中的最后两年出版了《花园聚会和其他故事》，这同《幸福和其他故事》一起成为她最受欢迎的两部作品。

（以上内容选自 Sharon K. Hall ed.. *Twentieth - Century Literary Criticism* Vol. 8. Michigan：Gale Research Company，1982. pp. 274 -275.）

【主要作品】

《在德国公寓》（*In a German Pension*，1911）

《序曲》（*Prelude*，1918）

《幸福和其他故事》（*Bliss，and Other Stories*，1920）

《我不会说法语》（*Je ne parle pas Francsais*，1920）

《花园聚会和其他故事》（*The Garden Party，and Other Stories*，1922）

【评论】

*曼斯菲尔德无论在普通读者还是批评家那里都获得了成功。她的写作一丝不苟，通过严谨和紧凑的文体传递出孤独和疏离的主题。尤为值得赞赏的是，她的写作以仿佛可视的细节著称。她坦承自己的写作意图是强化那些"所谓的微小事物，以至于每一件事物都非常重要。"①

*（曼斯菲尔德)的方法是选择一个家庭或者背景,深入切入一个时间点,然后描述在这样一个简单选择的时刻中人们的想法。除了展现给我们这个时刻人们的思想和话语,便无其他的内容。在开放性的文字中,她让他们对话,直呼他们的名字,丝毫没有引导我们去了解那些人物的意思。我们了解她的人物,就好像去认识同一火车车厢内的旅人,或者饭馆里的邻座客人,也就是说,通过对话去把握他们。②

*毫无疑问，凯瑟琳·曼斯菲尔德的小说是文学的，也就是说它们的品质是文学的品质。没有人会想将这些故事改编成戏剧，或将它们压缩成片段，又或者被道格拉斯·菲尔班克斯改变成剧本，它们也无法像马拉美的作品一样同音乐结合。其中的人物是非可塑的，风景也是非绘画的，而是描述的。它们通常是通过人物的视角展现出来，因此它们不仅是故事背景，也为研究人物角色提供了依据。另外，曼斯菲尔德也不会去探讨事件，而是探究人们对事件的反应。她的故事是文学的，因为它们制造了其他艺术所不能达到的效果。③

① Sharon K. Hall ed.. *Twentieth - Century Literary Criticism* Vol. 8. Michigan：Gale Research Company，1982. p. 274.

② Andre Maurois. "Katherine Mansfield." in Sharon K. Hall ed.. *Twentieth - Century Literary Criticism* Vol. 8. Michigan：Gale Research Company，1982. p. 277.

③ Malcolm Cowley. "The Author of Bliss." in Derida Bryfonski，Sharon K. Hall ed.. *Twentieth - Century Literary Criticism* Vol. 2. Michigan：Gale Research Company，1979. p. 445.

欲望能指链下主体的分裂

——再探《我不会说法语》中的杜克特

本文借助拉康的欲望阐释理论,从欲望起初依附于镜像,后来依附于语言及最终欲望即匮乏三方面,进一步阐述杜克特在欲望能指下追寻自我完整而不得的过程及这种失败最终造成了主体的分裂和离异。通过对杜克特这一人物的分析,本文意在解读主体在欲望能指链上遭受的分裂离异,从而探寻主体存在的真实。

凯瑟琳·曼斯菲尔德(Katherine Mansfield,1888—1923)被认为是"英国现代短篇小说奠基人之一,并被誉为英国乃至世界最有才华的短篇小说艺术家和风格大师"[①]。她以独特的叙述视角和高超的创作手法塑造了众多丰满立体的人物。无怪乎西德妮·珍尼特·卡普兰曾写道:"《我不会说法语》……中的叙述者(杜克特)无疑是曼斯菲尔德建构的最为复杂的人物角色之一。"[②] 短篇小说《我不会说法语》讲述了主人公杜克特坐在咖啡馆内沉思,回忆他过去的经历,其思绪在过去和现在两个时间里跳跃。凯特·布鲁克认为"从另一个角度看,这个故事是关于一种不合理的侵害和广泛意义上乖戾的欲望"。本文借助拉康的欲望阐释理论,从欲望起初依附于镜像后来依附于语言,及欲望的缺失三方面进一步阐述主体在欲望能指链之下遭受的分裂和离异,进而叩问主体存在的意义。

拉康的欲望理论和弗洛伊德的愿望概念有着密切的联系。弗洛伊德关于愿望

---

① 吴晴:《外国现当代女作家短篇小说选》,1 页,北京,中国新闻出版社,1985。

② Sudney J. kaplan. *Katherine Mansfield and the Origins of Modernist Fiction*. New York: Cornell University Press, 1991. p. 65.

的概念在他的关于梦的理论中有着清楚的阐释。他指这么一种情形，儿童时期需要之满足的经验，以记号或记忆的痕迹的形式重现在梦中，就是愿望的达成。①拉康则继承弗洛伊德关于愿望是无意识欲望的观点，以此为基础，认为无意识欲望是一种永恒的缺失。主体的欲望作为一种缺乏的欲望，只有在通过借助镜像的经验主体获得了一种整合的统一感后，被整合的欲望才能依附到这种虚幻的镜像之上。但是只能在语言的维度中，欲望借助能指才能显示它的存在。然而欲望是无穷尽的，它总是从一个能指滑向另一个能指，消失在空无的维度之中。因而欲望是匮乏的，主体无意识的欲望是永恒的匮乏，使得主体陷入到更大的无中，最终造成了主体的分裂。

一、依附于镜像的欲望

拉康认为人的欲望最初是一种破碎的欲望。主体在镜像时期前还未对自身形象取得统一性和完整印象，不具有整体的概念，这时他的欲望也是以支离破碎的形式出现，如婴儿起初对母亲身体部分（如乳房）对象的欲望。而后，站在镜子前，主体通过镜像对自身获取了一种整体感，因而其破碎的欲望也就整合到这种统一之下。也可以称之为"依附到这种统一的想象之像上面"②。

杜克特想成为一名作家的欲望在其照镜子时被描述得淋漓尽致："我站立在镜子前，双手插在口袋，对着（镜中）那位光彩照人的形象说：'我是一位拥有自己公寓的年轻人，为两家报纸撰稿，我要向严肃文学进军，我的写作生涯刚刚开始，我要写的书将让批评家都为之震惊，我要撰写那些从未有人写过的东西，我要让我作家的名誉彪炳在这堕落的世界……'"③杜克特在镜像的注视下陈述自己的雄心壮志，通过镜像把现实中到处碰壁的自己和镜中虚幻的完美自我整合成理想的统一体，并内化为主体真实的自我而欣然接受。与此同时，杜克特成为

---

① 黄作：《不思之说——拉康主体理论研究》，213 页，北京，人民出版社，2005。

② 同上，213 页。

③ Katherine Mansfield. "Je ne Parle pas Fransais." in *The Collected Stories of Katherine Mansfield.*

一名成功作家的欲望也依附在这位虚幻迷人的镜中人身上，必须通过他来实现自己的欲望。不仅如此，杜克特的欲望也在另外一种镜像——来自他人的注视——中得到清晰地体现。在杜克特被房东太太拦截住并索要房租的时候，最后让他脱身的是在别人的眼中他作为作家的形象："夫人，我和报纸的编辑九点有个重要的见面，明天我就能给您了……"（56）①在与迪克初见面时，迪克作为对法国现代文学有着特殊研究的作家向杜克特提出了晚餐的邀请，在此期间，他们谈论了许多关于文学的问题，甚至涉及了文学较为深层的问题：关于现代文学需要新的形式。正是在与别人的交往中，自己的作家的身份得到了他人的承认。也是借助他人，主体认识到自己的欲望。

拉康进而把主体这种在镜子前的看称为"想象的凝视"（gaze of the imaginery）。这是一种"在人的镜像之看中，真正发挥作用的不是我在看，而是我可能被看，我是因为想象自己有可能被看而看自己的，并且用他人的目光看自己"②。这种在镜像前想象的凝视让主体变成了一个被看而且是自己看的主体。从另一方面来说，主体自身的欲望重叠在与自己非对称的他者的欲望中而被告知了自己的欲望。杜克特在与自己不对称的镜像中和他人的注视中发现自己想成为作家的欲望。这使得他在镜像的幻象和他人交织的目光中暂时找到了存在的意义。然而，由于镜像的虚幻统一只是暂时地掩盖了差异性，某种潜在的异己性还是并存的。镜像的不稳定性、迷惑性使得依附在镜像上的欲望也是不稳定的。语言的引入克服了想象的迷惑性。

二、依附于语言的欲望

在《我不会说法语》中，曼斯菲尔德笔下的杜克特坐在咖啡馆中用第一人称叙述视角"我"娓娓道来他自己的经历和回忆。"（这）几乎可以认为是凯瑟

---

① 后文出自《我不会说法语》的引文，将随文标明出处页码，不再另行做注。
② 吴琼：《他者的凝视——拉康的"凝视"理论》，载《文艺研究》，37页，2010（4）。

琳·曼斯菲尔德用第一人称叙述技巧创作的唯一篇重要的小说"①。杜克特的叙述给意识打上了"在场"的印记。"他是以'现在'的视角来追述过去的事件的，追述行为的本身必须表明过去发生的事件对叙述者至今的影响，用保罗·利科的话来说就是：'过去'虽然意味着时间上的'不再'，过去所遗留的印记现在仍然在场，并且'不再'与'尚未'会产生更大的影响"②。这表明叙述的事件虽然发生在过去，但它们仍保留着叙述时的意义。因此叙述者和叙述事件中的自己不是同一个人，代表着不同的意义。所以杜克特回忆过去的行为可以看做是他为自己当时的行为和意愿做出合理解释而重新书写，这与他真实的自己存在某种意义上的分裂。叙述的本质是语言符号，而欲望是在语言符号或是象征世界中建构的。因此杜克特的对自己过去的叙述是对他欲望的重新追索，也是代表了他欲望的能指定位。

拉康把索绪尔提出的所指/能指颠倒为能指/所指，在此意义上拉康强调了能指的统治地位，中间的/代表了能指对所指的压抑，这造成了所指或意义的不明确。能指指涉的是语言链，当所指似乎被找到时，它又消失在更多的能指当中。拉康称之为"'滑动能指'之下的'飘忽的所指'"③。欲望总是处在无的维度之上，因此它必须建立在语言的维度之中。欲望在语言符号的能指链中寻找它存在的意义。

杜克特在文中提到了他自己的三本书：《不真实的硬币》《入错门》《遗落的伞》。杜克特的欲望体现在其语言符号的书写中。这三本书与他的欲望是相指称的。杜克特小时候受到家中非洲女佣的引诱，事后女佣用小甜饼哄骗他，以至于当他长大后，对金钱有欲望的时候，"那儿总是有位非洲女佣和一间小房间"（50）。这暗示了杜克特总是依靠与别人的肉体交易来满足自己的欲望。其欲望是用语言符号书写的"不真实的硬币"。在认识迪克之后，他对迪克同性恋式的

---

①　Sydney J. Kaplan. *Katherine Mansfield and the Origins of Modernist Fiction*. New York：Cornell University Press，1991. p. 65.

②　田明刚：《〈被砍断的头〉中滑动的欲望能指》，载《赤峰学院学报》，27 页，2009（3）。

③　黄汉平：《拉康与后现代文化批评》，26 页，北京，中国社会科学出版社，2006。

爱后来却遭到迪克的抛弃，他对爱的欲望选错了对象，正像走错门进入到错误的房间，他的欲望得不到满足，因而他转向了下一个能指对象———一把"遗落的伞"。杜克特对被迪克抛弃的女友 Mouse 有着强烈的感情："Mouse！Mouse！你在哪？你在附近么？……你在哪？你在哪？"（48）这不禁让人想起《简·爱》中罗切斯特隔着山谷对简深情而又痛苦的呼唤。杜克特梦见和 Mouse 共撑一把伞双双把家还，可是正如书名所言这把"伞"已经遗失了。这就暗示了杜克特的欲望转向了另一个能指。欲望总是无穷尽的，从一个能指滑向另一个能指，追逐着所指的意义。有趣的是，杜克特自己宣称："接下来要写一本诗集。"（55）这也就暗合欲望在能指链上将滑向下一个能指。欲望能指的滑动使主体丧失了自己，徒劳地追逐自己的欲望，却丧失在更大的无中。

三、欲望的缺失

欲望源于存在的缺失，只有在语言的建构中，通过能指符号才能追寻欲望的存在。主体的欲望是无法得到满足的，匮乏使得欲望不断产生。然而主体真正的欲望是无意识的欲望。拉康在弗洛伊德无意识的基础上进行改造和创新，引入了语言结构。他认为无意识不是混乱没有规律的，而是有着和语言类似的结构，为此他还引入了隐喻和转喻的两个概念："拉康把弗洛伊德的无意识的两个过程，凝缩和置换，比作隐喻和转喻中的语言线。在拉康看来，无意识通过隐喻和转喻'坚持'所指链，他认为症状是隐喻，欲望是转喻。"[①] 因为无意识是不可察的，只能在通过如梦、图像、玩笑和语误等类似的形式中，通过隐喻和转喻的相作用的过程，进而阐释主体的无意识欲望是一种永恒的缺失。

杜克特梦见在遥远的海岸边，Mouse 穿着印第安妇女的服饰，正召唤着他回家。"一个潮湿的夜晚。他们共乘着一把伞一起回家。他们在门口逗留了一会儿，彼此湿润的脸颊贴在一起"（67）。他无意识的欲望定格在他们俩共撑一把

---

① 何昌邑：《欲望表征的缺失——〈老人与海〉的一种拉康式解读》，载《思想战线》，102 页，2006（5）。

伞相互依偎的画面。伞给人的印象是用来遮风挡雨，寻求保护与慰藉。和异性共撑一把伞则暗示两人关系亲密，遑论两人脸颊贴在一起上。伞和相互依偎的画面都是在场的能指，所指的都是杜克特无意识中的欲望，而欲望源于缺失。杜克特到底缺失的是什么呢？杜克特不时地强调自己是真正的巴黎人的事实。然而从他的外貌：黑眼睛、黑头发和橄榄色的皮肤上，不难看出他和巴黎人的区别。实际上他是"年轻的波斯人"①。在法国，他处处碰壁，总是被当做他者而被边缘化。这从他在咖啡馆和被房东太太索要房租中可见一斑。他的内心渴望有一个安身立命之所，可以寻求到身心的慰藉。儿童时期受到性侵犯的记忆以及被迪克抛弃的事实让他极为渴望一份真正的爱。可是杜克特这些缺失的渴望永远也实现不了。这是因为"在语言和无意识的结合中，主体被置于语言符号系统中，与他人和社会法律、能指和能指的联系中，使得主体成为'破碎的'，断续性的"②。这种永恒的缺失还体现在他对于人生的看法："我相信人们就像是一只旅行箱——装货打包，开始运送，扔掉，卸下，……直到最后的搬运工把他们扔上最后的列车，轰隆隆地把他们载走……"（44）。主体是被语言定义和书写的，他只是言说的工具，如同杜克特眼中的旅行箱，是被充实的和输送的载体。主体欲望的能指追逐着所指的意义，却是什么也无法得到。

总之主体的欲望是一种缺失，是人存在中的基本空缺，最初借助镜像的统一而依附于它。后又通过语言的能指链，欲望从一个能指滑向另一个能指来寻找其所指的意义。然而欲望是一种匮乏，存在于无的维度之中。欲望的不断追寻使得主体陷入更大的空无当中，造成了主体的永恒的分裂。这使得主体存在的意义发人深省。

（邹圣鹰）

---

① 安东尼·阿尔伯斯：《曼斯菲尔德传》，冯洁音译，274 页，上海，东方出版中心，1993。

② 方汉文：《后现代主义文化心理：拉康研究》，113 页，上海，上海三联书店，2000。

后 记

本书历时两年时间完成，凝结了诸多青年学者的辛勤汗水，是集体智慧的结晶。他们思维敏捷、见解独到，在创造性思维和批评性思维方面颇具潜力，充分展示了高涨的研究热情和严谨的治学态度。参加本书编写工作的有王丽丽、罗晨、王向辉、陈研、林珊、傅丽雅、黄印堆、张桂珍、庞燕宁、郭曼、唐炯、苏金珠、王叶娜、刘爱琴、郑锦菁、张自玲、林少晶、邹圣鹰、高兴萍等。全书的编选和审核及校对工作由王丽丽、罗晨和王向辉三位完成，王丽丽最后审阅全书、定稿。

一个世纪，百年之久，涌现出的优秀女性小说家甚多。要想在有限的篇幅内展开全面且深入的研究，实非易事。因此，在编审过程中，我们充分尊重各位学者的研究兴趣以及前期研究成果，鼓励大家自由选取研究对象，重在阐发个人独特的见解，最大程度上保证了成书的质量。除了这些首次面世的最新研究成果，我们还收录了一些已经发表过的论文，从一定程度上丰富了女性作家作品研究的方法和视角。同时，我们还增加了所涉及女性作家的简介和概括式评论，为广大读者提供了更为详细的研究背景，以便大家查阅。

当然，在成书过程中还是有不少遗憾，比如即使增加了已经发表的相关研究，本书涉及的20世纪英国女性小说家以及作品依然十分有限；再比如本书编写时间十分有限，写作中的疏漏与错讹在所难免，在此十分期盼广大读者的批评和指正。

最后，我们要借此机会感谢山西人民出版社的大力支持、福建师范大学"外国语言与文学研究中心"的鼎力资助，以及各学报编辑部对于收录文章的慷慨授权转载。山西人民出版社的孔庆萍主任为本书的出版和编辑付出了巨大的辛劳，推动了此书的圆满完成，谨在此表示衷心的感谢与敬意！

编者

2012 年春于福建师范大学